高等职业教育“十四五”规划教材

创新创业认知与基础

李源龙　陈勇海　许　俊　编著

中国农业大学出版社
·北京·

内 容 简 介

本书将创新创业教育与思想政治教育和专业产业教育深度融合，将创新创业知识与马克思主义哲学、政治经济学以及涉农专业产业等知识深度结合，包括创业教育认知、创新创业认知、创新创业基础3个部分，共12个专题。本书响应乡村振兴战略的时代要求，特别选取涉农案例作为各专题的资料，以使本书具备更好的通识性。

本书可供高校涉农专业师生使用，同时也可供从事高素质农民、农创客、新型职业农民等培训的培训机构，以及开设创新创业认知与基础课程的高校选用。

图书在版编目(CIP)数据

创新创业认知与基础/李源龙，陈勇海，许俊编著. --北京：中国农业大学出版社，2022.5

ISBN 978-7-5655-2771-5

Ⅰ.①创… Ⅱ.①李…②陈…③许… Ⅲ.①创业-高等职业教育-教材 Ⅳ.①G647.38

中国版本图书馆CIP数据核字(2022)第071340号

书　　名　创新创业认知与基础

作　　者　李源龙　陈勇海　许　俊　编著

策划编辑　张　玉　　**责任编辑**　陈颖颖

封面设计　郑　川

出版发行　中国农业大学出版社

社　　址　北京市海淀区圆明园西路2号　　**邮政编码**　100193

电　　话　发行部 010-62733489，1190　　读者服务部 010-62732336

编辑部 010-62732617，2618　　出版部 010-62733440

网　　址　http://www.caupress.cn　　**E-mail**　cbsszs@cau.edu.cn

经　　销　新华书店

印　　刷　涿州市星河印刷有限公司

版　　次　2022年8月第1版　　2022年8月第1次印刷

规　　格　185 mm×260 mm　　16开本　　15印张　　255千字

定　　价　45.00元

前　言

2015 年两会上，李克强总理在政府工作报告中指出，要把“大众创业、万众创新”打造成推动中国经济继续前行的“双引擎”之一。“大众创业、万众创新”的推行需要具备创新创业意识、精神与能力的新型人才来支撑。当代大学生具有教育素质高、富有创新创业热情等特点，是国家“大众创业、万众创新”的重要主体。然而，有统计显示，我国大学毕业生毕业半年内的创业比例却不足 3%。

制约我国大学毕业生创业比例提升的因素有很多，其中之一在于大学生的在校创业学习与实践经历。研究指出，与西方发达国家相对成熟的创业教育体系相比，我国的创业教育在一定程度上还处于实践探讨阶段。实践是一个人习得创业能力的最主要途径，强化实践环节对于提高创业教育的实效性至关重要。然而，统计数据显示，目前我国高校在校大学生的创业实践参与比例不足 5%。《国务院办公厅关于深化高等学校创新创业教育改革的实施意见》（国办发〔2015〕36 号）指出，我国高校的创新创业教育存在师资不足、平台短缺、与专业教育结合不紧以及与实践脱节等诸多不容忽视的问题。

党中央、国务院高度重视创新创业及其教育工作的开展。习近平总书记强调，抓创新就是抓发展，谋创新就是谋未来。李克强总理多次强调“大众创业、万众创新”的重要意义，指出：以大众创业培育经济新动力，用万众创新撑起发展新未来。为了推动“大众创业、万众创新”深化开展，《国务院关于推动创新创业高质量发展　打造“双创”升级版的意见》（国发〔2018〕32 号）要求：在全国高校推广创业导师制，把创新创业教育和实践课程纳入高校必修课体系。为了深入实施创业带动就业示范行动，帮助有强烈创业意愿、有良好项目基础的高校毕业生实现创业梦想，国家发展改革委会同教育部等八部门联合印发《关于深入实施创业带动就业示范行动　力促高校毕业生创业就业的通知》（发改高技〔2022〕187 号）。为了以创新创业教育深化改革带动引领我国高等教育人才培养范式变革创新，教育部高等教育司将“以培养学生‘敢闯会创’的精神和素养为核心，将创新创业教育贯穿人才培养全过程”纳入 2022 年度工作要点。在创业教育深化改革、全面推进的背景下，深入贯彻党的教育方针，主动适应经济发展新常态，肩负起立德树人的根本任务，研究与促进创业教育的质量提升理应成为高校创业教育教师的时代责任与使命担当。为此，编者尝试编写了本教材。本教材同时也是浙江省教育科学规划课题“大学生创新创业教育实训平台建设探索与实践”（2016SCG150）和浙江省高等教育“十三五”第一批教学改革研究项目“‘园课联动’乡村振兴双创课程开发与实践”（jg20180862）的后续研究成果。

本教材共包含12个专题。其中，专题一至十由李源龙负责编写，专题十一和十二分别由陈勇海和许俊负责编写。为了帮助授课教师更好地使用本教材，以下对教材的理念与内容设计和具体用法进行说明。

理念与内容设计方面，全书尝试将创新创业教育与思想政治教育和专业产业教育深度融合，将创新创业知识与马克思主义哲学、政治经济学以及涉农专业产业等知识深度结合。这种设计的目的一方面是引导学生树立共产主义远大理想，认真学习党的创新理论，积极响应国家的创新创业号召，坚定理想信念，锤炼意志品质，把个人激昂的青春梦融入伟大的中国梦；另一方面是应对国内专业、创业和思政融合教育师资、课程与平台短缺的现实状况。编者尝试融合创业与专业、思政为一体，为学生创业知识与能力的主体建构奠定意识与精神动力基础，期望经由学生主体意识和爱国精神的激发来弥补创新创业教育现状的不足。另外，之所以选择涉农专业作为融合对象，原因有三：一是基于作者农业专业出身，为保证教材编写质量考虑；二是响应党和国家乡村振兴战略的时代要求；三是增加教材的普适性，相对于其他产业，涉农创业创新案例具备更好的通识与情境基础。当然，教材中的案例并不局限于涉农领域，这种做法源于编者自身所持有的创业教育理念——与专业融合的跨专业模式是创业教育活动开展的最佳条件。

具体用法方面，编者建议：一是教材的首推使用对象为高校涉农专业师生，其次是从事高素质农民、农创客、新型职业农民等培训的培训机构，以及开设创新创业认知与基础课程的高校；二是在创业教育认知和创新创业认知部分，也就是教材的第一和第二部分，开设课程以老师讲授为主，师生互动为辅，而在创新创业基础部分，也就是教材的第三部分，开设课程以学生课前自学、课上翻转讲授为主，老师点评、师生互动为辅；三是课程开设完毕之后，建议条件成熟的院校随后至少开设一门与创新创业园区联动，或者与创新创业竞赛和助力乡村振兴活动相结合的课程，以提升课程的实践育人功效。

最后，由衷地感谢台州科技职业学院党委书记邱士明对于本教材编写的严格要求与悉心指导，感谢台州乡村振兴学院、台州市农业农村局对本教材编写的全面帮助。教材编写的不足之处，恳请各位专家、学者批评与指正！

李源龙
2022年4月1日

目　　录

第一部分　创业教育认知

专题一　创业教育的中国演进

【专题导入】

▶专题寄语

教育要面向现代化，面向世界，面向未来。

——邓小平

▶专题资料

资料一　面向21世纪教育国际研讨会

严重的就业问题困扰着人类社会的进步与发展，人们寄希望于在经济社会发展中地位与作用与日俱增的高等教育能有所作为。时代赋予高等教育以新的使命，促使高等教育在人才培养的模式上做出新的尝试与探索。1989年，在北京召开的“面向21世纪教育国际研讨会”提出了“事业心和开拓教育(enterprise education)”的概念，该概念后被译成“创业教育”。尽管这里的创业教育内容尚不充实，多局限在诸如事业心、进取心、冒险精神等本意上，但它作为一种面向未来的教育思想，却昭示了高等教育改革与发展的方向，即面向未来，把培养学生的事业心、冒险与创新精神作为学校教育目的的新的价值取向。对于这种创造未来的教育目的观，澳大利亚未来研究委员会主席埃利雅德博士曾有过独到的见地。他指出：未来并不是我们要去的地方，而是一个我们创造的地方。通往它的道路不是人找到的，而是人走出来的。走出这条道路的过程既改变着走出路的人，又改变着目的地本身。

完整的创业教育概念在联合国教科文组织于1995年发表的《关于高等教育的变革与发展的政策性文件》中得到全面阐述。该文件指出：在“学位＝工作”这个公式不再成立的时代，人们希望高等教育的毕业生不仅是求职者，而且是成功的企业家和工作岗位的创造者。在这里，创业教育包括两个方面的内容，即“求职”和“创造新的就业岗位”。为了进一步强化创业教育思想，使之成为高等教育改革与发展的稳固的理念，1998年召开的世界高等教育大会进一步强调“为方便毕业生就业，高等教育应主要培养创业技能与主动精神；毕业生将愈来愈不再仅仅是求职者，而首先将成为工作岗位的创造者”(《世界高等教育会议宣言》)，要“使他们不仅成为求职者，而且逐渐成为工作岗位的创造者”(《世界高等教育会议行动框架》)。

资料来源：唐德海，常小勇. 从就业教育走向创业教育的历程[J]. 教育研究，2001(02).

资料二　2018年我国市场主体总量超过1亿户

五年来(2013—2017年)，创新驱动发展成果丰硕。全社会研发投入年均增长11%，规模跃居世界第二位。科技进步贡献率由52.2%提高到57.5%。载人航天、深海探测、量子通信、大飞机等重大创新成果不断涌现。高铁网络、电子商务、移动支付、共享经济等引领世界潮流。“互联网＋”广泛融入各行各业。“大众创业、万众创新”蓬勃发展，日均新设企业由5 000多户增加到1.6万多户。快速崛起的新动能，正在重塑经济增长格局、深刻改变生产生活方式，成为中国创新发展的新标志。

2018年，发展新动能快速成长。嫦娥四号等一批重大科技创新成果相继问世。新兴产业蓬勃发展，传统产业加快转型升级。大众创业万众创新深入推进，日均新设企业超过1.8万户，市场主体总量超过1亿户。新动能正在深刻改变生产生活方式、塑造中国发展新优势。

资料来源：2018年和2019年政府工作报告.

资料三　科技助力打造绿色现代农场

种植蔬菜不沾泥土，像在工厂车间里一样，利用机械实现自动化流水线作业。在浙江省台州市黄岩区的某农场，高科技的应用展现出一幅绿色现代农场的发展图景。走进农场的这个蔬菜大棚，只见流水线上的一台大型机械正在作业，农场相关负责人介绍，这台机器从荷兰引进，通过填土、打孔、转移3个步骤，平均每小时可以精准地将10万棵已发芽的幼苗移植到培养盆中。这些幼苗在幼苗培育区经过20～30天的生长后，将被移植到水培区进行无土栽培。整个蔬菜生产从播种到培养到采摘，全部由电脑控制，令人仿佛置身于一座现代化工厂内。

公司技术总监说："这是一个智能化的连栋大棚，大棚内部的温度、光照、湿度全部由电脑自动控制，自动调节相应的硬件设施，全部采用自动化的无土栽培技术，我们这里播种、收割、采摘都是由自动化调节，工人只需要在最后包装这一个阶段人工包装就可以了。"据介绍，目前农场有蔬菜水培基地面积约30亩（1亩≈666.7平方米），这也是亚洲最大的蔬菜水培基地。通过高新技术的应用，蔬菜不但亩产翻倍，而且种植时间也更加灵活，打破了蔬菜种植在空间和时间上的制约。

公司董事长说："一般农民的土地（亩产）七八吨，我们能做到（亩产）40吨，蔬菜的生产时间，很多人说50到60天，但是我们能把这个时间调整过来，就是我们用了高科技的手段，时间合理安排，所以我们的蔬菜能做到12到18季。而且利用这种技术种植的蔬菜无须额外施肥、打农药，更加绿色健康。虽然蔬菜售价比一般的蔬菜高出20%左右，但市场很畅销，除了台州，还销售到了北京、江苏等地，去年更是被端上了G20杭州峰会的餐桌。"

资料来源：郭颖．科技助力打造绿色现代农场．台州新闻，2017年3月12日．

►资料思考

从上述3个案例，你提取到了哪些信息？未来的你，是否应该有所行动？

▶资料启示

21 世纪高等教育的毕业生不仅是求职者，而且是潜在的企业家和工作岗位的创造者。2018 年，我国日均新设企业超过 1.8 万户。截至 2018 年年底，我国市场主体的总量超过 1 亿户。换言之，全国每 14 个人就有 1 个市场主体，每 9 个劳动年龄人口(16～59 周岁)就有 1 个市场主体。“互联网＋”、机械自动化的时代已经悄然走近。

【专题详述】

1989 年，联合国教科文组织在北京召开了“面向 21 世纪教育国际研讨会”。此次会议讨论了 21 世纪的教育哲学，包括 9 个方面的问题，其中第 7 个问题是关于学习的第三张通行证的问题，即事业心和开拓技能通行证，要求把事业心和开拓技能提高到同学术性和职业教育通行证享有同等地位。“事业心和开拓教育”强调教育要培养学生开拓事业的精神与能力，后来被翻译为“创业教育”。

创业教育进入我国以后，受到国内外教育思潮和国内经济社会发展以及与之相适应的高等教育变革的需求影响，其演进与发展大致经历了 4 个阶段。

一、进入与萌芽阶段(1989—1998 年)

1989 年，“创业教育”经由“面向 21 世纪教育国际研讨会”进入我国。然而，进入我国的前 10 年，国内学者对“创业教育”的关注度显然不够。在中国期刊网上查询 1989—1998 年篇名含“创业教育”字样且刊登在核心期刊上的论文，数量之少出乎意料。在该阶段，大部分论文都是对创业教育的泛泛而论，但也不乏远见卓识，有些观点至今仍然具有启发，如胡晓风等撰写的《创业教育简论》就颇具代表性。胡晓风等认为，创业教育的出现是新时期教育理念对伟大教育家陶行知关于生活教育理论和实践的呼应。

首先，胡晓风等把创业教育置于教育体系之高端(关于理念的把握)来认识，而不是简单视之为一种单纯的教育手段或方法。他们借鉴陶行知的观点提出“行动”是教育的开始，“创造”是教育的完成，并提出“人生志在创业”，教育应满足受教育者在成长历程中的能力需要，创业教育就是培养人生志在创业的教育，就是构建合理人生的教育，或者说是提高人生质量的教育。这样培养出的人才，就会像恩格斯所预言的那样：人终于成为自己的社会结合的主人，从而也就成为自然界的主人，成为自身的主人——自由的人。这种把创业教育置于人生之本且使之与马克思主义哲学关于人的全面发展与自由发展理论相结合的观点，在一定程度上揭示了创业教育的本质即在于影响教育之长远与人的全面发展，而非简单涉及方式方法等相对而言属于枝节性的问题。

其次，胡晓风等在这篇论文中提出的创业教育的原则之一——科技、教育、经济三结合，在当前的高校创业教育中依然具有极强的现实意义。因为，马克思曾经指出，科学的发展，只不过是人的生产力的发展，即财富的发展所表现的一个方面，一种形式。所以，“这说明科学的发展有‘观念的财富’和‘实际的财富’这两个方面的内容，同时也说明从‘观念的财富’到‘实际的财富’是一个转化的过程”。而要实现这个转化，胡晓风等认为关键是要把握好一个序列，“在现代社会里，人们只有通过技术才能认识科学这样的‘观念的财富’，而人们只有通过教育才能掌握技术。掌握了技术制成产品，变成商品，才能转化为‘实际的财富’。财富是经济的标志。这说明，科技、教育、经济只有形成序列才能发挥生产力”。所以，开展卓有成效的创业教育，就应当以“依靠科技、立足教育、发展经济”为原则。

最后，胡晓风等把思想教育，尤其是创业意识培养作为创业教育的重要内容。他们把“德育为本，创业为用”视为创业教育实施的第二条原则，认为这是指意识和行动之间的关系，是用全面发展的教育观点指导创业教育的问题，不应当把德育和全面发展抽象化，而要和创业教育的实际结合起来。

二、试点与发展阶段(1999—2009年)

1999年1月，国务院批转教育部《面向21世纪教育振兴行动计划》，正式提出了“加强对教师和学生的创业教育，采取措施鼓励他们自主创办高新技术企业”，这是我国政府文件中首次出现“创业教育”的概念。基于此，国内的一些政府部门、高校和社会组织积极作为，尝试引进并借鉴国外先进的创业教育经验，在第一和第二课堂领域开展了创业教育的试点探索与局部推广工作，极大程度上助推了国内创业教育的发展。

这一时期，在创业教育的试点推进方面有4个相对重要的标志性事件：一是，1999年，共青团中央、中国科协和全国学联在国内高校“点上”实践的经验基础之上，创办了国内极具影响力的全国“挑战杯”创业计划竞赛(前身为清华大学创业计划大赛)，在第二课堂领域为中国高校创业教育的起步探索与影响力扩大做出了重大贡献；二是，2002年，教育部确定清华大学、中国人民大学、上海交通大学等9所高校作为“创业教育”改革试点，并给予试点院校政策和资金支持，鼓励试点学校通过不同方式对创业教育的理论与实践进行探索；三是，2005年，共青团中央引进了KAB(know about business)创业教育项目，该项目是共青团中央、全国青联与联合国国际劳工组织共同推进中国创业教育发展的一项尝试，项目课程的设置以市场为导向，在内容上着重普及创业基础知识和技能，在功能上强调对学生进行“企业家精神”教育；四是，2008年，教育部联合财政部在全国设立了30家国家级人才培养模式创新实验区，并明确提出要探索创业教育的人才培养模式，希望各创新实验区能因地制宜，结合区域特点与办学实际，探索出一条符合自身发展的创业教育发展新模式。

这一阶段，国内创业教育的理论研究工作取得了重大进展。1999—2009年，篇名包含“创业教育”并发表于核心期刊上的论文共有457篇，约是第一个10年的5倍。其中，一个突出贡献是关于创新教育与创业教育关系的研究。例如，中国高等教育学会的高晓杰等认为：创新和创业两者在内容和本质上是相通的，创新是创业的先导和基础，创业是创新的载体和表现形式，创业的成败取决于创新的程度。因此，他们提出，创新教育与创业教育在很大程度上是耦合的，两者的目标取向是一致的，都是要培养具有创新精神和实践能力的人；两者的作用是同效的，创新教育使创业教育融入素质教育的要求，创业教育则使创新教育变得更为具体实在。这个观点的重要作用之一在于对人为割裂创新教育与创业教育的教育活动进行提醒。

值得注意的是，在这个时期，高校对创业教育的内涵出现了理解上的不同与偏差。一些高校把促进学生直接创办企业作为创业教育的首要目标，因此在教育内容上更多强调创业实务，而忽视全方位的创业教育。然而，实践证明，该种做法并不能完整地构建起学生创业所需的知识结构与综合素质，导致大学生创业呈现出“其兴也勃，其亡也忽”的局面。对此，有学者建议：高校创业教育的开展应放弃急功近利的“速成”式教育，避免大大小小的“学生创业公司”一哄而起，一哄而散；创业教育实质上是“一种更高层次的素质教育”，过于偏重以使学生成为自谋职业的社会成员为目标的创业教育会弱化创业教育的深刻内涵，容易把大多数学生排斥在创业教育之外；广义的创业教育以培养学生主体的创业素质为目标，使其具有创业所必备的知识、创业意识、创业心理品质和创业能力以适应现代社会的剧烈变革，这样的创业教育既包括组织技能培训，提高学生在就业市场上的竞争能力，培养学生的岗位就业能力，也包括学生的个性发展、创业意识的激发，创新与创业精神的培养，从而普遍地提高学生开拓性的自主创业能力。

三、全面推进阶段(2010—2014 年)

2010 年政府工作报告提出了“加快转变经济发展方式，调整优化经济结构”的重要内容。面对时代所赋予的使命与重任，教育部发布了《关于大力推进高等学校创新创业教育和大学生自主创业工作的意见》，首次将创新的概念融入创业教育中，明确指出在高等学校开展创新创业教育，是深化高等教育教学改革，培养学生创新精神和实践能力的重要途径；是落实以创业带动就业，促进高校毕业生充分就业的重要措施。文件要求各地大力推进创新创业教育，加强创业基地建设，进一步落实和完善大学生自主创业扶持政策，强化创业指导和服务，推动创新创业教育和大学生自主创业工作实现突破性进展。以此为标志，我国高校创新创业教育进入教育行政部门指导下的全面推进阶段。

这一阶段，为了确保全面推进创新创业教育，国家教育行政管理部门还发布了两个重要文件。一是，2012 年 4 月，《教育部关于全面提高高等教育质量的若干意见》中更加明确地提出“把创新创业教育贯穿人才培养全过程”“制订高校创新创业教育教学基本要求，开发创新创业类课程”“大力开展创新创业师资培养培训”“支持学生开展创新创业训练”等具体要求，将加强创新创业教育作为未来我国高等教育重要的改革方向之一，强调创新创业教育对全面提高高等教育质量的重要作用。二是，同年 8 月，教育部发布《普通本科学校创业教育教学基本要求(试行)》，指出要把创业教育教学纳入学校改革发展规划，纳入学校人才培养体系，纳入学校教育教学评估指标，建立健全领导体制和工作机制，制订专门的教学计划，提供有力的教学保障，确保取得实效，并首次系统提出我国高等学校创业教育的教学目标、原则、内容、方法和组织，鼓励高等学校积极创造条件，面向全体学生单独开设不少于 32 学时、不低于 2 学分的“创业基础”必修课。自此，创新创业教育不再是只针对少数有创业潜质学生的技能性教育，而是面向全体学生的素质教育。

四、深化改革阶段(2015—2020 年)

2015 年 3 月，李克强总理在政府工作报告中指出，要把“大众创业、万众创新”打造成为推动中国经济继续前行的“双引擎”之一。同年 5 月，国务院办公厅印发《关于深化高等学校创新创业教育改革的实施意见》文件，将深化高等学校创新创业教育改革提升到"国家实施创新驱动发展战略、促进经济提质增效升级的迫切需要"与"作为推进高等教育综合改革的突破口"的战略高度。文件在研判高校创新创业教育的问题现状基础之上,确立了以"以推进素质教育为主题,以提高人才培养质量为核心,以创新人才培养机制为重点,以完善条件和政策保障为支撑,促进高等教育与科技、经济、社会紧密结合"等为核心的指导思想,以"面向全体、分类施教、结合专业、强化实践"和"增强学生的创新精神、创业意识和创新创业能力"等为核心的基本原则以及以"到2017年取得重要进展,形成一批可复制可推广的制度成果,普及创新创业教育"和"到2020年建立健全课堂教学、自主学习、结合实践、指导帮扶、文化引领融为一体的高校创新创业教育体系"等为核心的总体目标。至此,创新创业教育全面融入我国高等教育。

【专题强化】

一、概念题

"enterprise education"的最初概念。

二、判断题

创业教育是以促进学生直接创办企业为目标的教育,它与专业教育、创新教育并无关联。(　　)

三、选择题

国务院办公厅印发的《关于深化高等学校创新创业教育改革的实施意见》要求到2020年建立健全"______________"融为一体的高校创新创业教育体系。

A. 课堂教学　B. 自主学习　C. 结合实践　D. 指导帮扶　E. 文化引领

四、拓展题

1. 以"'新时代,新征程'需要新一代的大学生"为题,制作PPT,与同学分享。

2. 以"由'机器换人'看21世纪创新创业教育"为题,制作PPT,与同学分享。

3. 自行下载《美国"21世纪技能"评估指标解读及启示》(王巍萍、南潮,2017)一文,了解与掌握21世纪技能的内容构成与评估指标。以"21世纪需要的'1+X'种技能"为题,制作PPT,与同学分享。

专题二 创业教育的内涵

【专题导入】

▶专题寄语

干事创业敢担当、为民服务解难题。

——习近平

▶专题资料

资料一 古之中国创业

先帝创业未半而中道崩殂，今天下三分，益州疲弊，此诚危急存亡之秋也。然侍卫之臣不懈于内，忠志之士忘身于外者，盖追先帝之殊遇，欲报之于陛下也。诚宜开张圣听，以光先帝遗德，恢弘志士之气，不宜妄自菲薄，引喻失义，以塞忠谏之路也。

宫中府中，俱为一体；陟罚臧否，不宜异同。若有作奸犯科及为忠善者，宜付有司论其刑赏，以昭陛下平明之理，不宜偏私，使内外异法也。

侍中、侍郎郭攸之、费祎、董允等，此皆良实，志虑忠纯，是以先帝简拔以遗陛下。愚以为宫中之事，事无大小，悉以咨之，然后施行，必能裨补阙漏，有所广益。

将军向宠，性行淑均，晓畅军事，试用于昔日，先帝称之曰"能"，是以众议举宠为督。愚以为营中之事，悉以咨之，必能使行阵和睦，优劣得所。

亲贤臣，远小人，此先汉所以兴隆也；亲小人，远贤臣，此后汉所以倾颓也。先帝在时，每与臣论此事，未尝不叹息痛恨于桓、灵也。侍中、尚书、长史、参军，此悉贞良死节之臣，愿陛下亲之信之，则汉室之隆，可计日而待也。

臣本布衣，躬耕于南阳，苟全性命于乱世，不求闻达于诸侯。先帝不以臣卑鄙，猥自枉屈，三顾臣于草庐之中，咨臣以当世之事，由是感激，遂许先帝以驱驰。后值倾覆，受任于败军之际，奉命于危难之间，尔来二十有一年矣。

先帝知臣谨慎，故临崩寄臣以大事也。受命以来，夙夜忧叹，恐托付不效，以伤先帝之明，故五月渡泸，深入不毛。今南方已定，兵甲已足，当奖率三军，北定中原，庶竭驽钝，攘除奸凶，兴复汉室，还于旧都。此臣所以报先帝而忠陛下之职分也。至于斟酌损益，进尽忠言，则攸之、祎、允之任也。

愿陛下托臣以讨贼兴复之效，不效，则治臣之罪，以告先帝之灵。若无兴德之言，则责攸之、祎、允等之慢，以彰其咎；陛下亦宜自谋，以咨诹善道，察纳雅言，深追先帝遗诏，臣不胜受恩感激。

今当远离，临表涕零，不知所言。

资料来源：诸葛亮. 前出师表[J]. 中国民政，2018(20)：57.

资料二　西方对创业的传统表述

西方对创业的传统表述是：创建一个公司，把某个创新的想法发展成一个高增长企业。这类企业中最出色的那些已经成为创业的传奇故事，如微软、网景、亚马逊、太阳微系统公司、家得宝、麦当劳、财捷集团、史泰博，及其他数百个家喻户晓的名字。除了凭借主要企业家的坚强领导，创业的成功总是与互补型人才所组成的团队建设有关。团队工作的能力，以及在看似矛盾、混乱和困惑的状况中感觉到机会的能力，是成功的关键因素。为了追求机会，创业还需要具有寻找和控制资源的技能和智慧，这些资源往往属于他人。换句话说，要能够保证新兴的企业不至于在最需要资金的时候耗尽资金。为了追求别人尚未发现的机会，大部分成功的企业家会预先组成一个团队并获得资金支持。

资料来源：小斯蒂芬·斯皮内利，小罗伯特·亚当斯. 创业第一课[M]. 浦汉松，译. 北京：中国人民大学出版社，2017.

资料三　个人梦与中国梦

每个人都有理想和追求，都有自己的梦想。现在，大家都在讨论中国梦，我以为，实现中华民族伟大复兴，就是中华民族近代以来最伟大的梦想。这个梦想，凝聚了几代中国人的夙愿，体现了中华民族和中国人民的整体利益，是每一个中华儿女的共同期盼。历史告诉我们，每个人的前途命运都与国家和民族的前途命运紧密相连。国家好，民族好，大家才会好。实现中华民族伟大复兴是一项光荣而艰巨的事业，需要一代又一代中国人共同为之努力。

“得其大者可以兼其小。”只有把人生理想融入国家和民族的事业中，才能最终成就一番事业。希望你们珍惜韶华、奋发有为，勇做走在时代前面的奋进者、开拓者、奉献者，努力使自己成为祖国建设的有用之才、栋梁之材，为实现中国梦奉献智慧和力量。

资料来源：中共中央文献研究室. 习近平关于青少年和共青团工作论述摘编[M]. 北京：中央文献出版社，2017.

资料四　扎根中国大地了解国情民情，在创新创业中增长智慧才干

第三届中国“互联网＋”大学生创新创业大赛“青年红色筑梦之旅”的同学们：

来信收悉。得知全国 150 万大学生参加本届大赛，其中上百支大学生创新创业团队参加了走进延安、服务革命老区的“青年红色筑梦之旅”活动，帮助老区人民脱贫致富奔小康，既取得了积极成效，又受到了思想洗礼，我感到十分高兴。

延安是革命圣地，你们奔赴延安，追寻革命前辈伟大而艰辛的历史足迹，学习延安精神，坚定理想信念，锤炼意志品质，把激昂的青春梦融入伟大的中国梦，体现了当代中国青年奋发有为的精神风貌。

实现全面建成小康社会奋斗目标，实现社会主义现代化，实现中华民族伟大复兴，需要一批又一批德才兼备的有为人才为之奋斗。艰难困苦，玉汝于成。今天，我们比历史上任何时期都更接近实现中华民族伟大复兴的光辉目标。祖国的青年一代有理想、有追求、有担当，实现中华民族伟大复兴就有源源不断的青春力量。希望你们扎根中国大地了解国情民情，在创新创业中增长智慧才干，在艰苦奋斗中锤炼意志品质，在亿万人民为实现中国梦而进行的伟大奋斗中实现人生价值，用青春书写无愧于时代、无愧于历史的华彩篇章。

习近平

2017 年 8 月 15 日

资料来源：习近平总书记给第三届中国“互联网＋”大学生创新创业大赛“青年红色筑梦之旅”的大学生的回信. 新华社，2017 年 8 月 15 日.

▶资料思考

对比中西方对创业的传统表述;从团队创业的角度出发,思考诸葛亮是否是创业者,给出你所理解或认同的创业概念。

▶资料启示

思考"得其大者可以兼其小"的内涵、隐喻;运用头脑风暴的方法列出你所联想到的与创业有关的词汇;可围绕创业的概念、内涵、作用、效用、理由、目的、意义、要素、关键与过程等展开发散性思考;从广义与狭义两个层面总结、提炼创业的概念。头脑风暴是一个创造性解决问题和产生想法的技术方法。它的目的就是尽可能多地产生想法,经常从一个问题或一个难题的陈述开始,每一个想法又导致一个或者更多的想法,最后产生大量的想法。以小组为单位运用头脑风暴方法时需要注意以下几个原则:鼓励随心所欲地想,欢迎那些看似疯狂的想法;鼓励在其他人的想法基础之上改善和提高;鼓励大量的想法,要有合适的数量;不要批评和评价其他人的想法,特别避免在分享过程中评价。

【专题详述】

厘清概念是创业教育教学活动开展的逻辑起点,其作用在于帮助教育和受教育者明确教授与学习创业的方向和内容,避免概念混淆,甚至概念"偷换"导致思维障碍与活动失误。

一、创业的中国传统内涵

古代中国,受到以"士农工商"为序的社会阶层等级划分的影响,创业一词出现的频率并不高,且含义多指向君王"创立功业""开创事业"。例如,《孟子·梁惠王下》中提到"君子创业垂统,为可继也"。意思是说,古代君王创立功业,传给子孙后代,是为了把基业传承下去。又如,诸葛亮《出师表》中提及"先帝创业未半而中道崩殂",意思是指先帝(刘备)开创的大业未完成一半就中途去世了。

伴随华夏文明的历史延续,这种内涵一直传承到当代中国,并得以创新发展、大力弘扬。例如:改革开放以来,中国共产党将"艰苦奋斗的创业精神"作为建设中国特色社会主义的主要手段和途径,艰苦创业、艰苦奋斗再创业,创新确立并不断完善社会主义市场经济体制,团结与带领全国各族人民,大力发展社会生产力和促进民族各项事业的全面进步，不断开创社会主义现代化建设新局面，成功建立起独立且比较完整的现代化工业体系和国民经济体系，决胜全面建成小康社会，空前改善了人民群众的生活条件与获得感、幸福感和安全感，取得了令世人瞩目的发展成就；“不忘初心、牢记使命”主题教育指出，“中国共产党人的初心和使命，就是为中国人民谋幸福，为中华民族谋复兴”，并将“干事创业敢担当”列为活动的具体目标之一，要求广大党员干部“以强烈的政治责任感和历史使命感，保持只争朝夕、奋发有为的奋斗姿态和越是艰险越向前的斗争精神，以钉钉子精神抓工作落实，努力创造经得起实践、人民、历史检验的实绩”；习近平总书记在给第三届中国“互联网＋”大学生创新创业大赛“青年红色筑梦之旅”的大学生回信中给予赞赏并提出期望，“把激昂的青春梦融入伟大的中国梦，体现了当代中国青年奋发有为的精神风貌”“实现全面建成小康社会奋斗目标，实现社会主义现代化，实现中华民族伟大复兴，需要一批又一批德才兼备的有为人才为之奋斗”“希望你们扎根中国大地了解国情民情，在创新创业中增长智慧才干，在艰苦奋斗中锤炼意志品质，在亿万人民为实现中国梦而进行的伟大奋斗中实现人生价值”。该几处示例当中，创业一词的主体与内涵不再指向古代君王的创立功业与开创事业，而是指向中国共产党领导和团结全国各族人民，包括当代青年大学生，以经济建设为中心，为把我国建设成为富强民主文明和谐美丽的社会主义现代化强国而奋斗，为实现中华民族伟大复兴而干事创业、艰苦创业。

二、创业的西方表述及其内涵

在西方国家，与创业相关的词汇主要有 entrepreneurship 和 enterprise 两个。其中，前者缘起于 entrepreneur（“创业者”）。据学者研究，“创业者”一词最早出现在中世纪早期的法国，用于表示从事某项冒险任务的人，到了 16 世纪和 17 世纪，其内涵拓展到了包含从事“有利可图”和“投机活动”的合同人或者承担人。作为派生词，entrepreneurship 由法国经济学家坎蒂隆在 18 世纪提出，用于特指经济领域的风险承担行为。在这之后，其词义主要依附于“创业者”一词内涵的变化而变化。1800 年，法国经济学家萨伊首次给出了“创业者”一词的定义，他将“创业者”描述为将经济资源从生产率较低区域转移到生产率较高区域的人，并认为“创业者”是经济活动过程中的代理人。自此，西方社会中的“创业者”一词开始更多指向“制造商”或者“交易者”等内涵。该种情况一直持续到 20 世纪初，奥地利经济学家熊彼特给出了“创业者”一词的现代意义上的概念。熊彼特认为，“创业者”的本质是创新，其基本职能在于建立一种新的生产函数，把一种从来没有过的关于“生产要素的新组合”引入生产体系。充当一个“创业者”并不是一种职业，一般来说也不是一种持久的状况，所以“创业者”并不形成一个专门意义上讲的阶级。熊彼特指出：“一旦当他建立起他的企业以后，也就是当他安定下来经营这个企业，就像其他的人经营他们的企业一样的时候，他就失去了这种资格。”于是，在第二次工业革命兴起，市场经济飞速发展的背景下，受到熊彼特“创业者”概念的传播影响，西方国家“创业者”一词逐步衍生成企业创业者的代名词。自此，作为派生词，entrepreneurship 的现代词义也多指向企业创业以及企业家创业的行为、技能或能力，并延续至今。

enterprise 一词与英国更具历史渊源，时间可以追溯到 20 世纪 70 年代末期。费尔克拉夫在研究了英国撒切尔时代的大量政治演讲后，发现在这些政治文稿中该词均指公民的某种素质，常常与撒切尔夫人鼓励民众开办企业，少依赖国家的政治思想联系在一起。因此，enterprise 作为“能力”解释时，有公民个人不依赖他人，自立自强，发挥自身潜能的意思，而这些是 entrepreneurship 一词所不包含的。王占仁和常飒飒（2015）研究发现，在国际上具有公信力的几部代表性英语词典[《朗文当代英语大辞典》《牛津高阶英汉双解词典》《韦氏大学英语词典》和《剑桥国际英语词典（英汉双解）》]当中，enterprise 的释义大体相同，它既可以指事业，又可以指企业，还可以指与之相关的精神或能力。此外，在其中的三部词典当中，enterprise 作为名词除了可以指一项新的事业之外，也可以指开创一项新事业的行为或活动；在语法上还可以用作定语，来修饰其他名词，如“enterprise skill”指创业技能，“enterprise parks”指创业园。而 entrepreneurship 仅在《剑桥国际英语词典（英汉双解）》中被翻译为创业之意，在前三部词典当中均没有单独的词条解释，只是作为 entrepreneur（“创业者”）的派生词出现。

三、创业教育的内涵

国内学界对创业教育的表述与“学习的第三张通行证，即事业心和开拓技能通行证”紧密关联。“学习的第三张通行证”是国外学者柯林·博尔在向经济合作与发展组织教育研究与革新中心提交的研究报告《创造一种开创性的文化：对教育和培训的挑战》中提出的概念。在这个报告当中，柯林·博尔指出，如果说“学术资历”（academic credentials）是学习的第一张通行证，“职业技能”（vocational skills）是学习的第二张通行证，那么，“事业心和开拓技能”（being enterprising）则是学习的第三张通行证。

1989 年，澳大利亚未来研究委员会主席埃利雅德博士在“面向 21 世纪教育国际研讨会”上详细介绍了柯林·博尔的三张“通行证”思想。埃利雅德认为：“学术资历通行证”体现教育的传统作用，强调读写和运算能力，强调要获得能使自己在社会上起有意义的、满足自我作用的知识；“职业技能通行证”指的是集中进行的在一个技术快速变化的世界上从事某种劳动所需要的教育；“事业心和开拓技能通行证”对多数人来说代表了教育的一种新增的作用，它以培养有事业心和开拓技能的人为主要目标。三张“通行证”思想引起了与会代表的浓厚兴趣，并最终写进了会议文件《学会关心：21 世纪的教育——圆桌会议报告》。

我国原国家教育发展研究中心王一兵研究员在出席该次会议时对此教育思想给予了高度的评价，并在研讨会侧记中写道：“过去人们往往重视前面两项，而忽视人的事业心和开拓能力。如果一个人缺乏这方面的素质，学术和职业方面的潜力就不能发挥，甚至变得没有意义。”“应当说，强调培养学生解决问题的能力，无论在国外或我国，都已讲了多年。但是，把这种能力的培养提高到与学术和职业技能方面要求同等重要的位置，并明确提出这种能力或素质应当包括的内涵，反映了经济、科技发展和产业结构、劳动市场的急剧变化对人才素质的必然要求。”此外，在翻译该报告时，王一兵将“being enterprising”所对应的“enterprise education”翻译成“事业心和开拓技能教育”。该种翻译方法一直维持到 1995 年，来自江苏省创业教育理论与实验课题组的学者彭钢于《创业教育学》（江苏教育出版社）一书中将“enterprise education”创新翻译为“创业教育”。自此，“创业教育”成为“enterprise education”在中国的新的代名词。

称谓更替初期，国内学界对创业教育的内涵理解是相对统一的。然而 21 世纪以来，随着创业教育研究、引介活动的广泛开展，加上教育行政管理部门将创业教育工作的具体开展与鼓励高校师生自主创办企业紧密联系，国内学界对创业教育的内涵开始出现理解与认识上的分歧。一时间，大量学者将创业教育等同于“entrepreneurship education”来理解，一些高校甚至把促进学生直接创办企业作为创业教育的首要目标，在教育内容上更多强调创业实务，而忽视全方位的创业教育。王占仁和常飒飒（2015）研究发现，在国内教育领域比较权威的两本工具书——《教育学名词》和《教育大辞典》当中，分别将“enterprise education”和“enterprising capability”翻译为“企业教育”和“企业能力”，并将前者定义为“为实现企业发展目标、提高企业经济效益而对企业成员所展开的职业道德、职业知识与职业能力等各种教育培训的总称”，后者定义为“‘处理不均衡状态的能力’，人力资本投资的一项内容。在经济现代化过程中，经营者要具有面对错综复杂的经济变动的情况，并做出最佳决定的能力。教育在提高和改善经营者企业能力方面有直接作用。”

针对创业教育的分歧问题，编者认为：“落实立德树人根本任务，坚持创新引领创业、创业带动就业”“以推进素质教育为主题”和“面向全体、分类施教”（国办发〔2015〕36 号）背景下，国内学界应秉持“得其大者可以兼其小”的创业教育理念，从“事业心和开拓技能”及“企业家精神和创办企业”两个层面来理解创业教育的意义和内涵。在面向全体学生的、以素质全面提升为目标的通识教育阶段，创业教育应类似于西方的“enterprise education”来理解；在面向少数学生的、以企业的创办与经营能力提升为目标的专项教育阶段，创业教育则应类似于西方的“entrepreneurship education”来理解。并且，两个阶段创业教育的施行均要兼顾事业和企业：前一阶段强调以事业教育为企业教育铸魂、兼顾事业和企业通识教育以及注重企业意识、精神与能力形成的方法论教育；后一阶段则强调以前一阶段为基础、注重全方位的理实一体化企业教育，以及注意引导企业实践与事业开拓同向同行。

四、创业教育的创业概念

厘清创业教育的内涵之后，更为重要的工作在于给出创业教育的创业概念，即从教学育人的目标与过程出发来给创业下一个定义。编者研究发现，国内学界关于创业的定义有很多，但至今仍未能达成共识。例如，创业是创业者及创业搭档对他们拥有的资源或通过努力对能够拥有的资源进行优化整合，从而创造出更大经济或社会价值的过程；创业是一种需要创业者及其创业搭档组织经营管理，运用服务、技术、器物作业的思考、推理和判断的行为；创业是一种思考、品行素质，杰出才干的行为方式，需要在方法上全盘考虑并拥有和谐的领导能力。又如，刘畅在《创业基础》（化学工业出版社，2018）一书中对创业进行了广义和狭义的概念区分以及内容阐释。狭义地说，创业就是创办一个能够带来利益回报的事业，就商业活动而言，就是创办一个企业；广义的创业概念认为，创业不仅是创办一个新企业，也包括使企业焕发生机，在现有企业内部对企业进行变革、创新和改造，即企业内部创业行为。创业也可以理解为不拘泥于当前的资源约束，寻找机会进行价值创造的行为过程。作为一个行为过程，创业的概念可以从“需要突破资源约束、需要寻求有效机会和必须进行价值创造”三个方面进行阐释。创业任课教师作为教学育人活动的主导者与策划者，有必要结合课程的具体定位给出自己总结或认可的创业概念。

编者认为学界应从广义（对应事业）和狭义（对应企业）两个层面来厘定创业

的概念。结合参考《大学生 KAB 创业基础（试用本）》中关于企业的广义定义（被转化为计划并被实施的想法）和狭义定义（能带来利润的商业冒险活动或事业）以及国内学界关于创业（见前述）和企业的定义（例如，以盈利为目的，运用各种生产要素，向市场提供商品或服务，实行自主经营、自负盈亏、独立核算的法人或其他社会经济组织），编者将创业的广义概念归纳为“由想法到计划再到行动的事业开启与推进过程”，狭义概念归纳为“在法律允许和道德规范背景下，能够带来可观利润的商业冒险活动或事业的开启与推进过程”。需要说明的是，本书第三部分在内容上侧重于支撑狭义概念上的创业通识教育教学活动的开展。

【专题强化】

一、判断题

诸葛亮是广义上的创业者。（　　）

二、选择题

与创业所对应的英文单词有________。

A. enterprise　B. entrepreneurship　C. entrepreneur　D. enterprising

三、简答题

简述本书所给出的创业概念。

四、拓展题

1. 以“创业‘得其大者可以兼其小’”为题，制作 PPT，与同学分享。
2. 以“英雄造时势，还是时势造英雄”为题，分组辩论。
3. 以“狭义创业对社会的作用”为题，制作 PPT，与同学分享。

专题三　创业教育的目标理念

【专题导入】

▶专题寄语

不要用自己的学识限制孩子，因为他出生在与你不同的时代。

——泰戈尔

▶专题资料

资料一 植物学、园艺学与园艺商品分类法

植物学分类法是依据植物(包括园艺植物)的起源、进化和彼此间亲缘关系的远近而进行分类的方法。与其他分类方法相比,植物学分类法最为完善,每一种植物的分类学位置比较固定。植物学分类属于自然分类系统的范畴,其理论基础是达尔文的进化论和自然选择说。传统的植物学分类借助于形态学、解剖学的证据,按照植物间亲缘关系的远近和进化过程进行分类。植物学分类法的优势在于使人们比较深入地了解植物科、属、种间的形态和生理上的关系以及在遗传和系统发生上的亲缘关系,对指导植物选种、育种和野生资源开发利用具有重要意义。植物学分类的等级有界、门、纲、目、科、属、种,其中种为基本单位,在种以下,还可分为亚种、变种和品种。植物命名是植物分类学的重要内容,每一种植物都有自己的名称,在国际上通用唯一的拉丁文学名。例如:桃(*Amygdalus persica* L.)属于蔷薇科、桃属;玫瑰(*Rosa rugosa* Thunb.)属于蔷薇科、蔷薇属。

园艺学分类法是人们根据各自的需要,选择园艺植物的一个或几个特征、性状或依据栽培方法相近的原则而进行分类的方法。与植物学分类法不同,园艺学分类法属于人为的分类法,其中一些园艺植物在分类学上的位置不是固定不变的。园艺学分类法虽然不像植物学分类法那样严谨,但在园艺植物生产中具有重要的实用价值。例如,可将果树依照生物学特性划分为落叶果树和常绿果树,与此同时,又可依照生态习性特点,将果树划分为寒带、温带、亚热带和热带果树等;可将花卉依照生物学特性划分为一年生、二年生和多年生花卉,与此同时,又可依照生态习性特点,将花卉划分为露地和温室花卉。

园艺商品分类法指根据园艺商品经营和消费习惯的要求,对分类关系近的品种进行类似的管理与作业,并伴随市场经济规律变化而适时调整的分类方法。例如,可以根据商业经营的习惯,将果品分为鲜果、干果、瓜果及其加工制品等类,将花卉分为切花、盆花、球根、盆景和香料花卉等类。当然,园艺商品分类法在某些方面可以借鉴植物学分类法和园艺学分类法。例如,可以参照植物学分类法对花卉进行编号管理,也可以参照园艺学分类法为顾客推

荐一年生、二年生和多年生花卉或者露地和温室花卉。

资料来源：

①马凯，侯喜林．园艺通论[M]．2版．北京：高等教育出版社，2006．

②唐蓉．园艺产品商品化技术[M]．苏州：苏州大学出版社，2009．

资料二　纸上谈兵的故事

战国时期，赵国有一员大将名叫赵奢，他屡立战功，被封为马服君。赵奢的儿子名叫赵括，他小时候就学习兵法，谈论用兵打仗的事头头是道，赵括曾经跟他的父亲赵奢议论过用兵打仗的事，赵奢不能驳倒他，但也不说他好。赵括的母亲觉得很奇怪，就问赵奢其中的原因，赵奢很担忧地说："打仗，是生死攸关的事，儿子虽然熟读兵法，但是没有实战经验，只会纸上谈兵，将来若是率军打仗，恐怕会遭到惨败。"后来有一次，秦国派白起为将，统率百万雄兵讨伐赵国。赵国命大将廉颇率四十余万大军在长平阻击秦军。廉颇知道秦军人马众多，粮草运输困难，不利久战。他命令赵军凭险固守，以便让秦兵不战自退。秦赵两国军队在长平相峙许久，仍然不能有所突破，白起无计可施，眼看粮草接济不上，急得六神无主。于是，有将士献计让他派人到赵国散布流言，说秦军根本不怕廉颇，最怕的是赵括。赵王不知是计，立即命赵括为将，代替廉颇。蔺相如等人极力反对，但赵王坚持。赵括到了前线，全部变更了军法，轻率地任用军官，用书上所学的理论与秦军展开正面交锋，结果因为不懂变通，中了秦军的埋伏，四十余万大军全部被俘，后被白起设计坑杀。赵国元气大伤，不久被秦将王翦灭掉。

资料三　一个"90后"大学生新农人的创业故事

2010年，教育部下发了《关于大力推进高等学校创新创业教育和大学生自主创业工作的意见》，要求各地大力推进创新创业教育，加强创业基地建设，进一步落实和完善大学生自主创业扶持政策，强化创业指导和服务，推动创新创业教育和大学生自主创业工作实现突破性进展。国内高校纷纷响应，开启了创新创业教育的全面推进工作（包括实践基地的创建）。来自农村的"90后"张同学恰好赶上了这一"东风"。

学校创新创业教育全面推进工作启动以后，完成大一专业基础课程的张同学积极响应号召，主动利用寒暑假与周末的时间到专业合作企业去学习盆景栽培、养护与销售的相关知识和技能。对此，张同学身边的同学和朋友有不同的想法。专心读书的同学质疑他不务正业，整天往校外跑；在外兼职的同学质疑他不拿薪水，每次来回乘车近3个小时去帮人家当苦力；舍友见他每次回来都是满身泥巴、浑身汗臭，甚至怪他影响到了寝室的环境与卫生。每次面对质疑，张同学都笑笑不语，只是默默坚持。直到2011年，功夫不负有心人，企业学习期间的一次偶然机会让张同学接触到了萌萌可爱的多肉植物。欢喜之余，他通过网上论坛对多肉植物进行了深入调研与了解，看好了多肉植物的市场前景。于是，趁着学院建设校内创业实践基地的机遇，张同学主动找到学院寻求指导与帮扶，并得到满意的答复。随后的1年时间里，他充分利用课余时间钻研多肉植物的栽培与养护技术，并在大三毕业前向学院提出了留校创业申请，因此得到了免费帮扶3年的允诺。又经过半年多时间的筹备，2013年3月，张同学利用学院免费提供的2 000多平方米的设施大棚和从亲朋那筹集来的15万元资金正式开启了其校园创业之旅……

2013—2016年的3年左右时间里，张同学不断扩大自身团队，带着主动前来寻求学习机会的校友们一起创业，并将团队的核心成员扩大到了5人，基地范围也由台州（黄岩区、学校所在地）扩大到了温州（乐清市）、杭州（余杭区）和绍兴（新昌县、嵊州市与越城区）等地，主营业务也由多肉植物慢慢拓展到了多肉、苗木、盆景和园艺资材等，年销售额突破500万元。之后，张同学如期将基地搬离校园，并将核心基地设在了自己的家乡新昌县。

资料来源：编者创业指导纪实.

▶资料思考

园艺商品分类法谁来教？在创业的道路上可以理论脱离实践、尽信书本吗？案例人物张同学是如何取得成功的？

▶资料启示

专业融合创业教师的成长需要一个过程，过渡时期同学们应理性看待现状的不足，积极应对瓶颈问题，主动进行跨界知识与技能的学习；实践是检验真理的唯一标准，也是意识、精神和能力获取的最根本、最有效的方式；俗话说"人误地一时，地误人一年；人误学一时，学误人一世"，同学们应珍惜来之不易的校园学习机会，主动整合、用好大学的创业帮扶政策与资源。

【专题详述】

一切事物的运动、变化与发展都有其主体承担者。同样，高校在开展创业教育的过程中要充分体现对人的主体性的尊重。从根本上来看，学生作为人的全面发展的核心就是其主体性的发展，这正是创业教育的目标理念所在。

一、主体性发展的内涵

人作为主体，其鲜明的特征就是自觉性、为我性和能动性。从主体性的内涵来看，主体性的发展有一个过程，也交织着多种矛盾，即由主体性的缺失到主体性的发挥。就其具体过程而言，则体现在从自发性、自在性和受动性到自觉性、为我性和能动性的转变。

第一，从自发性到自觉性的转变。自发性是主体性缺失的不自觉的意识，表现为被动，对应一种自然的活动。正如马克思所指出的，人是有意识的类存在物，人的类特性恰恰就是自由的有意识的活动，人的无意识或者下意识的行为动作属于人的自发性活动。概括地说，自发性是人没有对客观事物本质和规律的认识，对应没有明确的自我意识的一种行为状态。与之相对应，作为人的自觉性，表现为主体性的发挥，对应一种具有"是什么""为什么"和"应如何"维度的实践活动，其显著特征在于行为的目的性、计划性和组织性等。在谈到工人运动的自发性和自觉性问题时，列宁指出："自发因素"实质上无非是自觉性的萌芽状态。故而，树立由自发性向自觉性的创业教育目标理念，就是要帮助学生实现由不自觉到自觉，由无意识或下意识到有目的、有计划、有组织等的转变。只有这样，才能帮助学生克服知行不一，达到行为与认识的一致。主体最终实现既非出于外在强加，也不同于被动接受，而是出于全面发展的需求自觉而开展的创业学习与实践。

第二，从自在性到为我性的转变。自我意识产生之前，并没有从人的自然存在中分离出来，是一种自在存在。自在性通过自我意识来表现，它是主体在对象性的实践活动中所具有的为我性的内在根据。为我性是借助于自我意识来表现的。马克思指出：凡是有某种关系存在的地方，这种关系都是为我而存在的。这指明人的一切活动都是为我的，人通过意识指导下的实践将“自在之物”转化为“为我之物”，正是将对客观世界的认识与自身的目的性相统一。这种规律性与目的性的统一，正是创业教育目标理念确立的重要基础。换言之，创业教育的目标理念之一便在于帮助学生树立为我意识，促使学生抱着主人翁的态度来认知与改变客观世界，化“自在”为“为我”，开展创业学习与实践。

第三，从受动性到能动性的转变。毛泽东在讲到能动性时指出，“一切事情是要人做的”“做就必须先有人根据客观事实，引出思想、道理、意见”“思想等等是主观的东西，做或行动是主观见之于客观的东西，都是人类特殊的能动性。这种能动性，我们名之曰‘自觉的能动性’，是人之所以区别于物的特点”。因此，创业教育的另一目标理念便在于发掘、培养与激发学生的能动性。从学生获取教育效果的角度来看，能动就是一种主动、积极地接受外部信息的学习方式，其主要特征就是依靠学生主体确立与完成学习目标来获得受教育效果。与之相反，受动是一种消极、被动地接受外部信息的学习方式，其主要特征就是依靠外化来获得教育效果。能动与受动的主要区别在于是否拥有明确的创造性主体目标，这不仅是主体性的体现，也是创业教育目标理念的核心。

二、主体性教育的方法

马克思在《关于费尔巴哈的提纲》中指出：哲学家们只是用不同的方式解释世界，问题在于改变世界。认识人的主体性是知的内容，发展人的主体性是行的问题。因此，帮助学生认识主体性只是创业教育行动的开始，更为重要的是教授他们如何发展自身的主体性，即协助学生实现作为区别于物的人的全面发展，包括创新创业意识、精神和能力的获取与提升。

一切事物的运动、变化与发展都有其主体承担者。列宁指出：世界不会满足人，人决心以自己的行动来改变世界。可见人是实现自身主体性发展的主体承担者。因此，从教育与受教育的角度来看，人既是教育的对象，又是教育的主体。换言之，如果说“行动是教育的开始，创造是教育的完成”，那么走完这一过程的那个主体只能是受教育者自己。也就是说，学生是学习的主体，是学生的主体性学习推动与保障了教育的创造实现。为此，帮助学生认知基于主体性教育理念的经典学习理论与教学方法，解决学生的主体性发展的行的问题是创业教育的另一重要任务。

1. 建构主义学习理论

建构主义学习理论流行于20世纪80年代，并在90年代引起中国教育界的极大关注，被认为是“当代教育心理学中的一场革命”。建构主义内部存有诸多流派，其中以皮亚杰和维果斯基的观点影响最大。皮亚杰认为，个体的认知结构是通过“同化”和“顺应”而不断发展以适应新的环境。“同化”即当个体遇到新的刺激时，把这种新的刺激对象纳入自己已有的认知结构当中；“顺应”则是指如果已有的认知结构无法容纳新的对象，个体就应该对已有的认知结构进行调整，以使其与环境相适应。换言之，个体的认知结构就是通过“同化”和“顺应”之间的平衡过程逐步建构起来的。维果斯基则认为，学习是一种“社会建构”，强调认知过程中学习者所处的社会文化历史背景的作用，重视“活动”和“社会交往”在人的高级心理机能发展中的作用。

(1)知识论　与传统上对知识的理解完全不同，建构主义的知识论有以下观点。①知识不是对现实唯一准确的表征和对客观规律的正确反映，而是人们对外部世界的一种主观解释，或者是对问题解决的一种假设或假说，这些解释、假设或假说不一定是正确的、确定的，而是具有猜测性和可证伪性的。因此，知识不是对自然界问题的终极解答，而是被不断地变革、升华和改写。②知识不是线性的层次结构，而是围绕着一些关键概念所构成的网络。这些知识网络包括事实、概念和命题以及有关的价值、倾向、过程性知识和策略性知识等。③知识不是以客观的形式存在于个体之外，而是由个体基于自己的经验不断建构而形成，并针对问题情境对知识不断进行再加工和再创造，因而知识依存于特定的情境，是情景化和个体化的产物。

(2)学习论　建构主义的观点认为，学习不是由教师把知识简单地传递给学生，而是由学生基于自己的经验不断建构的结果；学生不是被动地接收信息，而是主动地建构知识的意义。在这一过程中，学生根据自己的经验背景，借助他人(如教师和同伴)的帮助，对外界信息进行选择、加工和处理，从而获得自己的意义；学习不是信息的机械积累，而是在新旧知识的冲突中对知识进行不断重组，因而是新旧知识经验之间的双向的相互作用过程，是学习者与学习环境之间互动的过程。建构主义学习论认为，学习环境包括以下4个主要因素。①情境。学习情境应当有利于学生实现对知识意义的建构。②协作。协作发生于学习过程的始终，它对于学习资料的收集与分析、假设的提出与验证、学习结果的评价直至意义的最终建构具有重要作用。③会话。学习小组成员之间必须通过会话，商讨如何完成规定的学习任务，通过会话，每个学习者的思维成果（智慧）为整个学习群体所共享。④意义建构。意义建构是学习过程的最终目标，是对学习内容所反映的事物的性质、规律以及该事物与其他事物之间的内在联系达到深刻理解。因此，学习者知识的多少和水平不是取决于记忆和背诵的能力，而是取决于学习者根据自身经验去建构有关知识的意义的能力。

（3）教学论　建构主义的观点认为，教学不能无视学生以往的经验，不能简单地从外部输入新知识，而是要把学生已有的知识经验作为学习新知识的生长点，引导学生从原有的知识经验中建构出新的知识经验。教学过程中，教师不应只是知识的呈现者和传递者，还应关注学生对各种现象的理解，倾听他们的看法，洞察他们想法的由来，引导学生丰富或调整对知识的理解。教师应是学生建构意义的促进者、合作者和帮助者，是建构过程的组织者、指导者和协调者。建构主义的观点要求教师在教学活动中尊重学生的主体地位，发挥学生的自觉性、主动性和创造性，不断提高学生的主体意识和创造力，最终使学生成为能自我教育的社会主体。

2. 阶段学习过程理论

学习过程是学习理论的主要研究问题。在我国古代，学习过程的相关理论主要有二阶段论（学、行）、三阶段论（学、思、行）、四阶段论（学、思、行、习）和五阶段论（学、问、思、辩、行）等。其中，以五阶段论，即“博学之，审问之，慎思之，明辨之，笃行之”最为典型。近代以来，虽然国内学者关于学习过程的阶段划分尚未形成统一的认识，但是大家的研究通常都离不开“知与行的关系”。

在“知与行的关系”相关论述方面，以毛泽东同志的《实践论》影响较为深远。《实践论》运用马克思主义的认识论去揭露教条主义和经验主义，论述实践与认识的关系，指出“实践是认识的来源和推动认识发展的动力”“实践是认识的目的，无产阶级认识世界的目的是为了改造世界”“只有人们的社会实践，才是人们认识外界的真理性的标准”“生产活动是最基本的实践活动，它决定其他一切活动”“人们的认识运动，首先经历由实践到认识的过程，即在实践基础上从感性认识上升到理性认识，这是认识过程的第一次能动的飞跃；经过实践得到的理性认识，还须再回到实践中去，这是认识过程的第二次能动的飞跃，是更重要的飞跃”“人类认识发展的全过程是：实践、认识，再实践、再认识，这种形式循环往复以至无穷，而实践和认识的每一循环的内容，都比较地进到了高一级的程度”以及“在绝对真理的长河中，人们对于在各个一定发展阶段上的具体过程的认识只具有相对的真理性”等。

综合古今观点，顾建民将学习的过程划分为以下4个阶段。一是注意定向阶段。当人启动学习行为时，首先要从大量的刺激中选择自己要学习的刺激，这个过程便是注意定向。二是获得和保持阶段。个体将在注意定向阶段选择下来的内容吸收入大脑加工，经过加工存储，进行理解并保持下来。三是练习和强化阶段。个体进行反复不断的练习，并将获得的东西用于实践，通过强化实践使主体真正掌握所学习的内容。四是迁移阶段。个体将所学知识和技能迁移，用来解决新的问题、实际的问题，也就是古人所说的融会贯通、举一反三。换言之，真正的学习不单指懂得、会用某种知识，还包括在学习中形成相关认知结构、发展相关实践能力，并能活学活用、迁移运用于其他相似问题或情境中。

3. 翻转课堂教学法

受教育者的主体性发展离不开主体性课堂的构建。主体性课堂是在素质教育思想的指导下，通过教师有目的、有计划、有组织的引导，即采用恰当的教学方法，激发学生张扬个性、发挥主体性，积极主动地掌握各学科的基础知识和基本技能的课堂。主体性课堂的优点在于帮助学生发展智力，养成良好的学习习惯，发展意志、品质、情感和行为能力。主体性课堂的理论基础在于建构主义学习理论，其特点在于：在学生观上，充分尊重每个学生的主体地位和主体人格；在师生观上，强调师生互动，提倡尊师爱生、民主和谐；在教学价值观上，关注每个学生的整个生活世界，促进学生身心发展和个性发展；在教学方法上，强调知能统一、知情和谐，创设有利于学生主体性发展的课堂教学氛围，引导学生对知识与规范的内化；在教学评价和教学质量观上，发挥教学评价的导向性和激励性功能，以学生主体性的充分发展为主要评价标准等。

在互联网普及背景下，翻转课堂（flipped classroom）教学法成为主体性课堂的方法热选。翻转课堂教学法是指学生在课前或课外查看相关的教学材料，自主学习，教师不再或减少占用课堂时间来讲授知识，课堂变成了教师与学生之间以及学生与学生之间互动的场所，包括答疑解惑、合作探究、完成学业等，从而达到更好的教育效果的教学方法。在该种教学模式下，几乎一切地点皆可成为课堂，一切资料皆可成为教材，一切社会问题、热点皆可成为教学任务，学生可以充分运用图书馆、互联网和社会现实情境等优质教育资源，而不再单纯地依赖教师、书本和教室。教师与学生的角色也发生了变化，学生的主体性得以充分发挥。学生由单一的受教育者身份转换为探索者、研究者和教育执行者的身份；同学之间的关系由孤立关系转变为合作关系；教师的责任则由讲述教材知识转为理解学生的问题、协助学生解决问题和引导学生运用知识等。

【专题强化】

一、判断题

一切事物的运动、变化与发展都有其主体承担者。（　　）

二、选择题

人作为主体，其鲜明的特征就是________、________与________。

A. 自觉性　　B. 为我性　　C. 能动性　　D. 我为性

三、简答题

简述皮亚杰的建构主义学习观点。

四、拓展题

1. 以“实践是创新创业能力形成的最直接、最有效途径”为题，制作 PPT，与同学分享。

2. 以“我身边的创业资源”为题，制作 PPT，与同学分享。

3. 以“高校课堂‘脖子挂饼’要不得”为题，制作 PPT，与同学分享。

4. 自学“学习金字塔”理论，制作 PPT，与同学分享。

5. 结合人类实践的基本类型（生产、社会关系和科学实践），思考学生实践的基本类型。

第二部分　创新创业认知

专题四　创业和创业学习的理由

【专题导入】

▶专题寄语

创业是推动经济社会发展、改善民生的重要途径。

——习近平

▶专题资料

资料一　负债的感觉很不好，机会是自己争取来的

1999年出生在一个留守人口尚不足百人的偏远小山村的小潘，大学毕业还不到一年，已经开启了自己人生中的第二次创业……

当被问及为什么选择创业时，小潘很坦诚，他说："就是为了挣钱，还为什么呢？读大学之前就一直利用课余时间在外打工，端茶、倒水、拖地、烧菜、发传单、推广手机App、网上卖东西都干过。读大学之后也一直积极参加勤工助学，挣钱来补贴家用。父母都60多岁了，还长年在外帮人家打工种地，现在家里还欠着30多万元。长期负债的感觉太不好了，况且未来还要挣钱养家、买车买房。"

当被问到为什么不先就业，而是还未毕业便开始创业时，小潘说："产生创业想法是在大二进入学院创业园之后。当时我积极争取，有幸进入了学院

的双创部门。学校为创业实践的同学和双创部门的干事提供了很多接触校外企业家、创业者的机会，在他们那里，我听到了许多不一样的观点，也得到了许多创业方面的指导与帮助，因此萌生了创就一番事业的想法。至于为什么在毕业实习期间就正式开始了第一次创业，主要是机会难得。学校的企业兼课老师帮我介绍了一个想创业的朋友，她想在路桥的花木城投资开一家花店，要找一个靠得住的人合伙，条件是她出钱、我出力，于是我就开始了自己人生的第一次创业。”

至于为什么刚满一年就换了一个合伙人开始第二次创业，小潘解释道：“当时我们双方约定了先干满一年试试。不巧的是，刚开业半年多便碰上了新冠疫情，花店无法继续经营下去。不过我的运气还不错，恰好学校的另一名企业兼课老师听说我想继续创业，于是找到了我。他原先是省内一家连锁花卉企业的台州区经理，有货源和销路，现在打算自己跳出来单干。他负责接大的订单，我负责养花、看护、发货、零售和组织施工，我们双方各出了一些资金，还拉了一个家境不错的学长入了股，招了一个临近毕业的学弟进来当员工。”

在被问到对学弟学妹们的建议时，小潘讲道：“我坚信机会是自己争取来的。只要你在校期间足够努力，多跟校内外的创业者、企业家接触，你会发现有很多人想要投资做项目。我们涉农专业的，只要你能吃苦，懂技术，人靠谱，机会还是很多的。”

资料来源：编者创业指导纪实.

资料二　只想做一名自由快乐的小农人

1994 年出生的小王，是一名年轻的农场主。2015 年大学毕业的他并没有和其他同学一样，去就业市场找工作，而是向父母透露了自己想要回村从事种植业的想法。意外的是，父母同意了，并帮助没有任何创业经验的他一起在天台县三合镇大横村与栗树园村的交汇处建起了一个占地 20 余亩的小农场……

当谈及自己为什么执意选择农业创业时，小王在朋友圈里写道：“性格使然，其实我并不喜欢被人约束。一人一狗（其实是一群，嘿嘿），坐着发发呆，晒晒太阳，瞭望一下远山，不时接待几个顺便来买根甘蔗的客人挣几块钱。

哈哈，这就是理想的状态了！”

2017年在接受台州日报记者采访时，小王讲道：“所谓自然农法，即对农作物不除草，不用化肥，不用农药，让它纯自然地生长。大自然本来就有一条完整的生态链，我想做的是把已被破坏的生态链重新恢复良性自然循环，让更多家庭有机缘分享自然、健康、风味的食品。我给农场起名‘归真农场’，意思是‘归真，回归本真，回归大自然’。”

在回顾创业过程的艰辛时，小王在朋友圈里写道：“三年多了，最开始周遭尽是嘲笑、诋毁，甚至还有侮辱，随着时间慢慢推移，四周开始出现赞许、认同的声音，还有了热心的宣传”“世界有时候真的是很奇妙！还记得前天那位阿姨热情地说要帮我宣传，没想到今天就有人‘慕名而来’。当她走进来，我先是愣了一下，随即就大喊‘老师，你是老师吧，我是您的学生啊！’一开始，老师一脸茫然地看着我，想必是在努力地从记忆中寻找这是哪个学生啊。无奈啊！确实，初中时的我也就一百(斤)出头，现在已经是个圆滚滚的大胖子了，哈哈！”

在激励自己坚守农业创业时，小王再次在朋友圈里写道：“我的梦想掷地有声！你若想得到这世上最好的东西，先得让世界看到最好的你，勇敢地生活，让梦想掷地有声，让爱的人不失所望。”

资料来源：编者创业指导纪实.

资料三　父辈苦心经营却创不出名茶，他心有不甘

小林是玉环大麦屿镶额村人，其茶叶品牌在浙江农业博览会优质产品评选活动中连续7年荣获金奖。

当谈及为什么选择茶叶创业时，小林提道：“家里祖辈皆种植茶叶，看着父辈苦心经营却创不出名茶，自己心有不甘。所以希望能够传承并发扬传统火山茶种植技艺，励志为家乡打造一方名茶。”

于是，小林从祖传的种茶制茶技艺出发，结合国内传统的制茶技术，经过团队10余年的探索与实践，形成了一套科学规范的制茶工艺，包括采茶的选料、加工时间、温度掌握、揉捻的压力等，让火山茶兼具“色、香、味、形”。

资料来源：台州市农业农村局，台九鲜，2019年.

资料四　我是家里的男人，也是一名军人，要硬气地扛起这个家

小王是一名“90后”复转军人，如今打理着一家产值近千万元的茶业企业。2016年以来，小王带领着自己的企业先后荣获“浙茶杯”“中茶杯”“中茶杯第九届国际鼎承茶王赛春季赛”和“亚太茶茗大奖峨眉山国际评比大赛”等赛事金奖。2019年8月，小王的茶叶更是作为“市礼”随同市代表团访问印度和以色列……

当谈及自己为什么创业时，小王讲道：“岳父举家搬迁到海拔300米的深山，花了近10年时间才熬成一名‘匠心茶人’。我是家里的男人，也是一名军人，要硬气地扛起这个家，传承、发展这份事业。”

当谈到企业未来的发展计划时，小王提道：“茶味需要沉淀。以茶会友，打造品牌的基础在于地方文化、茶文化以及茶叶的匠心品质。追求品质，就需要对产品精雕细琢，就不能容忍一点点偏差。质量保证了，时间沉淀了，企业就发展了。”

当问及对涉农创业者的建议时，小王沉思了一会儿，说道：“义气为先。做人做事要讲原则，要刚正、正气、为民、担当。当兵时我是这样，在家里是这样，做产品也是一样。只有这样，大家才会信你，信你的产品。我的茶叶取名‘桐坑绿壳’，其文化背景就是台州的‘水泊梁山’故事。我的红茶取名‘绿壳红’，更是有‘褪绿存红芯(心)，揭盏秀香茗’之隐喻。”

资料来源：编者创业指导纪实.

资料五　我们需要成千上万个返乡青年去改变一个个小地方

“80后”新农人、全国返乡大学生论坛发起人、海南博学生态村发展理事会创会理事长、火山村荔枝创始人陈某，返乡创业前是一名记者……

在谈及为何返乡创业时，他认为，“返乡不是号召逃离城市，而是恰恰需要一大批人去做对接城乡的工作”“返乡，一种是返回自己的故乡，一种是返回别人的故乡，日久他乡是故乡”“我们需要成千上万个返乡青年去改变一个个小地方，让政府和社会看见返乡青年的力量，看见自下而上再造故乡的力量。你听说过‘国家快乐力’这个概念吗？我想说，返乡青年再造故乡的行

动，就是一种国家快乐力的叠加行动。个人的力量也许微薄，但是一群人的力量是巨大的。只要每个返乡青年不断地摸索展现自我的快乐生活方式，就是在共创一个快乐而美好的社会”。

在被问及大学生返乡创业的意义时，陈某写到，“一是返乡者在故乡找回了自己生命的意义，二是他们的幸福也增添了故乡的荣耀”。

在被问及返乡的时间选择时，陈某引用木雕大师康木祥的观点：“最讨厌叶落归根的人，老了才回去对故乡是一种负担而不是一种贡献。返乡要趁早，年轻的时候就返乡做事业，服务家乡。”

资料来源：

①陈统奎. 从故乡出发，从世界回来[M]. 桂林：广西师范大学出版社，2020.

②编者采访实录.

资料六　社会是企业家施展才华的舞台

社会是企业家施展才华的舞台。只有真诚回报社会、切实履行社会责任的企业家，才能真正得到社会认可。卢作孚是近代“渝商”的杰出代表，是“中国实业界不能忘记的四个人”之一，企业与社会良性互动正是他的真实写照。

1925 年，白手起家的卢作孚在合川集资创办了民生公司，公司发起之际就是社会企业，坚持以“服务社会，便利人群，开发产业，富强国家”为宗旨，后来成为中国近代最大的民营航运公司，也是新中国第一家大型公私合营企业。卢作孚毕生以家国大业为要，是没有资本收益的社会企业家，这也是近代中国社会企业家的共同精神。此外，卢作孚还在重庆北碚主持了享誉海内外的“嘉陵江三峡乡村建设实验”，创造了北碚在乡村建设方面的三个全国之“最”，实现了实业救国与乡村建设的在地化融合。卢作孚作为中国近代社会企业家的杰出代表，其精神内涵可概括为：富强国家、民生为本的爱国情怀；富于理想、勇于实行的诚信人格；公而忘私、服务社会的高尚品德；大胆创造、追求卓越的创新精神；以人为本、兼善天下的价值追求；廉洁朴素、勤俭敬业的优良作风。

资料来源：潘家恩，杜洁，张艺英，等. 充分挖掘和弘扬卢作孚企业家精神[N]. 重庆日报，2020-12-24.

▶资料思考

从上述 6 个案例中,你找到了多少种创业的理由?除去上述案例中梳理出的理由,你还有哪些补充?尝试将这些理由进行归类。思考并写出自己创业的理由,并将这些理由进行归类。思考并写出自己参与创业学习的理由。

▶资料启示

我们很多人的一生都遵循着类似的路径:出生、无忧无虑的童年、求学、毕业求职,然后就不知不觉地加入就业大军,从此,大半的人生都花在工作上,直到退休。然而,在求学期间,我们有没有认真地思考过自己为什么要工作,自己所期待的理想工作是什么,自己未来计划从事哪种方式的工作,是工薪就业还是自主创业。此外,当感到工作辛苦与不满的时候,我们有没有认真地思考过是什么原因导致了当下的困境。

人类的思维充满着各种各样的捷径,但每一条捷径都像一把双刃剑。混沌、惯性地思考问题,走思维上的捷径可能有助于思维主体迅速做出决定,进而满足自己的偏见。然而,这个世界上有多少捷径,或者说多少思维惰性,就可能产生多少谬误。为此,在职业生涯与全面发展如此重大的个人问题面前,每个人都应该深入地、有逻辑地、全面地思考自己参与创业和创业学习的理由。

【专题详述】

大学生是实施创新驱动发展战略和推进"大众创业、万众创新"的生力军,实践是一个人习得创业能力最主要的途径。然而,统计数据显示,目前我国在校大学生的创业实践参与比例尚不足 5%。造成大学生创业实践参与度不高的原因有很多,其中之一在于学生的创业和创业学习意识不足,根源在于学生对创业和创业学习的理由分析和效用认识不够。

一、工作的理由

关于工作的理由问题,或者说我为什么要工作的问题,同一处境下的不同人,不同处境下的同一人,甚至是同一处境下的同一人,因思考的方法、角度和投入不同均有可能给出不同的答案。虽然大家的观点众多且不尽一致,但大致可以归纳为以下几个层面：

1. 为己和为人的理由

为己的理由，例如我想改善下自己的饮食（生鲜刺身好好吃，可惜太贵了）、我想买一件体面的新衣服（我已经好久没有购买一件像样的衣服了）和我想来一次无忧无虑的远程旅行（不用过多顾虑门票和差旅的问题）等。为人的理由，例如我想买一辆小汽车（小孩子需要上学放学接送）、我想帮助生病的亲友（亲戚生病了，需要钱方面的帮助）和我想服务社会，帮助需要帮助的人（我想做好事，帮助周围的弱势群体，可是我收入不够，这太让人沮丧了）等。

2. 主动和被动的理由

主动的理由，例如我喜欢工作（工作可以帮助我结交更多的朋友，让我有存在感）、我享受这份工作（当老师是我儿时的理想，我喜欢校园的工作环境）和我满足于从事创新性的工作（只有这样我才能挑战自我、获得成就，只有这样我才能向历史证明我曾经来过这个世界）等。被动的理由，例如我不得不去工作（毕业快一年了，邻居、朋友都在背后议论我，父母也“赶”我出去工作）、我要出去工作（虽然家里不缺钱、我也不想被别人指挥，但是我不想再待在家里，一个人在家太无聊了）和我必须出去多找一份工作（虽然很辛苦，但是父母年纪大了，身体也不好，我需要找份兼职，多挣点钱给父母养老、治病）等。

3. 当下和未来的理由

当下的理由，例如我要工作还贷款（虽然我很想换一份工作，但每月的账单迫使我不得不坚持）、我必须加倍努力工作（我想和心仪的女孩交朋友，只有拥有了一定的经济基础，她家里才会同意我们交往）和我必须马上找一份工作（父亲突然病倒了，家里急需用钱）等。未来的理由，例如我要为自己储备深造资金（家里的经济条件不是很好，我计划过几年出国留学深造，现阶段我必须努力工作）、我计划过几年换一所大房子（家里的房子太拥挤了，上班还要抢洗手间）和我想要换一份自己感兴趣的工作（我志愿从事公益性工作，但在这之前，我得加倍工作，存到足够的钱来养家、防老）等。

4. 物质和精神的理由

物质的理由，例如大家常讲的“衣、食、住、行、生、老、病、死”等。其中，以“食”为例，“食”可进一步划分为“柴、米、油、盐、酱、醋、茶”等。精神的理由，例如“工作成就人生”“工作是才华展示的舞台”“工作是意志锤炼的砺石”“工作能够陶冶人格、磨砺心志，让灵魂变得更崇高、更美好”“工作是社会分工中每个劳动者体现社会价值和自我价值的角色定位”“工作是既定目标下的分工合作，推动了社会的前进发展”“工作是最尊贵、最重要、最有价值的行为”“极度认真地工作能让我们获得一种不可思议的力量而变得强大，强大到足以扭转命运、掌握人生的主动权”“只为赚钱而工作，未免太卑微”“我从事着自己感兴趣的工作”“我热爱自己的工作”“我为自己的理想而工作”和“有爱的工作是生命的具体化”等。

二、创业的理由

创业作为工作的类型之一，其理由分析应放在工作的理由分析基础之上，并结合对比与之相对应的工作类型——就业，来进行。经梳理，创业的理由同样可以从“为己和为人的”“主动和被动的”“当下和未来的”和“物质和精神的”几个层面来归纳。例如，创业使我获得存在感与成就感（我喜欢当老板的感觉，讨厌被人指挥、命令）和我必须马上接手家里的企业（虽然我的理想是“诗意的栖居于大地之上”，当一名园艺师，从事一份自由且亲近大自然的工作，但是父亲年纪大了，我是家里的唯一男丁，我有责任维系家里的工厂，帮助父亲完成未了的事业）；我乐在创业（创业帮助我实现自己的想法，获取工作的自由，使我有能力照顾到自己的兴趣和周边的亲朋，就业显然做不到这些）和我不得不创业（理想中的工作实在是不好找，我需要多挣些钱来养家）；机会千载难逢，我必须把握住它（市场出现机遇，几个朋友约我一起离职创业，机会难得，我不能错过）和我需要用创业来实现自己的人生理想（我期望充分发掘自己的潜力，在有生之年对社会有所贡献，只有自己创业，才有可能实现这些）；创业可能使我获得更多收益（就业的收益可能不会令我满意）和帮助我实现由盲目服从到主导作为的工作状态转换（我喜欢自己做决定，我要自己掌握自己的命运，而不是依赖）等。

三、创业学习的理由

创业学习的理由与创业的理由既相互联系，又有所不同。联系在于，针对拥有创业的理由的同学而言，创业学习的理由不言而喻（激烈的竞争、多变的市场、日新月异的科技、转瞬即逝的机遇、各类的风险以及种种的不确定性均要求必须重视与强化创业学习）；不同在于，针对尚无创业的理由的同学而言，创业学习的理由同样重要。

1. 青年就业是一个普遍性的问题

在全世界范围来看，无论发达国家还是发展中国家，青年（包含青年大学生）就业都是一个普遍性的问题。调研数据显示，1978 年我国城镇青年失业待业人数占城镇失业待业人口总数的比例为 47%，1988 年该一比例为 82.8%，1997 年为 68.9%。2008—2011 年 8 月期间，欧盟（27 国）青年（25 岁以下）的失业率平均为 19.35%。麦可思研究院发布的《2019 年中国大学生就业报告（就业蓝皮书）》显示，2016—2018 届大学生毕业半年后的就业满意度平均为 66.3%。其中，2018 届毕业生对就业现状不满意的主要原因是“收入低”（本科 65%，高职高专 67%）和“发展空间不够”（本科 53%，高职高专 53%）。数据显示，2018 届本科和高职高专毕业生毕业半年后的月收入分别为 5 135 和 4 112 元。2015 届大学生毕业三年内的行业转换率（行业转换是指毕业生在毕业半年后就业于某行业，而毕业三年后进入不同的行业就业）达到 43%（本科 35%，高职高专 50%），与 2014 届大学生毕业三年内的该指标（43%）持平。此外，就工作与专业的相关度来看，2016—2018 届大学毕业生的工作与专业相关度平均为 66%（毕业半年后，本科为 70.67%，高职高专为 62%）。2015 届大学生毕业三年后的这一数值为 61%（与 2014 届持平，本科 65%，高职 56%），较 2015 届大学生毕业半年后的这一数值（66%）下降 5%。调查数据显示，2018 届大学毕业生选择与专业无关工作的主要原因在于“专业工作不符合自己的职业期待”（本科 38%，高职高专 32%）、“迫于现实，先就业再择业”（本科 21%，高职高专 26%）、“专业工作岗位招聘少”（本科 14%，高职高专 11%）和“达不到专业相关工作的要求”（本科 11%，高职高专 13%）等。

2. 创业学习有助于完善就业学习

从某种程度上来看，青年就业既是一个绝对性的问题，又是一个相对性的问题。问题的绝对性源自社会工作岗位（特别是优质岗位）的供应总量不足，相对性表现在青年的职业能力不足、岗位胜任力不够，根源于学生学习的内容与方法尚有提升空间。

（1）上位学习及其相关概念　美国认知教育心理学家奥苏伯尔根据学习者将要学习的新知识与学习者已经知道了的相关知识（也可表述为“原有认知结构中的有关知识”）之间的关系，把学习区分为上位学习、下位学习和并列结合学习三类。

上位学习也称总括学习，指在认知结构中原有知识的基础上学习一个包容性程度更高的命题，即原有知识是从属知识，而新学习知识是总括性知识，其在概括程度上高于原有认知结构中的相关知识。例如，学生已有了“椒江甜瓜”“黄岩本地早（蜜橘的一种）”“路桥枇杷”“临海涌泉蜜橘（蜜橘的一种）”“温岭高橙”“玉环文旦”“天台黄精”“仙居杨梅”和“三门青蟹”等概念之后，再学习“台州特色农产品”这个概念时，新学习的概念便总括了原有的相关概念，进而使得学习变得更为系统和有意义。

下位学习，又称类属学习，指的是一种把新知识归属于原有认知结构中的某一部位，并使之与原有知识相互联系的学习。换言之，当学习者原有认知结构中存有包容性高于要学习的新知识的内容时，新知识与原有认知结构中的有关知识就构成了下位关系。此外，下位学习又可进一步划分为派生类属和相关类属学习。派生类属反映新知识是原有认知结构中的知识的特例或例证，新知识只是旧知识的派生物。派生类属存在的意义在于使新知识获得结构意义，并可使原有认知结构、知识命题得以充实或证实。例如，学生已有了“果树”的概念，再来学习“柑橘”这种果树，就可认为是开展了派生类属学习。相关类属反映新学习的知识从属于原有认知结构，但并非完全包含于原有知识之中，也不能完全由原有知识所代表，两者仅是一种相互关联的从属关系。换言之，新知识需对原有的认知结构做部分调整或重新组合，是原有知识概念扩充、深化、限定或精确化的产物。例如，学生原来知道升国旗、唱国歌是一种爱国行为，现在响应国家乡村振兴战略，助力参与农业农村创业创新也是一种爱国行为。

并列结合学习，是在新知识与原有认知结构中的知识既非类属又非总括关系时产生的。例如，在学习了市场需求的概念之后，又学习商品价格的概念就属于该类学习。一般而言，并列结合学习相对困难，必须认真思考新旧知识之间的区别与联系方能掌握。

(2)创业学习完善就业学习　从企业内部的层级来看，工作可以区分为雇用他人（创业）和被人雇用（就业）两种类型。其中，创业对从业者的知识广度和综合能力要求更高，需要对就业者加以工作指导和上位管理，故处于总括性的上位地位。换言之，就业学习基础上的创业学习，产生上位学习效应。创业学习的存在使得就业学习不再单一、碎片化与割裂，它帮助学习者在主修专业（包括学科性、教育性和职业性专业）学习的基础上，增加基于多种职业（岗位）及其协同知识与能力获取需求的学习。该种学习不仅可以促进学习者的主修专业学习，经由下位与上位学习之间的互动循环、螺旋上升来实践检验与深化提升下位学习，提升学生的专业就业竞争力，还可以促进学习者增加普通就业（对应普通职业，指向通用知识、技术与技能，区别于专业性很高的专门职业）和跨专业就业学习，经由拓宽学生学习的宽度来增加学生的就业面。总之，创业学习有助于完善就业学习。

【专题强化】

一、判断题

人要么为物质的需要，要么为精神的需要而工作，两种需要不可兼顾。（　　）

二、选择题

工作的理由可以划分为________等几种类型。

A. 为己和为人的　B. 主动和被动的　C. 当下和未来的　D. 物质和精神的

三、简答题

对照“马斯洛需求层次理论”，写出积极参与创业的理由。

四、拓展题

1. 以“即将到来的就业战争是为了一份好工作”为题，制作 PPT，与同学分享。

2. 以“成长是用来‘挑担子’的”为题，制作 PPT，与同学分享工作对于家庭和社会的意义。

3. 了解并简述“职业洞察力”“职业认同感”和“职业弹性”对于促进工作和成就人生的重要性。

4. 对比分析“自主创业”与“工薪就业”的利与弊，制作 PPT，与同学分享。

5. 自学“职业核心能力”相关内容，制作 PPT，与同学分享。

6. 自学“木桶理论”和“斜木桶理论”，制作 PPT，与同学分享。

专题五　创业的起点和素质养成

【专题导入】

▶专题寄语

人是要有一点精神的。

——毛泽东

▶专题资料

资料一　男人三十而立，如果我创业失败的话，打工还有人要

2004 年，25 岁的陈某就当上了职业经理人，负责管理一家 200 多人的企业，年薪 20 万元。3 年后，陈某更是把工作做得风生水起，但他却找到老板说出了一番让对方怎么也没想到的话："男人三十而立，我今年都 29 岁了，还没有事业，到时候别人会看不起我的。我现在还年轻，如果创业失败的话，去打工还有人要。如果再过几年的话，万一在这里工作干不好，你又把我辞了，我出去找工作都没人要。"

于是，2007 年，陈某辞职从事番茄经销创业。结果，仅仅一年时间，他便赔得一家人只剩 50 块钱。然而，令人想不到的是，短短两年后，他竟然翻身成为当地产业的带头人。记者采访后得知，因受大经销商挤压收不到番茄、卖不出价格而濒临破产的陈某，却靠着一个纸箱厂打了一场漂亮的"翻身仗"……

原来，陈某留意到大家用来收购番茄的纸箱在本地是没有厂家生产的。这种纸箱硬度高，摞上 10 来层都不怕压坏，并且冷链运输过程中遇到水汽也不会塌。每到番茄成熟的时候，经销市场对这种箱子的需求量特别大，时常供不应求。但是，当时这种纸箱只能跑到山东去买。于是，陈某意识到这可能是个商机，他多方打听，跑到山东请来技术员，在本地生产起了这种纸箱。纸箱厂一年下来的销售额便达到了惊人的 1 200 万元。更为关键的是，由于当地只有他的工厂生产这种纸箱，很多种植户都拥到这里来买纸箱，这让他跟很多农户熟悉了起来。跟别人交流多了，收购番茄变得容易了，价钱方面也容易沟通了。掌握大量货源以后，陈某注册了品牌，将自己基地生产的和从农户那收购来的番茄进行了统一标准销售。此外，他还找到福建一家大型连锁超市合作，通过超市的销售网络，将原本只在本地销售的番茄卖到了福建、上海和北京等地。自此，陈某也从一个不知名的、一度濒临破产的小经销商，一举成为当地最大的番茄经销商。

资料来源：央视网《致富经》，2013 年 5 月 30 日.

资料二 新企业的成立需要投入时间制订详细的计划

计划行为理论(theory of planned behavior,TPB)指出,人的行为并不是完全出于自愿的,而是处于各种因素的影响与控制之中。行为意愿是行为最后的前因变量,其他所有可能影响行为的因素都是经由行为意愿来影响行为的产生。行为意愿受到行为人本身的态度(对行为结果的评估及由此产生的对行为的喜好)、主观规范(在综合社会规范、压力等所有外界因素影响后得出的对行为的主观认识)和感知行为控制(对行为控制难易程度的主观感知)三个因素影响。

Bird(1988)指出新企业的成立需要投入时间制订详细的计划,因此,TPB 理论很适合用于创业意愿的研究。基于 TPB 理论,李永强等(2008)研究发现,TPB 模型共解释了中国学生创业意愿变异的 46.9%:通过对创业态度进行探索性因子分析,在特征根大于 1 的前提下,创业态度变量明显分解为两个因子,即内生态度因子和外生态度因子,两因子累计贡献率为 67.53%。利用 SPSS 11.0 检验两因子对创业意愿的影响,采用线性回归分析,结果显示相对外生态度的影响不显著,内生态度对创业意愿的影响显著,这表明学生的创业意愿主要源于内在激励,诸如享受挑战、实现个人成就、追求独立等;不同于 Ajzen(1987)的结论,研究发现主观规范对创业意愿的影响显著。我们认为这种差异的存在是符合常理的,这主要源于研究背景中文化的差异。中国传承着历经千年的家族文化,这种文化深深地影响到学生群体,故中国学生受父母及亲戚朋友的影响很大。与之不同,美国文化则宣扬个人主义,独立、自由、与众不同是多数美国学生的追求,因此,父母对美国学生的影响相对较小;从整体上讲,学生创业意愿较强烈。但对比研究发现,大部分学生在无责任条件下的创业意愿均值高于 3 分,而当考虑到实际情况时,其创业意愿均值明显下降(低于 2.5 分)。

资料来源:李永强,白璇,毛雨,等.基于 TPB 模型的学生创业意愿影响因素分析[J].中国软科学,2008(05).

资料三　创业实践是个体在各种内外因素影响下进行的活动

以学院2013—2017级的2 459名学生为研究对象，研究通过跟踪调查，探究影响在校大学生创业实践行为表现的因素。研究结果显示：所有新开项目（以负责人年级为标准）的成功启动比例，大三（100%）＞大二（85.71%）＞大一（25%）；院级平台投入运行之后的4个学期，92.86%的大一团队经由接班组建，而大二和大三的比例为30%；院级平台投入运行之后的4个学期，83.33%的团队于毕业季学期组建；在创业教育全面、深化推进背景下，2015级和2016级的学生实践参与比例均暂未突破2014级的8.65%；2013—2016级实践学生当中，53.45%的实践时长≤一学期（每学期初纳新，以是否跨寒暑假实践为界定标准）；在平台场地有余背景下，2015级参与比例仅为2014级的58.65%；院级平台投入运行之后的4个学期，仅新开了8个项目；2013—2016级学生实践专业相关比由院级平台运行学期的76.67%降低为后来的46.15%。

结果分析表明，在校大学生的创业实践行为表现，如参与比例、参与途径、从事的项目、选择的队友、进驻的平台、起始时间、新开项目的成功启动比例、持续时长和学习意愿等，受到创业实践平台、创业导师，以及学生的毕业时间、创业能力、创新能力等多个因素的影响。参考TPB理论，研究绘制了在校大学生创业实践行为表现影响因素的示意图。示意图显示，在校大学生的创业实践行为表现受到态度、主观规范和感知行为控制的影响。在高校环境当中，主观规范指向创业导师，感知行为控制指向学生的创新能力、创业能力、毕业时间以及创业实践平台4个方面。此外，在校大学生的创业能力又可经由创业课程、实训和实践得到提升。示意图中的各因素单独或共同影响在校大学生的创业实践行为表现。

研究建议，创业实践是一个动态的发展过程，在校大学生的创业实践行为表现会受到各种因素的影响。考虑到不同高校有着不同的办学特色、历史基础和现实条件，以及不同的学生有着不同的家庭出身、专业背景和成长经历，各高校应依据自身情况，对学生展开有针对性、持续性的调查研究，进而发现学生在行为抉择与执行过程当中存在的问题，找出其具体的深层次影响因素，有的放矢，不断完善创业教育的工作方案。

资料来源：李源龙．在校大学生创业实践行为表现影响因素研究[J]．创新与创业教育，2020，11(3)．

▶资料思考

请思考创业的起点和素质养成(素质构成与形成过程)。

▶资料启示

结合案例资料和TPB理论，从意愿和行为两个层面出发展开思考；结合莲花游戏展开思考——由“莲花”开始联想，三次以上，一直联想到“我想做的一件事”，并分享。思考，是什么促使你想到要做这件事，而不是其他事？为什么你想到的是奔向美好的事？谁应为完成这件事负责，为什么？结合“5W2H”(what、why、who、when、where、how、how much)分析法，进一步思考应如何完成这件事。

【专题详述】

谈及创业的起点，学习者们的第一反应往往是模糊地认为“产生创业的念头(模糊的、不确切的想法，甚至是空想)就是创业的起点”，或者是狭义地认为“想(找)到一个创业的点子(产生具体的想法，形成创意)就是创业的起点”。表面上来看，两种观点都有一定的道理。然而，如果仔细思考就不难发现其各自的不足之处。前一种观点显然过于缥缈，使得创业的起点界定缺乏其应有之义；后一种观点显然过于局限，不仅扭曲了创业的起点界定，还限制了创业学习的内容与目标，使得创业的起点学习错失基点(例如，持有该种观点的学习者们往往将采集现有的创业点子作为参与学习的目标或内容起点)。厘清创业的起点和素质养成的内涵对于创业学习活动的开展非常重要，其中，厘清后者又以前者为前提。为此，我们有必要在“念头”与“点子”之间为创业界定一个起点，并在此基础之上厘清创业素质的构成与形成过程，为学习者们进行精准与高效的学习打下基础。

一、创业的起点

以TPB理论为支撑的案例研究表明，大学生创业的行为意愿和行为受到大学生本身的态度、主观规范和感知行为控制共同影响。研究结果的取得为厘清创业的起点以及后续的素质构成与形成过程提供参考。

1. 创业的起点界定

行为意愿是行为最后的前因变量，行为表现因行为意愿变化而变化。为此，创业的起点界定应结合创业行为意愿的影响因素来进行。参考TPB理论模型中的三个行为意愿影响因素，结合大学生在有责任条件下的创业意愿明显下降的研究结果——指向受行为结果和个人意志的影响，编者将影响创业行为意愿的因素重排，归纳为“知”(感知、认识、认知，意识对于客观世界的主观反映)、“情”(情感、情绪，意识在反映客观世界过程中的主体的主观状态，即对于客观事物的感受、评价等，表现为喜怒哀乐等心理状态)、“意”(意志，意识指向某种目的的主观状态，表现为信心、克制、毅力等，是意识能动作用的直接表现)三个方面，分别对应“意识”(意识的马克思主义哲学释义)的三个基本构成。综合考虑我国创新创业人才培养的目标起点在于增强大学生的创业意识，编者将“创业意识的产生(创业行为认知基础上的情感与意志的形成，区别于‘念头’与‘点子’)”界定为创业的起点。与之相应，将厘清行为层面上的创业意识的内涵界定为创业学习的基点，供广大师生参考。

2. 创业的意识初窥

创业意识认知的基础在于“创业”与“意识”的统一认知。鉴于创业的广义概念在于“由想法到计划再到行动的事业开启与推进过程”，狭义概念在于“在法律允许和道德规范背景下，能够带来可观利润的商业冒险活动或事业的开启与推进过程”，编者认为可以从事业意识、企业意识、开拓意识、战略意识、风险意识、过程意识、法律意识、道德意识、经济意识以及社会意识等多方面来全面理解创业意识区别于其他行为意识的独特内涵。至于其内涵的细节，则需要在全面学习创业和结合具体创业的基础上来进一步厘清。例如，在乡村振兴背景下，涉农创业者除了具备常规的创业意识之外，还需要具备国家战略意识、“绿水青山就是金山银山”意识、生态意识、质量意识、闲置资源盘活意识、数字三农意识、现代化装备意识、产品标准化意识、村企民互联互助意识、多领域协同创新意识、基层党建意识、文明家风意识、种质资源保护意识、乡土文化传承与创新意识以及三产融合意识等。

3. 意识的马克思主义哲学释义

意识一词有三种常见内涵释义：第一种是当动词用，指“意识到”，属于人的心理活动，是一种认识形式，也是一种反映形式；第二种是当名词用，指“神志清晰状态”或“醒觉状态”；第三种也是当名词用，与“物质”相对立。其中，前两种释义（心理学和医学释义）为第三种释义（马克思主义哲学释义）的内涵把握提供参考。

意识的马克思主义哲学释义指出，意识是人脑的机能和属性，是物质世界发展的最高产物，是包括社会实践在内的客观世界在人脑中的主观映象，并对客观世界产生能动的反作用。意识加工的原材料来源于客观世界，因此意识是物质的产物，但又不是物质本身。意识是客观对象和内容与主观形式的统一，意识就其反映的形式来说是主观的，而就其反映的对象和内容来说则是客观的。

（1）意识的形成与发展　意识既是自然界长期发展的产物，也是人类社会产生与发展的产物。意识形成与发展的历史过程表明，意识是不能独立于物质世界而存在的。正如马克思所说：观念的东西不外是移入人的头脑并在人的头脑中改造过的物质的东西而已。意识的形成与发展经历了三个阶段，即由一切物质所具有的反应特性到低等生物的刺激感应性阶段，再到高等动物的感觉和心理阶段，最终到人类的意识阶段。其中，第三个阶段为意识形成的决定性阶段。该阶段，人的社会实践，特别是劳动，对意识的形成与发展发挥了决定性的作用，它提供了意识产生的客观需要和可能。人的劳动同动物活动的根本区别在于工具系统的使用和创造，但要能够创造和使用工具，以之来改造客观世界，则必须达到对于事物的本质和规律的掌握，这就需要有一种高于动物感觉和心理的、具有抽象思维能力（又称逻辑思维）的意识参与。

（2）意识的要素构成　意识是一个由多方面要素构成的复杂整体。①从意识的内容来看，意识是“知”“情”“意”的统一体。“知”“情”“意”统一于人的活动之中，表现为对于世界的认知性反应、情感体验和指向某种目的的心理状态。②从意识对自身的意识程度来看，意识可划分为潜意识和显意识。潜意识是指未被意识到的心理活动，不能用言语表述。显意识是人们意识到、自觉到的意识活动，能够用言语表述。人类的意识总是潜意识与显意识的统一。以显意识表现出来的对于事物的反映，只是与有意行为相关的部分，而大量的随意行为则是由潜意识所自发控制的。③从意识的指向性来看，意识可划分为对象意识与自我意识。对象意识是指向客观事物的意识，它形成对客观事物的反映、认识。自我意识则是指向意识自身的意识。对象意识和自我意识的指向和功能虽有不同，但它们在人的意识活动中又是互相渗透、互相制约、互相转化的。在意识活动中，两者不可能截然分开。

(3)意识的能动作用　意识虽然可以从不同方面划分为不同类型,但意识又是一个有着整体功能的统一体。这个整体功能的一个基本表现,就是意识的能动作用。意识的能动作用是通过对人的活动的作用而体现出来的。意识的能动性集中体现在意识能动地反映和创造世界。意识对于客观世界的把握并不是一种直观的动物式的或照相式的反映,而是超越了动物心理所不能逾越的现象界限,达到对事物的本质和规律的认识。人的意识不仅采取感觉、知觉、表象等形式反映事物的外部现象,而且运用概念、判断、推理等形式,对感性材料进行加工制作和选择建构,在思维中构造一个现实中所没有的理想世界。意识利用所把握到的事物的规律性,根据人的需要,通过对于对象的观念性创造,在观念中形成改造客观世界的目的和蓝图。马克思说:人在劳动过程结束时得到的结果,在这个过程开始时就已经在劳动者的表象中存在着,即已经观念地存在着。换言之,人的整个实践过程,就是围绕意识活动所构建的目标和蓝图来进行的。意识具有调控人的心理和行为活动的作用,它使人的实践具有自觉的目的性、计划性,进而通过人的实践将目的、蓝图变成现实存在,从而改造客观世界,创造出符合人的目的的客观世界。

(4)社会意识　物质的存在有两种基本形态,即自然存在和社会存在。相应地,意识作为"被意识到了的存在"也就有两种基本形式,即关于自然存在的意识和关于社会存在的意识。社会意识具有复杂的结构,可以从不同角度对其进行划分。一是,根据不同的主体,可将社会意识划分为个体意识和群体意识。个体意识是个人的生活经历和社会地位等在自己头脑中的反映,是个人社会实践的产物。群体意识是群体成员共同的意识,是群体实践的产物。二是,根据不同的层次,可将社会意识划分为社会心理和社会意识形式。其中,社会心理是低层次的社会意识,是自发的、不系统的、不定型的社会意识,表现为人们的感知、情绪、情感、心态、习俗等。社会意识形式是高层次的社会意识,是自觉的、系统的、定型的社会意识,包括政治法律思想、道德、艺术、宗教、哲学、科学等,以理性认识为主。

社会存在和社会意识是辩证统一的。社会存在决定社会意识,社会意识以理论、观念、心理等形式反映社会存在,这是社会意识对社会存在的依赖性。但社会意识并非消极被动地受制于社会存在,它既依赖于社会存在,又有其相对的独立性。社会意识的相对独立性是指,社会意识在从根本上受到社会存在决定的同时,还具有自己特有的发展形式和规律,主要表现在以下方面。一是,社会意识对社会存在能动的反作用。这是社会意识相对独立性的突出表现。任何社会意识都不会凭空出现，只能是适应一定社会物质生活发展的要求而产生的，因而它必然具有满足这些需求的功能和价值，在一定条件下会转化为物质力量并作用于社会存在，影响历史的发展。先进的社会意识，反映了社会发展的趋势和要求，可以在一定程度上预见、推断未来，指导人们的实践活动，对社会发展起着积极的促进作用。而落后的社会意识，不符合社会发展的趋势和要求，对社会发展起消极的阻碍作用。二是，社会意识与社会存在发展的不完全同步性和不平衡性。历史上也有这样的情况，社会经济发展水平较高的国家或地区，其社会意识的发展水平未必也较高，与之相应，某些经济水平相对落后的国家或地区，其社会意识的某些方面却可以领先于经济发达的国家或地区。三是，社会意识内部各种形式之间的相互影响及各自具有的历史继承性。社会生活的内在联系及其统一性，决定了社会意识诸形式之间也必然是相互影响、相互作用的。同时，社会意识诸形式均有自成系统、前后相继的历史链条，因而具有历史继承性，有其发展的特殊规律。四是，社会意识的能动作用是通过指导人们的实践活动实现的。思想本身并不能实现，要实现思想就要付诸实践，而社会实践的主体是人民群众。因此，一种社会意识发挥作用的程度及其范围大小、时间长短，同它实际掌握群众的深度与广度密切联系在一起。

二、创业的素质养成

与“念头”和“点子”不同，编者将建立于唯物主义辩证法之上的“创业（作为人的一类行为，一种社会存在）意识的产生”界定为“创业的起点”。辩证唯物主义的意识强调“知”“情”“意”三者合一。从教育教学活动开展的角度来看，三个要素当中，后面两个相对容易理解，因而需要深度阐释的是第一个要素，即关于创业的“知”——包括对于创业主体和创业客体的“知”，分别指向行为人自身和行为对象。

本专题着重阐释“创业的素质养成”这一关于创业主体的“知”的核心内容。当然，鉴于行为主体与客体之间的改造与被改造（认识与被认识，执行与被执行）、相互对立与统一的辩证关系，阐释创业主体的“知”与阐释创业客体的“知”无法割裂。而且阐释创业主体的“知”的核心内容需要建立在阐释创业客体的“知”的核心内容——“创业的基本过程”的基础之上来进行。

1. 创业的基本过程

意识是包括社会实践在内的客观世界在人脑中的主观映象，并对客观世界产生能动的反作用。如果说“创业的起点”在于“创业意识的产生”，那么“创业的基本过程”的厘清则应顺理成章地与“创业意识的能动作用过程”相联系。

(1)实践意识的产生　思想本身并不能实现，要实现思想就要付诸实践。意识的能动性集中体现在意识能动地反映和创造世界。实践是正确发挥意识能动性的基本途径。正确的认识要变为现实的物质力量，只能通过物质的活动——实践才能达到。实践是客观规律性和主观能动性统一于物质的基础。意识利用所把握到的事物的规律性，根据人的需要，通过对于对象的观念性创造，在观念中形成改造客观世界的目的和蓝图。意识通过调控人的心理和行为活动，使人的实践具有自觉的目的性、计划性，再通过人的实践将目的、蓝图变成现实存在，从而改造客观世界，创造出符合人的目的的客观世界。因此，指向创业行为的“意识”只有发展成为指向创业实践的“意识”，经由“知”“情”“意”的程度提升、层级跃迁，乃至量化质变、目标确立，方可开启其能动反映和创造世界之门。于是，实践意识(实践层面上的创业的“知”“情”“意”)的产生，顺理成章地成为创业意识(行为层面上的创业的“知”“情”“意”)的能动作用过程的起点。

(2)创业精神的产生　虽然意识的能动作用(主观能动性)是巨大的，但是它不是无限度的。意识能动性的实现最终受制约于人类的实践发展水平，受到客观世界和历史条件的限制。同样，创业意识能动性的实现最终受制约于创业者自身的实践发展水平，受到创业实践的客观世界和历史条件的限制。然而，承认规律的客观性，并不是说人在规律面前无能为力、无所作为。人能够通过自觉活动去认识规律，并按照客观规律去改造世界，以满足自身的需要。因此，一种经过实践检验与提升的意识发展到一定的阶段，便达到了列宁所说的“世界不会满足人，人决心以自己的行动来改变世界”的思想高度，催生了人们常说的“精神”。人脑是意识的器官，意识的加工厂。意识活动作为一种高级认识活动，“但它依然是一种认识活动，也就是说意识也是一种思维过程”，“既然是高级思维或认识活动，那它必然也要有产物，也就是说它也要产生出精神来”。

关于精神产生的重要意义，很多学习者难以理解。物质可以变成精神、精神可以变成物质是日常生活中常见的事实，也是人类长久以来一种不懈的愿望和追求。所谓精神变物质，就是根据对客观事物之本质和规律的认识，在正确理论指导下，制定路线、政策、计划、方案、办法，将思想理论付诸人们的行动，转化成改造客观世界的物质实践，在实践中达到预想的目的，从而改变、改造客观世界，将精神的力量转化为物质的东西，变主观的东西为客观的东西。例如，大理石有许多种，有天然的大理石，有人造的大理石。为什么能够造大理石？是因为认识了大理石的化学构造，认识了大理石生成的化学过程，人就可以造出大理石，精神就可以变为石头。精神变物质的过程，不仅是精神反作用物质、理论指导实践、形成物质成果的过程，而且也是检验认识正确与否的过程。此外，马克思主义的发展历程说明，“物质变精神，精神变物质”是一个循环往复以至无穷的过程，是一个不断由低级向高级发展的过程。“物质变精神，精神变物质”又是一个复杂而困难的过程，往往要不断地试错，经历许多挫折、失败，才能最终取得成功。当然，在上述“物质变精神，精神变物质”理论的描述当中，“精神”既包括意识本身，也包括意识的产物。

(3)创业能力的提升　人开启创业，但不是随心所欲地创业。创业意识能动性的实现最终受制约于创业者自身的实践发展水平，受到创业实践的客观世界和历史条件的限制。中国有句俗话：打铁还须自身硬，绣花要得手绵巧。意思是说，作为一个铁匠，要打出坚固耐用的铁器，必须有过硬的技术、体力；作为一名绣工，要绣出美丽的图案，必须要有灵活、灵巧的手。对于创业而言，创业意识能动性的实现最终受制约于创业者自身的主观能力及其所处的客观环境。

人通过实践改造客观世界。讨论主体能动性和客体制约性的关系问题，必须反对忽视主体能动性和夸大主体能动性的两种倾向，一定要避免走两个极端：一个极端是无视客体的制约性，过分夸大主体能动性，搞“精神万能论”“唯意志论”，跌到主观唯心主义的泥坑里；另一个极端是过分强调客体的制约性，完全排除主体能动性，搞“宿命论”“机械论”，倒退到旧唯物主义的形而上学的立场上。怎样才能科学地认识、正确地发挥主体能动性呢？在实际工作中，这就是能不能坚持主观符合客观的唯物主义原则，坚持一切从实际出发，实事求是的思想路线问题。这就需要坚持主体能动性和客体制约性的辩证统一，坚决反对主体问题上的两个极端的错误倾向。人类改造世界的任务是双重的，既改造客观世界，也改造自己的主观世界。人类要认识世界和改造世界，实现从物质到精神、从精神到物质的转化，就必须在改造客观世界的过程中改造主观世界，通过改造主观世界推动对客观世界的改造。换言之，人既是改造世界的主体，又是改造世界的客体，人在改造世界的过程中，必须不断地改造自身。人能不能有效地改造客观世界，从一定意义上说，取决于其主观世界的改造。人只有充分利用好实践这条创业能力形成的最直接、最有效的途径，在实践的过程中自觉主动地改造好自己的主观世界，锻炼、增强、提升自己的创业能力，才能更好地创业，实现创业的成功。

2. 创业的素质构成与形成过程

创业需要具备哪些素质？其形成的过程是怎么样的？这是创业教育作为一种面向全体大学生的素质教育，开启其教育教学活动之前必须探明的两个核心问题。人们要改造客观世界，当然要认识客观世界，按照客观规律办事，这就决定人必须具备改造客观世界的素质和能力，并且在改造客观世界的实践中不断提高改造世界的素质、能力和水平，也就是具有良好的主体素质。“创业的起点”和“创业的基本过程”的厘清给我们以启示。综上所述，编者将创业的素质构成归纳为“创业意识、创业精神和创业能力”三者，其形成过程归纳为“创业意识（创业行为层面上的意识）的产生→实践意识（创业实践层面上的意识）的产生→创业精神（一种经过实践检验与提升的意识的产物）的产生→创业能力的提升”。此外，鉴于“物质变精神，精神变物质”的循环往复、螺旋上升以至无穷性，创业素质的形成过程也同样呈现出循环往复、螺旋上升以至无穷性的特征。

【专题强化】

一、概念题

简述意识的马克思主义哲学释义。

二、判断题

“巧妇难为无米之炊”反映了正确发挥人的主观能动性需要依赖于一定的物质条件。（　　）

三、选择题

编者将创业的素质构成概括为________等。

A. 创业意识　　B. 创业意志　　C. 创业精神　　D. 创业能力

四、简答题

意识是“知”“情”“意”的统一体，其中的“知”“情”“意”分别指什么？

五、拓展题

1. 思考并分享文化作为社会意识的重要组成部分对于社会发展的重要作用及其原理基础（提示：参考《马克思主义基本原理概论》相关教材）。

2. 阅读韩巧霞和刘晓明的《论马克思关于人的精神需要的思想》（济南职业学院学报，2017 年第 6 期）一文，分享读后感。

3. 查阅职业素质的冰山模型理论，思考创业素质的冰山模型。

4. 阅读以下内容："中国人民在抗日战争的壮阔进程中孕育出伟大抗战精神，向世界展示了天下兴亡、匹夫有责的爱国情怀，视死如归、宁死不屈的民族气节，不畏强暴、血战到底的英雄气概，百折不挠、坚忍不拔的必胜信念。伟大抗战精神，是中国人民弥足珍贵的精神财富，将永远激励中国人民克服一切艰难险阻、为实现中华民族伟大复兴而奋斗"，思考并分享精神的内涵与特点。

5. 思考并分享由"时间和空间是物质运动的存在形式"所联想到的关于意识的特点。

6. 思考"哲学终极之问"：我是谁？从哪里来？到哪里去？思考世界的本质是什么？我们是如何认识世界的？我们应该做什么？

专题六　创新的内涵和类型划分

【专题导入】

▶专题寄语

我的一切发明都是经过深思熟虑和严格试验的结果。

——爱迪生

▶专题资料

资料一　对虾住大棚　效益增10倍

对于传统海水养殖户来说，养殖南美白对虾，一年只能养一茬。然而，记者在某水产养殖公司看到，改进传统的露天养殖设施，建起一个个伞式大棚养殖池，让对虾"住进"大棚里，一年不但可以养三茬，而且生产效益也达到传统养殖的10～20倍。

"由于伞式大棚抗台风能力强、下水快、保温效果好，最终我们选择伞式大棚养殖""养虾先养水，水质的好坏对虾的生长至关重要。大量的降雨会影响水的盐度、pH、总碱度等，我们的养殖池有了大伞的庇护，就没这方面的担忧了"，公司负责人告诉记者。从2011年5月开始，公司共投入了3 000多万元，相继建造了64个伞式大棚养殖池，养殖面积达数百亩，专门用来养殖南美白对虾。有着20多年海水养殖经验的技术员黄某说："南美白对虾对水温要求非常高，适宜在28～32摄氏度的环境里生长，露天传统养殖一般在5月放苗，8月底起捞，一年最多只能养一茬。而伞式大棚利用蒸汽锅炉加温等技术，始终将塘水温度保持在30摄氏度左右，这样一来，南美白对虾一年便可养殖三茬。""今年第一茬是2月底放苗，5月出售，由于那时露天养殖的对虾均未上市，价格高，效益好，仅此一茬我们就卖了1 000多万元"，公司负责人开心地说。据悉，养殖塘改成伞式大棚后，对虾的亩产量从400～500千克，增长到1 500～2 000千克……

资料来源：叶晖. 三门：对虾住大棚　效益增10倍. 浙江在线，2014年9月17日.

资料二　引种"红美人"，一亩田十万元

老万是个生意人，原本从事造船业。2013年，老万转型当了农民，承包了80多亩土地，种起了杨梅、柑橘等经济作物。或许是早已见惯了市面，老万的谈吐比一般的农民时髦很多。他戏称自己是"新式农民"，种植的思路、套路都跟别人不一样，求新又求变。老万把杨梅种进了大棚，最高时卖62.5元/千克。"要种就种最好的。别人种水果，都是以丰产为主要目的，我早就想好了，我种的水果，一定要走高端路线。"老万是这么说的，也是这么做的。在大棚杨梅成功之后，老万又把高端路线对准了"红美人"柑橘。老万自有一本生意经："眼下搞农业，如果继续墨守成规，脸朝黄土背朝天地干活，说得严重点，真的会是死路一条。"下定决心之后，老万考察了十几次，购买了1万株小苗，种在了他承包的60亩土地上。此外，为了解决种植难题，他还经常跑到橘农那里或者浙江省柑橘研究所里去"学艺"。功夫不负有心人，老万的柑橘上市后，售价达到了每斤30元（1斤＝500克＝0.5千克），是普通橘子售价的6～15倍。

据悉，从引种到育种，再到初现成效，国内"红美人"柑橘的杂交育种工作已整整开展了20多年。一个柑橘新品种从杂交育种到种树挂果需要8年，挂果后连续观察到区域试验又需要6年，申请国家植物新品种保护还要5年，这其中每个环节都需要大量人力、财力。如今的"红美人"品质优、价格高，外观、色泽、口感、香味都与众不同，体型饱满、果面橙红，口感极为细嫩，且有甜橙般的香味，售价比普通柑橘高很多，成为当地百姓的致富金

果。老万购苗所在县的“红美人”栽培面积达到3.3万亩，投产1.5万亩，实现总产量1.5万吨，预计一年产值超5亿元，并实现了“一亩田十万元，一株树万元钱”的目标……

资料来源：

①农业门外汉种出30元一斤的“土豪橘”，农家之友，2016(02).

②张敏娴，谢丹颖，贺元凯.中国第一棵“红美人”试种地，20年后实现了“一株树万元钱”的目标.浙江新闻客户端，2020年11月16日.

③翁杰，张源，俞莉，等.徐阳：苦追廿载　终得“美人”.新农村，2020(08).

资料三　主枝结茄子，亩产大增

说到种茄子，很多农户都是采用侧枝结果，所以茄子植株比较矮，产量也不高。现在采取主枝结果方式，亩产量可以达到3万斤以上。

企业负责人说：“如果再高，工作也不方便了，所以长到1.8米左右，每一片叶子都培养一个小茄子，长起来后，一个枝上最少有4个茄子，2根枝8个，8个茄子轮回交替往上长，不管啥时候来看，至少有8个茄子，这样子产量会很高。”企业负责人补充到，“企业创立之初，我花了整整两年的工夫在蔬菜种植智能大棚的搭建上。我们引进山东的技术，结合天台北纬30°的地理位置，参考当地的气候、土壤等条件，设计出了一个全新的、适应当地实际情况的蔬菜种植智能大棚。按照这样设计的大棚，透光率最高可以达到95%，最符合天台种植蔬菜，同时，大棚内的光照、温度、湿度等条件都达到最符合蔬菜生长的条件。有了完美的种植环境，我们还要有先进的种植技术。企业研发的垂直种植技术、土质改良方法，不仅能提高蔬菜的亩产，还可以延长蔬菜的丰产期，最大限度地实现经济效益。垂直种植技术可以说是对传统蔬菜种植方式的颠覆，这种种植方式不仅可以利用入棚的每一寸阳光，让植物充分进行光合作用，还可以给蔬菜更多的生长空间。在植物生产中，我们以腐熟的鸡粪做大量元素肥料，再利用喷滴灌补充微量元素，通过这种操作方式，我们种植的茄子采摘期延长到17个月，黄瓜延长到了6个月。”

资料来源：

①谢勇.本心农业：主枝结茄子　亩产超3万斤.天台新闻网，2018年1月29日.

②台州市农业农村局，台九鲜，2019.

资料四　罗幔网室技术，增产增收显著

一、基本概况

黄岩区作为东魁杨梅发源地，杨梅栽培面积约7.1万亩，年产量3.43万吨，总产值4.61亿元，成为西部山区农民的重要经济来源。黄岩区果树技术推广总站站长黄某在多年研究基础上，创造性地提出东魁杨梅罗幔避雨栽培技术，通过防虫网构建人工隔离屏障，防虫效果达98%以上，可助增产30%以上，并能保证采收前50天内果园禁用农药，极大提高了果品安全。该技术已逐步推广，助农增收成效显著。

二、主要做法

(1)以点带面，全域推广。2011年在院桥、江口、澄江、北洋、上垟、平田、富山、南城8个杨梅主产乡镇(街道)开展罗幔杨梅多点试验示范，共实施660株，并在院桥占堂村、澄江临西村设点定点观察。编印杨梅罗幔栽培技术资料，加强技术指导服务，以典型示范带动全区推广应用。

(2)资金扶持，激发动力。为推动罗幔杨梅产业发展，黄岩名果产业提升专项资金重点支持罗幔杨梅网室栽培技术推广应用，对集中成片30株以上，新增单株钢架和配套40目防虫网帐的，按300元/株予以补贴，极大激发了广大果农投身推广罗幔杨梅生产的动力。

(3)打响品牌，提升效益。2012年以来，黄岩区多次举办杨梅推介会、采摘节、技术交流会、现场会等活动，进一步提高黄岩罗幔杨梅的知名度。为做强罗幔杨梅品牌，该区组织杨梅种植大户注册“罗幔杨梅”商标，成立浙江省罗幔杨梅专业合作社，设计罗幔杨梅专用礼品篮和包装箱。罗幔杨梅果实无蝇蛆、无农残、无异味，风味纯、口感好、商品性佳，售价比常规同档果提高30%以上。

三、创新启示

启示一：以绿色发展为导向，提振黄岩杨梅产业。该区践行“绿水青山就是金山银山”理念，以绿色发展为导向，狠抓杨梅标准化生产。罗幔避雨栽培技术正是其中重要的一环。

启示二：以政策扶持为保障，激发果农内生动力。充分发挥财政资金导向作用，健全长效激励机制。罗幔避雨栽培钢架、防虫网、避雨膜再加上人工成本约400～500元/株，政府补贴后个人只需负担100～200元/株，极大地提高了广大果农的积极性。

启示三：以技术推广为抓手，促进农业增产增收。在罗幔避雨栽培技术推广前，该区杨梅成熟期果实极易发生虫害，每年因果蝇为害带来的损失达30%以上。该项技术推广后，杨梅产业增产增收显著。以澄江街道果农金从宝为例，在实施罗幔避雨栽培前，他的年销售收入仅2万～5万元，实施后年销售收入稳定在10万元以上。

资料来源：共同富裕三十六法——台州民营经济高质量发展背景下共同富裕实践探索. 新台州，2021年第5/6期，总第318期.

资料五　这项任务第一次摆到首位

科技创新是驱动现代经济社会发展的主要动力。党的十九届五中全会审议通过的《中共中央关于制定国民经济和社会发展第十四个五年规划和二〇三五年远景目标的建议》(以下简称《建议》)提出，坚持创新在我国现代化建设全局中的核心地位，把科技自立自强作为国家发展的战略支撑。这是我党在编制国民经济和社会发展五年规划建议的历史上，第一次把科技创新摆在各项规划任务的首位。

按照经济社会发展规律，一国制造业如果止步于低端的加工环节，人均GDP到达5 000美元就很难再有突破。随着我国劳动力成本优势相对下降，要素驱动力有所弱化，旧有的发展模式亟待更新，因此党的十八大提出“创新驱动发展”战略，十九大又进一步强调“创新是引领发展的第一动力”……

资料来源：眭纪刚，这项任务第一次摆到首位. 新华社，2020年11月27日.

▶资料思考

“一亩田十万元不是梦”，思考前几个案例中，企业(农户)获得数倍收益的原因是什么？“这项任务第一次摆到首位”的逻辑在于什么？

▶资料启示

结合案例，思考创新，特别是科技创新（包括原创性科学研究和技术创新）的重要性。

【专题详述】

创业教育始于西方，创新发展于中国。2010 年，教育部颁发《关于大力推进高等学校创新创业教育和大学生自主创业工作的意见》，首次将创新的内涵融入创业教育当中，明确提出在高等学校开展创新创业教育的要求。“创新创业教育”概念的确立，直面我国高等教育的问题现状，切合我国经济社会转型升级的时代需求，为我国创业教育的深化改革与全面推进指明方向。为此，我们有必要设立专题，对创新的内涵与类型做出诠释。

一、创新的内涵

古代中国，创新主要指向政治或制度方面的改革、变革或革新，并不涉及经济和科技领域的创新。《魏书》中提道：革弊创新者，先皇之志也；《周书》中写道：自魏孝武西迁，雅乐废缺，征博采遗逸，稽诸典故，创新改旧，方始备焉；《南史》记载：今贵妃盖天秩之崇班，理应创新。

当代世界，创新已发展到既涵盖政治、军事、经济、社会、文化以及科技等各个领域，又涵盖产品、工艺（流程）、服务、模式、知识、技术、组织、管理以及制度等各个方面。其中，在“大众创业，万众创新”背景下，经济创新和技术创新备受瞩目。

1. 创新的哲学释义

创新从哲学上来说是人的创造性实践行为，实践是创新的根本所在。创新是人类对于事物和发现的利用和再创造，特别是对于物质世界矛盾的利用和再创造。哲学上的创新认为：我们认识的宇宙与哲学的宇宙在哲学上代表了实践的范畴与意识的范畴两个不同的含义。创新就是创造对于实践范畴的新事物。任何有限的存在都是可以无限再创造的。创新的无限性在于物质世界的无限性；矛盾是创新的核心。物质的具体存在与存在本身是矛盾的，矛盾是物质的本质与形式的统一。物质形态对于我们来说是具体矛盾，人类通过对物质世界的利用和再创造，制造新的矛盾关系，形成新的物质形态；创意是创新的特定思维形态，意识的新发展是人对于自我的创新。发现与创新构成人类相对于物质世界的解放，是人类自我创造及发展的核心矛盾关系。发现与创新代表两种不同的创造性行为，只有对于发现的否定性再创造才是人类创新发展的基点；人是自我创新的结果。人以创新创造出人对于自然的否定性发展。创新是人超越自然达成自觉自我的基本路径。人的内在自觉与外在自发构成内在必然与外在必然的差异。创新就是人的自我否定性发展；创新是人自我发展的基本路径。创新与积累行为构成一个矛盾发展过程。创新是对于重复、简单方式的否定，是对于人类实践范畴的超越。新的创造方式创造新的自我；认识论认为创新是自我意识的发展。自我意识的发展是自我存在的矛盾面，其发展必然推动自我行为的发展，推动自我生命的成长等。

2.创新的经济学释义

(1)熊彼特的创新理论　经济领域的创新源自西方。1912年，熊彼特在《经济发展理论》一书中首先从经济学的角度系统地提出了创新理论。他认为：所谓创新，是指把一种从来没有过的关于“生产要素的新组合”引入生产体系；创新的目的在于获取潜在利润。熊彼特提出的创新包括5种形式，即引入新的产品或提高产品的质量，采用新的生产方法、新的工艺流程，开辟新的市场，开拓并利用新的原料或半制成品的新的供给来源以及采取新的组织形式。熊彼特的创新概念涵盖范围很广，既涉及技术性的创新，也涉及非技术性的组织创新。只不过，在其理论当中，创新并不是一个技术性的概念，而是一个经济学的概念。它严格区别于技术发明，强调把现成的技术革新引入经济组织，形成新的经济能力。

(2)技术创新的概念提出　20世纪60年代，新技术革命迅猛发展。美国经济学家华尔特・惠特曼・罗斯托提出了经济成长的阶段理论，把经济社会的发展划分为必须依次经过的6个阶段，并将创新的概念发展到技术创新的层面，将技术创新提高到创新的主导地位。英国著名学者克里斯托夫・弗里曼首次将技术创新的内涵上升到经济学意义层面。1973年，克里斯托夫・弗里曼在《工业创新中的成功与失败研究》中指出：“技术创新是一技术的、工艺的和商业化的全过程。它导致新产品的市场实现和新技术工艺与装备的商业化应用。”1982年，在《工业创新经济学》修订本中，他又明确指出“技术创新就是指新产品、新过程、新系统和新服务的首次商业性转化”等。

(3)创新的信息时代内涵　进入21世纪，在信息技术推动下的知识经济社会的形成对创新理论的研究与发展提出新的时代要求，学界进一步反思关于创新的认识。其中，国内以著名经济学家厉以宁先生的观点较具代表性。厉以宁认为，工业化前期由熊彼特提出的“创新就是生产要素的重新组合”的观念需要改变。工业化前期所提出的创新思路和内涵是对的，但现在很多情况已经变了：工业化时代的创新就是生产要素的重新组合，而信息化时代只有信息量的组合才是当前意义上的创新。不掌握、分析最新的信息，就不可能有真正的突破；工业化时代企业家是创新者，主要是因为他们能够把发明家的成果应用到经济中去，而信息化时代情况发生了改变。信息化时代下，“创意、创新、创业”三位一体。创新必须先有创意，而创意的源头并不是企业家，而是无数正在进入市场的年轻人；工业化时代要创新创业，就必须要有资本，先筹资、融资，然后组成一个计划，再把发明家的发明移到新的领域，而信息化时代这个观点不够充分。网络普及背景下，经济运转的速度大大加快，一旦你有新的创意出来，通过网络传播，马上就会有人主动向你投资，而不是像过去一样求别人投资。工业化时代，企业家的核心职能不是经营或管理，而是看是否能够实现或执行这种生产要素的新组合；而信息化时代，企业家这个名词可能都不存在了，需要的是领头、领跑人。一旦新的发明出现，就会涌出新的领跑者、新的带头人等。

(4)创新的经济学概念　与创业相似，学界对于创新的经济学定义也有很多。例如，网络上的一般定义为，创新是指以现有的知识和物质，在特定的环境中，改进或创造新的事物(包括但不限于各种方法、元素、路径、环境等)，并能获得一定有益效果的行为；英国科技政策研究专家克里斯托夫·弗里曼教授认为，创新是指在第一次引进某项新的产品、工艺过程中，所包含的技术、设计、生产、财政、管理和市场活动的诸多步骤；学者陈劲和郑刚在《创新管理：赢得持续竞争优势》一书中将创新定义为，创新是从新思想(创意)的产生、研究、开发、试制、制造，到首次商业化的全过程，是将远见、知识和冒险精神转化为财富的能力，特别是将科技知识和商业知识有效结合并转化为价值。广义上来说，一切创造新的商业价值或社会价值的活动，都可以被称为创新。

鉴于创新的复杂性，学界出现多个版本的创新定义实属必然。然而，作为教学育人活动的主导者与策划者，任课教师有必要在深入调查与研究的基础之上，结合课程的具体定位给出自己认可的创新定义，区别并联系于创意与创业。厉以宁先生指出，“创意、创新、创业”三位一体。创新，必须先有创意。我国台湾地区高等教育界积极推行基于“三创”(台湾远东科技大学首将创意、创新和创业结合起来，称之为“三创”）理念的创业教育，取得了优异的育人成效。美国普渡大学副校长迪巴·杜塔指出：“创新是创业的基础，没有创新就难谈创业，创新是创造新的价值，创业则是实现这个价值。不幸的是，高校现有的创业教育几乎都在教授学生创业，例如学些商业理论、客户心理或者销售技巧，而创新教育却是盲区。如若没有创新的基础，创业的发展必然难以为继。”迪巴·杜塔的研究证实，创新的确不能像数学或者写作那样上几门课就能掌握，现有的高校创业教育更是无法有效地培养学生的创新能力。当然，迪巴·杜塔也发现了左右个人创新能力发展的三大要素，具体说来它们是“阅历、技能和环境”。

参考迪巴·杜塔、厉以宁和台湾远东科技大学的观点，结合麦可思研究院给出的四种创新基本能力（积极学习、科学分析、逻辑思维和设计思维能力）以及网络上关于创意、创新和创业的一般定义，编者将创新定义为，“以现有的认识和物质为基础，在特定的环境中，经由分析、构思和设计，改进或创造新的事物（指向创业所包含或涉及的各个方面）并获得一定有益效果的行为（即对创业产生正面助推作用）”，供广大师生参考。

二、创新的类型划分

学界研究创新已有上百年的时间，其重要内容之一在于创新的类型划分。当前，创新已发展到各个领域和方面，类型划分方法也不胜枚举。其中，与“狭义创业”相关的包括：①依据创新的对象划分为产品、工艺、流程、服务、商业模式和业态创新等；②依据创新的内容与表现形式划分为知识、技术、组织、管理、制度和文化创新等；③依据创新的程度划分为渐进性和突破性创新；④依据创新的连续性划分为连续性和破坏性创新；⑤依据创新的方式划分为独立、协同和开放式创新；⑥依据创新的层次划分为基础性（如制度、文化和商业模式创新）、支撑性（如组织、管理和技术创新）和应用性创新（如产品、工艺和服务创新）；⑦依据创新的动力来源划分为主动、从动和被迫创新；⑧依据创新的方法与模式划分为原始创新，集成创新，引进、消化、吸收再创新；⑨依据创新所在的细分产业或行业领域划分，如在植物育种领域，既可依照育种的目标划分为高产、稳产、优质、特色、兼用、多样化和机械化育种创新等，又可依照育种的方法划分为选择育种、引种、杂交育种、诱变育种、倍性育种和生物技术（如组织培养、体细胞杂交、基因工程、分子标记辅助选择等技术）育种创新等。

【专题强化】

一、概念题

简述创新的定义。

二、判断题

创意、创新与创业三者之间并无太大关联。(　　)

三、选择题

熊彼特提出的创新的五种形式当中不包括：________。

A. 引入新的产品或提高产品的质量　B. 采用新的生产方法、新的工艺流程

C. 开辟新的市场　D. 采取新的管理方式

四、简答题

创新的常见类型划分(列举 5 种及以上)。

五、拓展题

1. 自学“生产要素”的相关概念，对比新旧概念的异同(提示：随着科技的发展和知识产权制度的建立，技术、信息也作为相对独立的要素投入生产)。

2. 深入思考并分享创意和创新的区别与联系，举例说明(提示：创意可以划分为有效创意和无效创意)。

3. 了解并分享科技创新与技术创新的区别与联系。

4. “一粒种子可以改变一个世界”，自行检索并阅读廖西元于人民网发表的署名文章《科技杂谈：现代种业是典型高科技》(2013 年 3 月 22 日)、央视新闻客户端报道《中国企业海外最大收购案：中国化工 430 亿美金收购先正达》(2017 年 6 月 8 日)以及其他有关中国种业现状与未来发展的文章、报道和国家政策，分享读后感。

5. 阅读《共同富裕三十六法——台州民营经济高质量发展背景下共同富裕实践探索》(新台州，2021 年第 5/6 期，总第 318 期)，总结、提炼、归类案例资料中的创新做法(网址：http://book.i3yuan.cn/210701_240701_tz/index.html)。

6. 深入理解“创业教育是创新教育的进一步延伸和实用化”的内涵，分享、交流个人认识。

第三部分　创新创业基础

专题七　产品与商品

【专题导入】

▶专题寄语

顾客买的不是钻头，而是墙上的那个洞。

——菲利普·科特勒

▶专题资料

资料一　黄精的商机

天台山素有“神山秀水，佛宗道源”之称、“弥山药草，满谷丹材”之誉。在“东南药府”所在地——天台，民间食用黄精已有2 000多年的历史。“还记得儿时那会儿，最喜欢的事就是跟着老人们去山里。因为山里的野果、野菜很多，有些植物的根茎也能吃，黄精就是之一。”吴某讲到，“还记得爷爷说过，小时候为了填饱肚子，大家常去山里挖‘野菜’。黄精因为蒸干了味道甘甜，又有营养价值，所以就成了大家的免费点心。”

然而，真正引起吴某兴趣的是从黄精身上看到的商机。“由于黄精集药用、食用、观赏等多种价值于一身，一些村民会在自食之余将采多的黄精卖给外来的游客，并且近些年市场对黄精的需求日益增加，价格涨到了几十元一斤。”吴某说到，“然而，纯野生的黄精显然满足不了市场的需求。”于是，他花了整整6年时间潜心研究黄精的种植、种苗培育和加工工艺。在那期间，他就像“打了鸡血”一样，到处学习，回来后就立即搞试验。据悉，光搞加工试验，吴某就用掉了5 000多千克的黄精。

如今，吴某占地100多亩的黄精种苗基地以及集种苗培育、种植、研发、加工和销售于一体的黄精全产业链体系已初步建成。他的公司还被评为“黄精传统加工技艺台州市非物质文化遗产传承单位”……

资料来源：

①郑鸿秉.潜心六年　他把黄精做到极致.天台新闻网，2019年8月26日.

②编者采访实录.

资料二　“橘二代”按个卖橘子

临海是中国无核蜜橘之乡，柑橘是临海的一张金名片。每当秋风送爽时，好客的临海人总会热情地邀请外地朋友：“橘已红透，味如蜜甜，快来品尝！”然而，在过去，临海蜜橘“皮薄肉嫩、化渣汁多”的优点，却造成其外销运输十分困难，无法在全国市场铺开。如何将父辈的老产业发展壮大，将临海蜜橘百年历史传承下去？在临海，一群充满创业激情的年轻人陆续从城市回到农村，接过父辈的橘子生意，成为“橘二代”，将橘子从论担卖，到按箱卖，最后竟以个数来卖。

一、“65后”代表——周某：一块橘皮分三层

“我在外面做生意几十年，但心一直在这。”时至今日，周某仍清晰记得父辈当年开荒种橘时的艰辛。顽皮的孩童们总会趁大人不注意时偷摘几只，被发现后少不了几句呵斥。谁能想到，当年的顽皮孩童在40年后竟成了橘场的“掌门人”。

“临海一奇，吃橘带皮。”手捧“金字招牌”的周某并不甘于现状。“一块橘皮可以分3层，外面的橘红可以制成橘子粉，中间的橘白可以做果酱，最内层网格状的橘络可以制成中药。”周某找来复旦大学专家，成功开发出橘子果珍、果酱等新产品，橘子精油也正在研发。同时，依托品牌优势，周某还对收购的百年老品牌的发展做出重新规划。周某的蜜橘体验店目前已在台州多地布局。“我们会从基地，到营销，再到餐桌，做成一条很完整的产业链，然后

植入大量的文化元素。”这条特色精品农业之路，他将会一直走下去。

二、“80 后”代表——邱某：包装撬动大市场

2014 年，邱某看到镇里的一些年轻人开始用互联网销售蜜橘，生意做得风生水起，于是也加入了电商队伍。刚开始做电商时，大家只是在蜜橘装箱后外面再套一个泡沫箱，然而这样的包装在网络销售的快递运输过程中马上碰到了问题——一箱橘子寄到外地，基本上要烂掉三分之一，这可怎么办？为了提高顾客的满意度，也为了降低成本，邱某开始琢磨起了包装箱的改进问题。用纸板、珍珠棉、泡沫，还是用海绵？为了让包装箱既美观又实用，邱某想了很多办法，试了很多材料。而这些材料却各有缺陷，比如珍珠棉成本太高，泡沫箱开模具费用比较高，海绵箱子又比较软……

几番研究后，他最终决定使用塑料托盘。这种塑料托盘上有一根根光滑的菱形立柱，为每一个橘子构建了独立空间。托盘的尺寸是固定的，但由于菱形立柱的特殊构造，可以满足不同大小橘子的包装要求，理想的蜜橘包装盒终于成型。没有烂果，橘子档次显得更高，价格也自然卖得起来。邱某没有藏私，采用“众筹”模式将自己的研究成果与大家共享。事实证明，新的蜜橘包装箱为临海的蜜橘电商提供了更为广阔的市场与更大的利润空间。随着网络外销的增长，临海蜜橘在全国的品牌知名度得到进一步提升，整体效益也得到显著提升。

三、“90 后”代表——林某：盛夏蜜橘成新贵

2009 年，20 岁的林某带着父母的期望留学英国。在英国，他发现农民在当地的地位非常高。他们注重农产品的品牌和食品安全，收入也很可观。受此触动，完成学业后的林某回乡开启了一条精品农业之路。

每逢炎热的夏季，室外橘树上还是小小青果挂枝头的时候，林某的合作社温控大棚里早已金黄成片，成熟泛黄的橘子压弯枝头，可以被采摘销售。“我们采用的是柑橘信息化精准管理系统，将环境、温度、湿度都调试到柑橘最理想的生长状态，让大棚里的橘树可以提前开花、结果，从而比正常情况下生长的蜜橘提前两个月上市。”林将其称为“夏橘”，一个能卖到 10 多元。

“夏橘”让蜜橘的销售时间延长了两个月，但林某的探索之路并未止步于此。合作社还与中国农业科学院柑橘研究所（简称中柑所）、浙江省柑橘

研究所合作成立了柑橘研究中心，研究柑橘保鲜技术，使得一月份采摘的橘子得以保存至四月份。此外，林某担任会长的电商协会也让返乡创业的“橘二代”们有了更多机会相聚。2018年2月4日，立春之际，当天的涌泉橘商大会现场热闹非凡。12名“橘二代”代表从涌泉的老一辈柑橘种植专家手中接过橘剪，并拜了师傅。今后，他们将跟着师傅们深入田间学习种植技术……

资料来源：陈耿，临海. 一只蜜橘如何传承百年 “橘二代”打开新市场. 中国台州网-台州日报，2018年3月7日.

资料三　顾客来吃饭时，一听说没有麻辣酱，转身就走

1989年，陶华碧用省吃俭用积攒下来的一点儿钱和四处捡来的砖头盖起了一间房子，开了个简陋的餐厅，取名“实惠餐厅”，专卖凉粉和冷面。为了佐餐，她特地制作了麻辣酱，专门用来拌凉粉，生意十分兴隆。

一天早晨，陶华碧起床后感到头很晕，就没有去菜市场买辣椒。谁知，顾客来吃饭时，一听说没有麻辣酱，转身就走。这件事对陶华碧的触动很大。她一下就看准了麻辣酱的潜力，从此潜心研究起来。经过几年的反复试制，她制作的麻辣酱风味更加独特。很多客人吃完凉粉后，还买一点麻辣酱带回去，甚至有人不吃凉粉却专门来买她的麻辣酱。后来，她的凉粉生意越来越差，而麻辣酱却做多少都不够卖。一天中午，她的麻辣酱卖完后，吃凉粉的客人就一个也没有了。她关上店门，走了10多家卖凉粉的餐馆和食摊，发现他们的生意都非常好，原来就因为这些人做佐料的麻辣酱都是从她那里买来的。

第二天，她再也不单独卖凉粉。经过一段时间的筹备，陶华碧舍弃了苦心经营多年的餐厅。1996年7月，她租借了南明区云关村委会的两间房子，招聘了40名工人，办起了食品加工厂，专门生产麻辣酱，命名为“老干妈麻辣酱”。办厂之初的产量虽然很低，可当地的凉粉店还是消化不了，陶华碧亲自背着麻辣酱送到各食品商店和各单位食堂进行试销。不到一周的时间，那些试销商便纷纷打来电话，让她加倍送货。她派员工加倍送去，很快就脱销了。1997年6月，“老干妈麻辣酱”经过市场的检验，在贵阳市稳稳地站住了脚……

资料来源：老干妈陶华碧的创业经历. 逐梦驿站，2017年3月20日.

▶资料思考

思考产品与商品的联系与区别。

▶资料启示

结合案例资料思考、总结；网络检索并观看由央视纪录频道与奥地利国家广播集团、法国 ARTE 电视台联合摄制的纪录片《番茄的胜利》，进行思考、总结；网络检索并观看视频《在希望的田野上——临海涌泉蜜橘》（2020 年 11 月 22 日），进行思考、总结。

【专题详述】

从广义创业的角度来看，创业教育的目标在于促进受教育者的主体性发展。与创业的广义概念相对应，编者将“创业的基本过程”与“意识的能动作用过程”相联系，给出了创业素质提升的广义内容与路径。然而，我们必须清醒地意识到，广义创业教育并不是创业教育的全部。在“以经济建设为中心”的社会主义初级阶段，在“大众创业，万众创新”的时代背景下，狭义创业教育拥有着不可替代的价值意义。为此，自本部分开始，编者将带领大家一起走进狭义创业。

一、商品的马克思主义政治经济学释义

马克思研究资本主义经济关系是从分析商品开始的。恩格斯指出：商品首先是私人产品。但是，只有这些私人产品不是为自己消费，而是为他人的消费，即为社会的消费而生产时，它们才成为商品，并且它们通过交换进入社会的消费。卫兴华和顾学荣在其主编的《马克思主义政治经济学原理》一书中，将商品的定义归纳为：为市场交换而生产的有用劳动产品，它具有使用价值和价值两个因素或两种属性。也就是说，商品的本质特征在于：首先，商品必须是劳动产品；其次，商品是为了市场交换而生产的，而非为了自给自足；最后，商品要有用，要有使用价值和价值。

1. 商品的起源

商品经济诞生之前，人们的认识当中是没有“商品”一词的。自然经济时代，人们从事劳动生产的主要目的并不在于市场交换，而在于自给自足，包括满足自

身以及所在自然经济单位的需要。在原始社会后期，氏族部落交界处最初发生的物质交换，只是一种偶然的、个别的现象。那时，社会生产力低下，还不存在以社会分工为基础的商品生产，人们只是将少量的多余产品偶然拿来交换。事实上，这种偶然拿来交换的产品还不能称为商品，而只是一种处于萌芽状态中的商品，这种状态一直持续到第二次社会大分工的完成。随着社会生产力的不断进步，在第一次社会大分工（畜牧部落从其他部落中分离出来成为专门的生产部门）的基础上，手工业与农业也完成了相应的社会分工。于是，产品的市场交换成为必然。一种以完成市场交换为目的的生产方式诞生了，完全意义上的商品也随之诞生了。

2.使用价值与价值

（1）使用价值　商品是这样一种物品，它能够用来满足人的某种需要，即对人有一定的用途。物品的这种能够满足人的某种需要的属性，即它的有用性，就是物品的使用价值。没有使用价值的物品，不管在生产它的过程中耗费了多少劳动，也不可能同别的物品进行交换，因此，它也就不可能成为商品。

物品的使用价值是千差万别的。不同的物品，由于它们的自然属性（物理的和化学的属性等）不同，其用途也各不相同。例如，一般而言，粮食、蔬菜可以用来满足人们物质生活的需要，花卉可以用来满足人们精神和文化生活的需要，生产工具可以用来满足人们物质生产的需要等。此外，不仅不同物品有着不同的用途，同一物品也可以有不同的用途。晋代葛洪在《抱朴子·广譬》中写到的“人才无定珍，器用无常道”就是这个意思。例如煤炭，过去人们只知道把它作为燃料来使用，而现在人们还用它来提取化学原料，供制作染料、药品和合成纤维等。

使用价值是商品交换价值的物质承担者或物质基础。没有使用价值的物品，谁也不会去交换它，因而也就不会成为商品。商品必须有使用价值，否则不可能成为商品。但不能反过来说，凡是有使用价值的物品都是商品。例如，农民自己生产并用于自我消费的农产品就不是商品。只有当具有使用价值的物品用于交换时，这种有用之物才具有了交换价值，才具备了成为商品的另一前提条件。

（2）价值　交换价值首先表现为一种使用价值同另一种使用价值相交换的量的关系或比例。例如，1担米换了3米布，3米布就是1担米的交换价值。有必要指出的是，本段第一句话并不是给交换价值下定义。它只是说明，交换价值最初表现出来的现象是——物理的、化学的或其他属性完全不同的两种商品，或者说拥有不同使用价值的两种商品，在特定的时空下，依照一定的比例相互交换。

商品交换要以商品具有不同的使用价值为前提,因为人们不会拿用途一样的东西去交换。然而,交换商品之间在使用价值方面存在质的不同,我们无法从使用价值出发来量定它们的交换价值。例如,米是用来满足吃的需要的,布是用来满足穿的需要的,它们的效用存在"质"的不同,因此,我们无法凭借使用价值对两者进行"量"的比较。那么,问题来了,两种商品之间的交换的量或比例关系又是如何确定的呢?马克思指出:如果把商品体的使用价值撇开,商品体就只剩下一个属性,即劳动产品这个属性。商品是劳动产品,在生产它们的时候都耗费了一定数量的、无差别的人类劳动,这是一切商品的共同属性。无差别的人类劳动凝结,或者说凝结了的无差别的人类劳动,就是商品的价值。劳动创造了商品的价值,价值是商品交换价值的决定因素。1担米换3米布是因为生产它们耗费了相同的人类劳动,具有等量的价值。可见,价值是交换价值的基础,交换价值是价值的表现形式。不同商品的不同交换价值,或同种商品的不同交换价值,都是以价值为基础的。

3.使用价值与价值的源泉

商品是由劳动生产出来的,因而作为商品的构成因素的使用价值和价值也应当是由劳动产生的。但是,同一个劳动过程,怎么会产生出两种不同的商品属性?马克思指出:一切劳动,从一方面看,是人类劳动力在生理学意义上的耗费,作为相同的或抽象的人类劳动,它形成商品价值;一切劳动,从另一方面看,是人类劳动力在特殊的有一定目的的形式上的耗费,作为具体的劳动,它生产使用价值。换言之,正是生产商品的劳动的二重性——具体劳动和抽象劳动,决定了商品的二因素——使用价值和价值。

但是,这里需要强调以下两点。一是,具体劳动生产使用价值,但不能由此得出"具体劳动是使用价值或财富的唯一源泉"的说法。马克思指出:使用价值是自然物质和劳动两个要素的结合。例如,桌子是木料同木匠劳动相结合的产物,其使用价值便来自木料和木匠的劳动。英国资产阶级古典政治经济学的创始人威廉·配第认为:劳动是财富之父,土地是财富之母。这里所讲的"土地"则泛指自然界存在的一切劳动对象。二是,与具体劳动不同,抽象劳动是价值的唯一源泉。在价值中不包含任何自然物质的一个原子。

4.商品的价值量

如果说抽象劳动(撇开具体形式的无差别的人类劳动)生产出商品的价值,那么，商品价值量的大小就应该由生产商品所耗费的抽象劳动的量的多少来决定。考虑到衡量劳动量多少的自然尺度往往是持续的劳动时间，那么，这里会产生一个问题——是否是商品生产者越懒惰，操作越不熟练，工具越落后，从而生产同样一件商品所耗费的劳动时间越多，商品的价值就越高呢？

事实上，决定商品价值量的劳动时间并不是各个商品生产者的个别劳动时间，而是社会必要劳动时间。马克思指出：社会必要劳动时间是在现有的社会正常的生产条件下，在社会平均的劳动熟练程度和劳动强度下制造某种使用价值所需要的劳动时间。此外，衡量商品的价值量时，不仅要区分个别劳动与社会劳动，还要注意区分简单劳动和复杂劳动。比较不同商品所耗费的劳动量时，需要把程度不同的复杂劳动换算为简单劳动。这里，简单劳动指不需要经过专门训练和培养的一般劳动者都能从事的劳动；复杂劳动指需要经过专门训练和培养的，具有一定的文化知识和技术专长的劳动者所从事的劳动。当然，复杂劳动和简单劳动的换算比例多数情况下并不是人们事先协商的结果，而是通过市场上无数次的交换来“自发”确定的。

5. *劳动力商品*

劳动力是人的劳动能力，是在生产某种使用价值时运用的体力和智力的总和，也是一切社会生产的基本要素。劳动力并非在任何社会或社会阶段中都是商品。劳动力要成为商品必须同时具备两个条件：一是，劳动者必须有人身自由，也就是说，他能够自由地支配和出卖自己的劳动力；二是，劳动者必须没有任何用来谋生的生产和生活资料，即他除了自己的劳动力之外一无所有，只能靠出卖劳动力维持生活。因此，从历史发展的进程来看，劳动力成为商品是在资本主义生产方式确立以后才成为可能的。无论是在原始社会，还是在奴隶社会和封建社会，上述两个必须条件都不是同时具备的。原始社会尚不存在真正意义上的商品，奴隶社会和封建社会的劳动者并没有法律或实际意义上的自由。奴隶完全隶属于奴隶主，封建农民对地主也存在着相当程度上的人身依附关系。

作为一种特殊的商品，劳动力商品具有特殊的使用价值。劳动力商品的使用价值就是劳动，劳动是价值和剩余价值的源泉，它不仅能够创造出劳动力自身的价值，而且能够创造出剩余价值。因此，劳动力商品的使用价值对货币转化为资本具有决定性意义。货币所有者在市场上购买到劳动力这一特殊商品，通过对它的使用，在回收投入价值的同时，获取到剩余价值，实现自有货币向资本的转化。

作为一种特殊的商品，劳动力商品的价值决定因素在于以下几个方面：一是，维持劳动者生存所需的生活资料的价值；二是，劳动者养活家庭，繁衍、抚育后代所必需的生活资料的价值；三是，劳动者接受教育和训练所需的费用；四是，地区、经济、文化与历史等因素。在不同地区或同一地区的不同发展阶段，因地理环境、经济发展水平、生活方式和风俗习惯等的不同，劳动力商品生产、维持、发展和延续等所必需的生活资料的种类和数量会有较大差别，进而影响到劳动力商品的价值。

二、产品的市场营销学释义

与马克思主义政治经济学侧重于研究资本主义的生产方式以及同它相适应的生产与交换关系等不同，市场营销学研究的重点则在于如何满足顾客的需求和欲望，创造、生产并交换出产品。基于研究出发点的不同，马克思主义政治经济学提出商品的概念来区别于产品，市场营销学则习惯于沿用产品的概念来“突显”市场营销（包括市场营销的理论、技术及其与时俱进的演变发展等内容）对于促进交换达成的重要作用。

1. 市场营销学的诞生

市场营销理论诞生于20世纪初的美国。19世纪末20世纪初，美国开始从自由资本主义向垄断资本主义阶段过渡，经济社会环境发生了深刻的变化。科学技术的飞速发展和铁路建设的广泛推进，将美国的市场规模扩大到了前所未有的程度。规模性、外源性市场的形成，意味着买卖双方不能再像过去那样紧密接触、熟悉彼此。于是，市场与环境在给企业带来规模性生产机会的同时，也给企业带来了充分竞争，使得产品创新、分销和促销变得越来越重要。新产品的涌现、分销体系的形成和宣传促销活动的发生都使得人们困惑不解，渴望一门新的学科或理论来做出解释。于是，在一种客观需要的经济社会背景下，市场营销学作为一门独立的学科诞生了。

2. 市场营销观念的演变

市场营销观念是企业从事市场营销活动的指导思想，其核心是企业以什么为中心。企业的市场营销观念不是一成不变的，它是随着生产力和科学技术的不断发展、市场供需关系的变化和竞争的激烈程度而相应地发展和演变的。

（1）生产观念　生产观念是指导企业销售产品的最古老的观念之一，它强调以生产为中心，即企业生产什么就卖什么。生产观念是在科学技术较为落后、社会生产力水平较低、经济社会发展较为缓慢的大背景下产生的。由于产品供应严重不足，顾客没有太大的选择余地，企业生产的产品不论数量多少、品质优劣都能销售出去并获得利润，因此，“我能生产什么，就卖什么”成为企业开展市场营销活动的指导思想。

生产观念在两种情况下不失为有效的指导思想。第一种情况是，产品的需求超过供给。此时，企业应致力于加强内部管理，提高生产效率，增加产品产量，从而达到提升企业利润的目的。第二种情况是，产品的生产成本太高，必须依靠生产效率来降低生产成本，从而达到提升企业利润的目的。

(2)产品观念　产品观念认为，顾客喜欢的是那些质量优、性能好、特色鲜明的产品，并且他们愿意为好的产品付更多的钱。为此，持有该种观念的人们认为，企业应该以提高产品的质量为中心，专注于产品的不断改进。

长久以来，产品观念在我国深入人心。“酒香不怕巷子深”“祖传秘方”和“一招鲜，吃遍天”等就是该种观念的现实反映。然而，这里需要警惕的是由过度关注产品而引起的“营销近视症”。历史上也不乏闭门造车、过度迷恋产品研发，却忽略生产成本、市场需求与产品营销的失败案例。

(3)推销观念　推销观念认为，只有在推销或促销活动的刺激下顾客才会购买产品。企业要销售现有的产品，就必须大力开展推销或促销活动，千方百计地吸引顾客，使顾客感兴趣。

绝大多数企业都是在产品过剩的情况下采用推销观念。该种状况下，企业注重的是做成买卖，将产品推销出去，而不是生产、提供市场需要的产品，与顾客建立长期的互利关系。因此，受该种观念指导的企业的营销风险很高。

(4)市场营销观念　市场营销观念认为，企业目标的实现有赖于对顾客需求和欲望的正确判断。持有该种观念的企业把生产经营活动看作一个不断满足顾客需求和欲望的过程，而不仅仅是制造或销售某种产品的过程。故该种状况下，企业将工作的重心放在“发现需要并设法满足”，而不是“制造产品并设法推销出去”。

区别于传统的推销观念，市场营销观念的标志性特征在于：市场导向(市场处于生产过程的起点)、以销定产(依照顾客的消费需求来组织生产)、整体营销(充分协调企业内外关系，协同服务顾客，做好营销)和策略性获利(通过令顾客满意来获取利润)。

(5)社会市场营销观念　市场营销观念摆正了企业与顾客的关系，但在企业营销活动开展的过程当中，企业往往会在满足顾客需求与欲望的同时不自觉地触及或损害到社会公众的利益，进而与公众产生矛盾。为此，社会市场营销观念的秉持者认为，企业不仅要满足顾客的需求和欲望，还要符合社会公众的利益。换言之，统筹兼顾并正确处理企业、顾客和社会三者之间的需求、利益和矛盾，是保障企业持续发展、长期获利的关键。

此外，持有该种观念的企业还认为，企业不仅要迎合顾客当下的需求和欲望，还要发掘其潜在的需求和欲望，兼顾顾客和社会的长远利益。因此，企业的产品或服务不能只考虑满足顾客眼前的某种需要或偏好，还要考虑它们是否有利于顾客的身心健康，是否有助于资源和环境的保护，是否符合社会进步与发展的趋势等。

3. 产品的整体概念

市场营销以满足市场需要为中心，而市场需要的满足只能通过提供某种产品或服务来实现。进入 21 世纪以来，随着物质文化生活水平的不断提高，人们对企业产品的期望和要求也越来越高。在这个物质极为丰富的时代，人们在购买企业产品时，往往不再以单一标准评估与考量产品，而是把产品看作满足自身需要的一个组合。为此，现代市场营销学认为，广义的产品既包括具有物质形态的产品实体，又包括不具备物质形态的利益组合，这就是“产品的整体概念”。换言之，产品是人们通过购买而获得的，能够满足自身某种（些）需求与欲望的物品的总和。例如，民宿型农家乐产品一般是“生态＋舒适＋便利＋热情＋乡土＋美味”的组合。

基于产品的整体概念，美国著名市场营销学专家菲利普·科特勒把产品划分为五个层次的内容，即核心产品、形式产品、期望产品、附加产品和潜在产品。其中，核心产品又称实质产品，指产品能够提供给顾客的基本效用或益处，是顾客购买某种产品时所追求的核心利益，对应顾客原初的需要。形式产品指产品在市场上呈现出的具体物质形态，如产品的质量、外观、包装、式样等。期望产品指顾客在购买产品时期望得到的与产品密切相关的一整套属性和条件。例如，对于快餐店的客人来说，美味、卫生、安全的食品和舒适的就餐环境等都是他们的期望。附加产品又称延伸产品，指顾客购买产品时所获得的全部附加服务和利益，包括提供信贷、免费送货、安装调试、质量保证和售后服务等。附加产品的理念源自企业对于顾客需要的深刻认识，不过这里需要注意的是，企业在设计附加产品时应充分考虑顾客是否愿意承担并可以承担增加的成本等。潜在产品指现有产品包括所有附加产品在内的，可能发展成为未来最终产品的潜在状态的产品。

产品整体概念的提出是市场营销学研究领域的一次重大思想变革。第一，“以顾客需要为中心”的现代营销理念得以确立；第二，“产品是由有形特征和无形特征共同组成的综合体”的科学内涵得以明确；第三，企业参与市场竞争的产品差异性战略决策自此拥有了理论支撑。在核心产品的基础之上，企业可以充分发挥自身的主观能动性，衍生设计出一系列的产品形式与内容，以满足不同的细分顾客群体。因此，产品整体概念的提出对于帮助企业深入理解与掌握产品的本质、内容和形式等具有重大意义。

三、产品商品化初窥

市场上存在这样的情况——同样是瞄准市场交换，不同企业产品的售卖结果却并不一致。针对该种现象，无论是马克思主义政治经济学的“商品说”，还是市场营销学的“产品说”，均不能直接拿来很好地阐释其背后的原因。“商品说”的关注点显然不在产品如何“有用”和实现交换；“产品说”更是为了“突出”市场营销而有意或无意地忽略了商品的概念，甚至导致概念的混淆。例如，一些企业初创者由于不了解商品的本质和市场营销的现代内涵而错把产品当商品，忽略市场需求闭门生产、盲目推销，最终导致创业失败。

产品和商品均是一个结果的概念。借鉴马克思政治经济学和市场营销学的研究成果，我们不难得出这样的结论——商品应市场交换而生，为市场交换而存，由产品演变而来，无非是产品从产生到灭亡过程中的一段时间的称谓。与之相对应，编者把产品完成质变的过程，即由产品衍生出商品的这段时间，定义为“狭义的产品商品化过程”；把孕育出并陪伴商品走完全程的这段时间，定义为“广义的产品商品化过程”。这里的“产品商品化”指一个行为的概念，该种行为存在的背景逻辑在于——任何企业的产品都要归于商业本质，即只有完成产品的商品化才能够保障产品市场交换的顺利进行，进而保障企业的存活、盈利与发展。

“产品商品化”概念的提出为“同样是瞄准市场交换，不同企业产品的售卖结果却并不一致”的困惑带来答案。例如，当我们认识到广义的园艺产品商品化过程涵盖产前（生产）、产中（加工）和产后（销售）三个大的环节（其中，产前包括产品的市场供求分析，产品的研发、生产与改良以及生产基地的选址与建设等；产中，又称狭义的园艺产品商品化过程，包括产品的采收、挑选、修整加工、分等分级、清洗、涂蜡、包装、质检、贮藏与运输等；产后包括产品的定价、流通、宣传与促销等）的时候，也就不难理解大家售卖同种园艺产品的结果为什么不一致了。

【专题强化】

一、概念题

商品的马克思主义政治经济学概念。

二、判断题

1. 市场营销观念认为，顾客购买某种产品，并不是为了获取或占有产品本身，而是为了满足自己的某种需要。（　　）

2. 顾客对产品效用的理解是主观的，不同顾客对同一产品效用的理解是不同的。（　　）

3. 企业在设计形式产品时，必须考虑其与核心产品的相统一，即必须迎合顾客所追求的核心利益。（　　）

三、选择题

立足于产品的整体概念，菲利普·科特勒把产品划分为五个层次的内容，即核心产品、形式产品、________、________和________等。

A. 期望产品　　B. 附加产品　　C. 潜在产品　　D. 理想产品

四、简答题

产品与商品的区别与联系。

五、拓展题

到图书馆查阅马克思主义政治经济学相关书籍并分享相关内容。

专题八　机会与风险

【专题导入】

▶专题寄语

机会与风险是一对孪生兄弟。

——俗语

▶专题资料

资料一　创业初期的艰辛

从椒江驱车前往，沿着长潭水库蜿蜒的山路到尽头，便是张某的高山樱桃种植基地。2011 年，他在这里租下 100 亩土地，动工造园。3 个月后，他从山东引入 1 年期大樱桃幼苗进行种植。“那时，台州没有人种植甜樱桃，我就是看中这一块的市场前景。”然而，由于缺少在南方种植甜樱桃的技术和经验，他的创业之路屡屡碰壁，前后投入了 300 多万元，周围的朋友也都劝他转种其他水果。其实，张某的失败并非偶然。记者了解到，甜樱桃又名车厘子，起源于欧洲，最适应地中海气候，所以在我国山东、辽宁等地种植良好。但是，一到南方地区，由于雨热同期，容易出现营养生长过旺、花芽分化不良、坐果率低等问题，导致“花而不实”。这也是我国南方地区一直很难推广种植大樱桃的原因。

2015 年是张某种植甜樱桃的第 4 个年头，樱桃园内仍然颗粒无收。而那一年，台州市农科院内的大棚里却结出了又大又甜的甜樱桃。“我国甜樱桃的主产区在长江中下游以北，浙江地区的甜樱桃主要靠国外进口或者北方地区供应，价格一直居高不下，而且运输过程中果品损耗大，并影响品质。甜樱桃是观光采摘的首选树种，在经济发达的南方地区，种植效益会远高于其他果树。此外，实现甜樱桃的‘本土化’生产，可以提早使樱桃上市，又能提高果实品质，对促进我市农民增收具有重要意义。于是从 2008 年开始，我们便针对大樱桃在南方‘花而不实’的问题展开调研。2011 年，我们先后引入 30 多个甜樱桃品种，通过使用‘避雨、遮阴、防鸟’三位一体设施、采用深沟高垄模式、筛选短低温品种、优化砧穗组合、合理配置授粉树，配套以合理的肥水、树形管理和单氰胺破休眠技术，2015 年甜樱桃终于开花结果，实现了我市甜樱桃栽培‘从零到一’的突破。”市农科院洪某解释道。

于是，打听到消息的张某找到了市农科院，请求给予技术指导。为了帮助他解决难题，洪某的科研团队为他总结了适合南方的“避雨、遮阴、深沟、高垄”种植技术。同时，洪某每个月都奔赴基地田头，帮助他一起“照料”果树生长。除了技术上的支持，洪某还不断鼓励他，给他信心。“从 2015 年开始，我几度想要放弃，都是洪老师不断地支持我，我才坚持下来。去年开始甜樱桃终于结果，让我看到了希望。”回想起创业初期的艰辛，张某深有感触。经过近3年的科学指导和探索，如今张某的樱桃树终于结出累累硕果。5月18日，这些本地甜樱桃就能成熟采摘了。据悉，这也是台州第一个大规模甜樱桃生产园，平均一亩有66株果树，今年最高株产预计达15斤。记者算了一笔账，若以市价80元一斤为参考，这批甜樱桃的亩产值可达五六万元。并且，随着树龄的增长，进入丰产期后，产值还会继续增加……

资料来源：

①葛星星．洪莉：让“甜樱桃”在台州安家．台州日报，2018年5月3日．

②编者采访实录．

资料二 那些曾经失败的电商平台

自1999年5月中国第一家电商平台8848成立以来，近20年的时间，风云变幻，多少曾经盛极一时的电商平台，倒在了竞争对手脚下，存活下来的无疑是幸运的。

1. 8848

“90后”，甚至不少“80后”，应该不知道8848。因为它起得太快，衰落得也快。1999年5月18日，中国第一家电商平台8848正式成立，寓意为珠穆朗玛峰。成立后，8848发展迅猛，当年年底业务覆盖城市便达到了450个。次年年初，8848的B2C业务单月销售额就突破了千万大关。为了能尽快上市，8848接连引入投资方，创始人的持股比例稀释到仅有2.775%。而后，8848的大股东IDG与创始人就是否保留B2C业务产生分歧。股份少、话语权弱导致创始人淡出8848。8848也因为互联网泡沫来袭，没能成功上市。2001年9月，8848宣布与电商网合并，原8848正式宣告创业失败。

2. 易趣

1999年8月，易趣网在上海创立，主营C2C业务。此后，用了不到半年的时间，易趣就摘得“国内拍卖网站之冠”的称号。随后，全球最大的电子商务网站美国的eBay公司注资易趣。2003年，eBay以1.5亿美元全资控股易趣。此后，不懂中国市场的eBay与易趣创始人在很多决策上相悖。在双方发生矛盾时，淘宝以免费的模式“奇袭”了易趣。2005年，易趣丢失中国第一大C2C电商平台宝座，市场份额下降到29.1%。之后，淘宝市场份额更是一路飙升，几乎垄断了 C2C 市场。如今，易趣只是 eBay 在中国的一个网站。

3. 拍拍网

拍拍网是腾讯在 2005 年推出的 C2C 电商平台，目的是和淘宝争夺电商市场份额。经过腾讯 QQ 的大流量导入，拍拍网在前期发展得还不错，2007 年跃居国内 C2C 网站第二名。然而，现实是残酷的，腾讯一直没有电商基因，拍拍网始终没有激起多大的涟漪。2014 年，腾讯入股京东，将 B2C 平台 QQ 网购和 C2C 平台拍拍网一起打包给了京东。起初，京东还对拍拍网进行大幅的流量补贴，并单独成立了一个部门来管理，但由于业绩始终不理想，2016 年 4 月京东彻底关闭了 C2C 模式的电子商务平台服务（拍拍网 PAIPAI. COM），至此，拍拍网命运终结。

资料来源：2000 亿，拼多多笑了！但 8848、易迅、拍拍……落败电商你记得几个. 数字财经智库，2018 年 7 月 28 日.

资料三　我知道了国家未来的发展方向，学会了从宏观上思考问题

1995 年，在美国偶遇互联网对马云来说是一次奇遇。马云发现当时全世界的互联网上没有任何关于中国的资料。于是，出于好奇，他便请人做了一个自己翻译社的网页。没想到是的，仅仅 3 个小时他就收到了 4 封邮件。马云敏锐地意识到，互联网必将改变世界！虽然那时的马云已经荣获过杭州市十大杰出青年教师的称号，但是看好互联网未来、特立独行的他毅然“下海”，开始筹备创业。

1996 年，马云创建的企业黄页网站的营业额不可思议地做到了 700 万元。1997 年，在国家外经贸部的邀请下，马云带着自己的创业团队挥师北上，建立了外经贸部官方网站、网上中国商品交易市场、网上中国技术出口交易会、中国招商、网上广交会、中国外经贸等一系列国家级站点。当马云回顾这段经历时，不禁感慨：“在这之前，我只是一个杭州的小商人。在外经贸部的工作经历使我知道了国家未来的发展方向，学会了从宏观上思考问题，我不再是井底之蛙。”

“弃鲸鱼而抓虾米，放弃那 15% 大企业，只做 85% 中小企业的生意。”这是马云在开始涉足电子商务领域时所做的决断。“如果把企业也分成富人穷

人，那么互联网就是穷人的世界。因为大企业有自己专门的信息渠道，有巨额广告费，小企业什么都没有，他们才是最需要互联网的人。而我就是要领导穷人起来'闹革命'。"马云要做的事就是提供这样的一个平台，将全球中小企业的进出口信息汇集起来。就这样，1999 年 3 月 10 日，阿里巴巴公司在马云家中创立。

资料来源：马云：创业中弃鲸鱼抓虾米. 中国名网，2010 年 6 月 6 日.

资料四　纯电商时代很快会结束，未来将没有电子商务这一说

20 年以前，我刚开始进行互联网创业的时候，全世界互联网的月户可能不到 5 万人，从业者同样不到 5 万人。但是，今天到云栖大会参加会议的人已经接近 5 万人，这些年来的变化，令全世界震撼，特别是今天全世界用互联网的人口已经超过了 20 亿。

大家都知道阿里巴巴是电子商务企业，其实阿里巴巴的业务里最传统的一块业务被称为"电子商务"。"电子商务"这个词可能很快就被淘汰。我们从明年开始，将不再提电子商务这一说，因为电子商务只是"一个摆渡的船"。

为什么电子商务是一个传统的概念？20 多年以前，我们开始做互联网的时候，其实并不是一开始就做淘宝、天猫、支付宝。我们到 2003 年才意识到未来的商业将会发生天翻地覆的变化，2004 年才意识到也许我们这么做下去，金融会发生巨大的变化。所以 2003 年、2004 年，其实我在全中国做过至少不亚于 200 场的演讲，跟无数的企业交流未来新的商业模式、新的电子商务将会改变很多商业的形态。我相信那时候绝大部分企业并不把它当一回事。

但是，今天电子商务发展起来了，纯电商时代却很快会结束。未来的 10 年、20 年，将没有电子商务这一说，只有新零售这一说，也就是说"线上""线下"和物流必须结合在一起，才能诞生真正的新零售。"线下"的企业必须走到"线上"去，"线上"的企业必须走到"线下"来，"线上""线下"加上现代物流，才能真正创造出新的零售来……

对于未来，互联网带动的第三次技术革命，人类是可以获得的。因为，互联网文明不是从外星来的，它是人类文明自己诞生的成果，是人类科技发展

的结果。只要大家去把握它、学习它，谁都不可能被淘汰。但是，如果谁去抵触未来，谁不把握未来，谁不改变自己的今天，谁一定会被历史所淘汰。

谢谢各位，祝未来30年，我们大家都有美好的未来，希望我们的年轻人、小企业把握机会，创造未来。当然，年纪大的人，能够享受未来，谢谢大家！

资料来源：马云.纯电商时代很快会结束.2016年10月13日，作者有改动.

资料五 "气象指数保险"为种植户送"定心丸"

一、基本概况

"仙居杨梅"是浙江省现代品牌农业的代表，是仙居农民增收致富的重要渠道。但仙居杨梅成熟采摘期间恰逢梅雨季节，容易遭受暴雨灾害，连续降雨会大大降低杨梅果实的品质及产量。2015年开始，某财险公司的仙居子公司会同县财政、林业、气象等相关部门在充分调研的基础上推出杨梅气象指数保险，为广大杨梅种植户吃下一粒"定心丸"。2015—2020年，该财险公司杨梅气象指数保险累计收取保费3 467万元，赔款4 670万元，简单赔付率为134.7%，有力地促进了当地杨梅经济的健康持续发展。

二、主要做法

(1)开展深入调研，制订初步方案。财险公司针对杨梅种植特点、受灾情况、农户需求等情况，会同仙居县财政局、林业局、气象局等相关部门展开为期1年的险种开发准备工作。邀请农险产品设计专家来到仙居指导，结合杨梅采摘期历史气象数据，形成杨梅气象指数保险初步方案，并邀请职能部门及相关专家多次调研讨论。

(2)多方合力推动，加快保险落地。在仙居县委县政府的大力支持下，县发改、林业、财政等部门合力推动该保险快速落地。2015年6月4日，"仙居东魁杨梅采摘期降水气象指数保险方案"在浙江省农险办组织的专家评审会上顺利通过，杨梅保险项目被列为浙江省试点品种，费率确定为7%，保费由省财政承担30%、县财政承担40%、农户承担30%。2015年6月8日，浙江省农险办批复同意开办杨梅采摘期降水气象指数保险试点。

(3)加大宣传力度，提升投保积极性。试点开展后，仙居县政府及财险公司通过“线上+线下”的宣传方式，加大对杨梅采摘期降水气象指数保险的条款、理赔方式介绍，保险一经发布即受到广大梅农一致追捧和好评。首年参保农户达到 1 017 户，参保面积 7 600 多亩，总保费收入 106 万元。随着试点范围逐渐放开，此 3 项数据直线上升，至 2020 年，全县投保梅农已达 9 400 多户，涵盖 19 个乡镇街道，参保亩数累计 71 228.3 亩，总保费收入达到 973 万元。

三、创新启示

启示一：“保险+服务”助推防损提质。联动农业农村局，共同做好防灾提示，使种植户减少损失；发挥保险正向激励作用，推动参保农户参加全县杨梅的“统防统治”，以提高杨梅品质，维护“仙梅”品牌；发挥农村协保员作用，延伸服务触角，推动产品、人员和服务“三下乡”，让保险服务“走进村里、送到地头、植入心中”，实现“零距离”服务和“面对面”全方位服务。

启示二：“保险+气象”理赔零次跑。气象部门在保险期间，每天将 5—12 时降水情况以短信方式发给相关工作人员。当降水量超过理赔条件后，财险公司直接根据气象局出具的气象证明对参保农户进行理赔，无须农户单独上报损失，也无须现场查勘定损，农户只需手机关注仙居财险公司，对接气象部门开通的降雨指数短信推送服务即可。

启示三：一揽子保险护航产业链。2018 年开始，财险公司根据梅农生产生活中的实际需求，利用杨梅气象指数保险承保契机，拓展开发了杨梅采摘工短期意外伤害保险。同年又与中国邮政速递物流股份有限公司浙江省仙居县分公司签订杨梅运输保险协议，全方位、全角度地为仙居杨梅产业链保驾护航。

资料来源：共同富裕三十六法——台州民营经济高质量发展背景下共同富裕实践探索.新台州，2021 年第 5/6 期，总第 318 期.

资料六 数字种植，天遂人愿

“全程自动化操作，只需按下几个按钮，光、热、水、肥尽在掌控之中，应用了智能化、数字化等科技武器，让我尝到了农业的甜头。”近日，刚刚评上浙江省第二批数字农业工厂的公司负责人陶某说。

陶某的公司是一家专业从事精品柑橘种植的企业，基地内采用连栋钢架大棚栽培技术，配套精准施肥系统、数据采集系统、监测系统和数据显示系统，实现水肥一体化、自动化喷药，继而通过智慧农业物联网技术，实现对柑橘的精准监测、智能管控和质量追溯，是黄岩区柑橘现代化种植的示范区。

"在我这个大棚里，高科技可谓无处不在，比如地下的传感器可以将信息反馈至数据中心，来实现对棚内温度、湿度和光照的全程监控，对橘树生长情况进行实时监测，在室内模拟柑橘生长的最佳条件，使之形成特有小气候环境，达到最优的品质，实现一年四季都能有果实。"陶某感慨道，"通过智慧大脑的大屏幕，可以让橘树的生长周期全在人的掌控之中，大大解放了生产力，原来一亩橘地需要2～3个人工，现在我100亩地，这点儿人手也就够了。"

现代化的柑橘种植技术让农民出身的陶某耳目一新，田间劳作摆脱靠天吃饭，转向看数据吃饭，他对现代柑橘种植业有了全新的理解："对我来说，通过高科技管理，每棵树都像自己的孩子一样，而且为了达到绿色无公害的品质，我还给他们配上了'营养餐'，通过滴灌系统，精准地将营养输送到每一棵橘树。种果也就是养人呀！"

新技术的应用让陶某牢牢把握住了"红美人"栽种的创业机遇。基地里第一年大批量产果的"红美人"便供不应求，树上的果子都还没成熟，就已经被上海等地的客商全部订走了。据悉，除了光、热、水、肥自动化控制之外，陶某还特地向本地的智能大棚服务企业订购了抗台风自动卷膜系统。系统可以实现11级风力自动卷膜，进而最大限度地降低台风对大棚设施及棚中植物的影响。"利奇马(强台风)期间，我们的系统使得陶总的'红美人'几乎没有受到太大的灾害损失"，系统服务商王总在参加市"创赢台州"首届乡村振兴创业大赛时向大赛评委们自豪地介绍到……

资料来源：

①章鸣宇.古老筑墩与现代科技交相辉映：黄岩蜜橘正丰收.今日黄岩，2020年11月18日.

②编者采访实录.

▶资料思考

机会的特征，与风险的联系；把握机会、规避风险的前提。

▶资料启示

尽可能多地访谈周边的创业者，采集、分析各类创业案例，进行归纳总结。

【专题详述】

统计数据显示，发达国家中小高新技术企业的创业失败比例约为70%，服务行业开店创业者的5年创业失败比例更是高达95%。高新技术企业的创业失败比例仿佛在陈述这样一种"事实"——创业的过程当中，除了承担风险之外，没有什么是可以确定的。实际上，"承担风险"与"把握机会（谋得利益）"这对"孪生兄弟"之间的矛盾并不是不可调和的，其前提便在于对创业机会与风险的充分认知。

一、创业机会

"机会"一词最早出现在东晋葛洪的《抱朴子·交际》："世俗之人，交不论志，逐名趋势。热来冷去……或事便则先取而不让，值机会则卖彼以安此。凡如是，则有不如无也。"其本意指时机（具有时间性的有利情况，出现了新的选择），后延伸至关键、要害等意。

1. 创业机会的内涵

《说文解字》有云，道运化因缘成果之无形法即是"机"，"几"即数量，意取累积，积木生机，助缘合因，至取正果。其中，"无形法"的解释，形象地影射了机会（包含创业机会）内涵的复杂性。该种复杂性反映到创业学界，那便是大家对于创业机会的内涵议论纷纭、莫衷一是。例如，著名经济学家熊彼特认为，创业机会是通过把资源创造性地结合起来，以满足市场需求并创造价值的可能性。美国著名经济学家伊斯雷尔·柯兹纳认为，创业机会的最初形态是未精确定义的市场需求或未得到利用或充分利用的资源和能力。Dollinger认为，创业机会是供求关系的不同组合。Barringer和Ireland认为，创业机会是一组有利于创造新产品、新服务或新需求的环境因素。Shane和Venkataraman认为，创业机会是能在将来创造目前市场所缺乏的物品或服务的创意、信念和行动。Casson认为，创业机会是在新的市场、新的产出或者两者关系的形成过程中，通过创造性地整合资源来满足市场需求并传递价值的可能性，是一个不断被发现或创造的动态发展过程。李家华等认为，创业机会是指有利于创业的一组条件的形成情况。这组条件至少包含四种要素，即某个细分市场存在或新形成了某种持续性的需求，创业者获得了有助于满足持续性市场需求的创意，创业者有能力、有资源实施所持有的创意和创业者有可能将自己的创意转变为具体的产品或服务，且此时创业不需要大规模的资金和大的团队。换言之，只有当这四种要素都得到满足时，才可以认为客观上存在或形成了某种创业机会。由建勋认为，商业机会是蕴含盈利机会的可行性突破口或切入点，是指所有有利于企业生产、产品开发、市场开拓、效益提升和摆脱困境等方面的信息、条件及事件。也就是说，所有未被满足的需求，如果能够以市场交换的方式来满足，都是商业机会。其中，创业者有能力抓住的，可以据此为客户提供有价值的产品或服务，具有较强吸引力和持久性的商业机会就是创业机会。刘畅认为，创业机会是一种客观的存在，但就其表现形式来看，可以被视为创意的发现。故创业机会来源于一定的市场需求和变化，是具有商业价值的创意，表现为特定的组合关系。此外，刘畅还指出，区别于一般的商业机会，创业机会的特殊性体现在会持续一段时间、不需要较多初始投入（创业者有条件利用）和具备能够创造超额或较高比例经济回报的潜力等。

2.创业机会的特征

特征分析是对创业机会属性研究的深入。综合学界的研究成果，编者将创业机会的特征归纳为以下方面。①客观性。创业机会的存在是客观的。无论你是否留意到它，它都会客观地存在于一定的市场环境之中。②隐蔽性。创业机会总是隐藏在某种社会现象的背后或某个经济领域的角落，这使得它难以被轻易地发现。③模糊性。人们之所以看不清、看不起、看不懂、抓不住创业机会，其主要原因之一便在于机会的模糊性或不确定性。④窗口性。创业机会存在于一定的时空范围，它稍纵即逝，难以抓取，不可复得。⑤偶然性。创业机会的发现与捕捉常带有很大的偶然性。⑥时代性。创业机会同时代同频共振，具有鲜明的时代特征。时代是创业机会的土壤，不同时代蕴涵着不同的创业机会。⑦持久性。创业机会应当具备一定的持久性，即能够提供足够的时间供创业者们来对其进行发现、发掘、开发、利用与拓展。⑧依附性。创业机会依附于能够为顾客创造或增加价值的产品或服务的创意。⑨价值性。创业机会以及依托其产生的创意、产品或服务必须能够为顾客带来价值，否则它就不能称为机会。⑩吸引力。由创业机会所衍生的产品或服务必须能够对顾客产生吸引力，即顾客愿意为之买单。⑪均等性。在一定的时空范围内，创业机会对待同种或相似类型的创业者是平等的。

⑫差异性。创业机会是具有门槛的，不同创业者能够创造或者接触到的创业机会的时空、大小、多少与种类往往是不同的。即便是接触到了同样的创业机会，不同创业者发现、识别、开发与利用它的意识、决心、能力、条件和结果也往往是千差万别的。⑬青睐性。创业机会总是青睐那些有积累、有准备、有资源、有条件的人。⑭衍生性。创业机会并不是孤立存在、一成不变的。大的机会背后往往蕴藏着一系列的关联、附属与衍生机会。⑮共生性。创业机会与创业风险往往是并存共生的，也就是人们常说的“有机必有危，有危必有机”，机会越大，可能风险越高，回报越高。

3. 创业机会的类型

根据不同的标准，学界对创业机会进行不同的类型划分。其中，具有代表性的有如下几种。①Shane 和 Venkataraman(2000)根据环境变化将创业机会划分为技术型、市场型和政策型三种。②张玉利和陈寒松(2008)根据机会诱因将创业机会划分为问题型、趋势型和组合型三种。其中，趋势型创业机会一般出现在经济变革、政治变革、社会制度变革、人口变化以及文化习俗变化等时期。③一些学者从“目的—手段”维度出发，将创业机会划分为识别型、发现型和创造型等。

4. 创业机会的来源

狄更斯曾经说过：机会不会上门来找人，只有人去找机会。创业者想要赢得创业机会，那就首先要搞清楚它的来源。第一，问题产生机会。“发现需要并设法满足”是创业成功的关键。顾客未被满足的需要便是问题，每个问题都是一个被精巧掩饰的机会。为此，创业者要学会做个有心人，多观察周边问题、聆听公众抱怨，并努力寻求解决之道。第二，变化造就机会。现代管理学之父彼得·德鲁克将创业者定义为那些能够“寻找变化，并积极反应，把它当作机会充分利用起来的人”。这里的“变化”指向产业、经济、政治、人口、政策、制度、文化、习俗、收入、消费、技术、卫生、交通和自然环境等各个方面。第三，发明创造机会。新产品的发明在更好地满足顾客需求的同时，也给创业者创造了巨大的机会。只不过，通过该种方式获得机会的成本与难度系数往往较高。当然，难度系数越高，往往回报也越大。第四，科技带来机会。习近平总书记指出，科学技术从来没有像今天这样深刻影响着国家前途命运，从来没有像今天这样深刻影响着人民生活福祉。人类历史上的四次工业革命，无不印证了科学技术对于经济社会发展、人类生产生活方式等的重大影响。此外，细心的创业者还会发现，每次科学技术的创新与应用背后，均孕育着巨大的创业机会。第五，主动觅得机会。变化是绝对的，不变是相对的。因此，机会的存在是客观的，是不以人的意志为转移的。然而，考虑到机会的隐蔽性与青睐性，我们与其守株待兔，不如主动出击，去发现那些不完全竞争下的市场缝隙、规模经济下的市场空间和企业集群下的市场空缺等细分、局部或潜在创业机会。第六，竞争拓展机会。参与竞争是获取创业机会的重要途径，因为竞争实践能够帮助你发现自身和竞争对手的缺陷与不足，促使你为顾客提供更为优质的产品和服务，而这就等同于发掘、拓展了机会。

5. 创业机会的识别

人生成功的秘诀之一是，当好机会来临之时，立刻抓住它。但是，我们必须清醒地认识到，抓住机会的前提在于识别机会。创业机会的识别，就是要发现同创业团队相匹配的、真正的创业机会。这是一个反复调研、探索与论证的复杂过程，其目的就是将“创业的冲动”转变为“理性的创业”。

(1)创业机会识别的环节步骤　无论是问题需求诱发的，还是政策、技术等驱动的创业机会，其识别均要经过以下关键环节。第一，商业价值分析。所谓商业价值分析，就是分析特定机会所对应的市场规模、结构、容量和增长潜力与速度，特别是目标客户群体的大小、分布、购买力、依赖性和自然与人文特征等。第二，时效性分析。所谓时效性分析，就是分析特定机会可以持续的时间以及创业者推出自己产品或服务的最佳时间。毫无疑问，机会持续得越久，市场需求增长空间越大，越值得创业者去追逐。此外，一般情况下，创业者在市场需求增长最快的时间段，也就是在所谓的“机会窗口期”进入市场，最有利于创业成功。第三，匹配性分析。创业机会是适当的商机、有价值的创意、优良的市场环境、可得的资源与条件以及团队的目标、精力与能力等的有机组合。并且，只有当各种要素均处于相对匹配的状态时，才能称得上是与特定团队相匹配的创业机会。第四，风险收益分析。机会与风险是一对孪生兄弟，如何平衡两者的关系，是每个创业者必须面临的课题。诸多子课题当中，首当其冲的便是判断这个与自己“相匹配”的机会是否值得冒险而为之。一般而言，只有当机会的风险收益大到令创业者“满意、兴奋”的程度，并且其风险成本降低到创业者“可承受、可控制”的水平，创业者才会正式启动创业。否则，他就会回到机会识别的第一个环节，重新去识别、发现更具价值和可行性的创业机会。

(2)创业机会识别的主要障碍　识别机会是把握机会的前提。鉴于创业机会本身的偶然性、隐蔽性、模糊性、窗口性、门槛性以及复杂多变性等特点，对创业者而言，克服重重障碍，及时找出、辨明最适合自身的创业机会，显然是十分难能可贵的。考虑到机会识别的本质在于主体对客体的能动反映，即经由主体能动性的积极发挥，最终达到主体主观认识与客体客观实际的辩证统一，并且该识别过程以识别与把握机会为目的，于特定的时空条件下进行，通过一定的中介联系与作用，编者将影响创业机会识别准确性与及时性的障碍性因素归纳为以下几个方面。第一，客体性障碍。机会客观存在，却隐匿于问题、变化与不确定性背后，并倔强地坚守着自己的门槛性与青睐性等原则，仿佛在提醒某些无缘机会者——这不是你的机会！你我出生在不同的时代、不同的世界，我们之间注定没有缘分，甚至连擦肩而过的机会都没有。第二，主体性障碍。仿佛曾经有一份难得的机会摆在我的面前，但是我却懵懂不知，没有做好准备、抽出时间、做足努力，未能及时发现、及时辨明、足够重视、充分珍惜、顶住压力、冲破束缚与勇敢追逐，直到失去后才追悔莫及。第三，中介性障碍。“我之所以比别人看得更远，是因为站在巨人的肩膀上。”研究表明，约有一半的创业者是通过自身的社会关系网络来识别出机会的。社会关系网络能够带来承载创业机会的有价值的资源、知识与信息，从而有效地帮助创业者避免受到资源局限、知识缺乏、信息干扰、信息不完全或有限理性等的影响。因此，社会关系网络的匮乏，即中介性障碍的存在，显然会影响到创业机会的识别。第四，外部环境障碍。创业从来都不是在“真空”中进行，机会隐匿于环境之中。在市场调研的基础之上，从复杂、多变的外部环境中找出机会，是机会发现、识别的一般规律。倘若外部环境不支持创业、不宽容创新，或是扑朔迷离、动荡不安，过于变幻莫测，这些显然不利于机会的孕育与发现。

(3)创业机会识别的关键策略　创业的高失败比例反映出这样的一个事实，即创业机会识别的复杂性。在研究借鉴基础之上，编者将创业机会识别的关键策略归纳为以下几个方面。①小处着手、细分市场切入。创业机会“首先是”细分市场的商业机会，创业者“首先是”缺乏综合实力与先验经验的企业初创者，故“小处着手、细分市场切入”显然是明智之选。②动态观察、集思广益采集。创业的高失败比例也反映价值性创业机会的稀缺性。为此，创业者必须时刻留意，善于观察，多做交流与借鉴，以帮助自己于“窗口期”发现适宜的机会。③突破定势、创新思维发现。李嘉诚说过：当一个新事物的出现，只有5%的人知道时，赶紧做，这就是机会。然而，为什么每次重大机会到来时，面对新生事物，绝大多数的人都必将经历机会识别的“看不见—看不起—看不懂—来不及”四个阶段？制约创业机会发现的主体性因素有很多，其中一个至关重要的就是思维定式。如何突破思维定式？简单来讲就是时刻保持好奇心，充分发挥想象力，解放思想、创新思维。④由简入繁、全面综合评估。鉴于创业机会的窗口性与复杂性等特点，我们应该遵循“先快速扫描、定性分析，后细心研判、定量分析”的创业机会评估策略。从市场、投入、个人、团队、收益、竞争、缺陷、经营策略以及商业模式等方面着手，对创业机会进行全面综合评估。⑤敬小慎微，动不失时。创业的复杂性与高风险性决定了创业机会评估的复杂性及其结果的不确定性。因此，我们在评估创业机会的过程中，应尽可能做到既敬小慎微、反复研判，又动不失时、抢抓机遇或及时更换评估目标。

二、创业风险

坚持革命就要准备牺牲，追求梦想就要付出代价。实践表明，任何创业都是机会与风险并存的。换言之，机会与风险的存在都是客观的，不以人的意志为转移的。

1. 创业风险的内涵

创业风险的内涵阐释首先应回归到“风险”一词上来。“风险”的由来，最为普遍的一种说法是，在远古时期，以打鱼捕捞为生的渔民们，每次出海前都要祈祷，祈祷的主要内容就是让神灵保佑自己在出海时能够风平浪静、满载而归。渔民们在长期的捕捞实践中，深深地体会到“风”给他们带来的无法预测、无法确定的危险。他们认识到，在出海捕捞打鱼的生活中，“风”即意味着“险”，这就是“风险”一词的由来。

（1）风的内涵　“风”是由空气（我们每天呼吸着的生命气体，分层覆盖在地球表面，透明且无色无味，对人类的生存和生产有重要影响）流动引起的一种自然现象。

从科学的角度来看，风常指空气的水平运动分量，包括方向和大小，即风向和风速。风向指气流的来向，常按 16 方位记录。但对于飞行来说，风还包括垂直运动分量，即所谓的垂直或升降气流。风速指空气在单位时间内移动的水平距离，以“米/秒”为单位，观测资料有瞬时值和平均值两种，一般使用平均值。大气中水平风速一般为 1～10 米/秒，台风、龙卷风则有时达到 100 米/秒以上。

风的大小有时候也采用压力来表示，称为风压。风压指垂直于气流方向上单位面积所受到的风的压力，以“千克/平方米”为单位，可用来反映大风的破坏力。据测，当风力达到 12 级时，垂直于风向平面上的每平方米风压可达 230 千克。

（2）风险的现代内涵　在现代，学界从不同方面来定义与解析风险。例如，在给定的条件和某一特定的时期，未来结果的变动；不利事件或事件集发生的机会；可能发生损失的损害程度的大小；在一定条件下和一定时期内，由各种结果发生的不确定性而导致行为主体遭受损失的大小以及这种损失发生可能性的大小；风险是一个二位概念，以损失发生的大小与损失发生的概率两个指标进行衡量；在决策过程中，由于各种不确定性因素的作用，决策方案在一定时间内出现不利结果的可能性以及可能损失的程度，包括损失的概率、可能损失的数量以及损失的易变性三方面内容；风险是在一定时间内，以相应的风险因素为必要条件，以相应的风险事件为充分条件，有关行为主体承受相应的风险结果的可能性；在一定时间内，由风险因素、风险事故和风险结果递进联系而呈现的可能性等。

编者认为，上述风险的内涵均离不开人们在日常生活或探险活动过程中，由于遭遇到某种或某些不确定性因素事件，而引发的身体、物质或(和)精神层面的损失、伤害或不利结果。当然，这里需要补充说明的是，诱发风险的因素远不止于“风”一个。并且，相当数量的同一种因素事件的风险发生与否，发生的时间与地点和作用的方向(对象)、速度、大小、时长、范围、形式与结果等均既存在一定的偶然性，又存在一定的规律性，表现为一定的概率性。

这种规律性与概率性为人们识别、研究与规避风险提供了前提可能，就好比人们应对风的潜在危险一样——为了科普风的相关知识，提高人们对于风及其危险的认识与预判应对，人们不仅编写了《风速歌》歌谣，用以直观地反映风速的大小及其影响(零级无风炊烟上，一级软风烟稍斜，二级轻风树叶响，三级微风树枝晃，四级和风灰尘起，五级清风水起波，六级强风大树摇，七级疾风步难行，八级大风树枝折，九级烈风烟囱毁，十级狂风树根拔，十一级暴风陆罕见，十二级飓风浪滔天)，还参考风产生的时间、地点、时长、大小和方向等特征对风予以不同的类型划分(如：东风、轻风、微风、和风、清劲风、强风、阵风、旋风、焚风、疾风、大风、烈风、狂风、暴风、台风、强台风、超强台风、龙卷风、山谷风、海陆风、冰川风、季风、信风和反信风)等。

(3)创业风险的内涵　结合风险的现代内涵和创业的特点，编者将创业(狭义)风险的概念归纳为“创业者在创业实践活动过程中，由于遭遇到某种或某些不确定性因素事件，而引发的身体、物质或(和)精神层面的损失、伤害或不利结果。其中，以机会的错失和精力与资金的损失最为常见”，供广大师生参考。

2.创业风险的类型

创业风险种类繁多，来源广泛，且无时无处不在。故而，其类型划分的标准与结果也多种多样。结合学界的研究，编者认为可以着重从风险因素、事件、结果和可控性四个方面对创业风险进行类型划分。①按照风险因素划分，包括由政治、市场、人员、资金、技术、生产、经营、管理和自然等因素所带来的风险。②按照风险事件划分，包括由政策变更、过度竞争、团队分歧、预算不准、研发失败、设备故障、决策失误、管理不当和灾害突发等所引发的风险。③按照风险结果划分，包括健康受损、机会错失、资金损失、信誉降低、家庭不和和友情破裂等风险。④按照风险可控性划分，包括系统性和非系统性两大类风险。前者指由外部环境（如政策法规、宏观经济、金融市场、商品与要素市场等）的不确定性所引发的风险，是创业者难以掌控，只能设法规避的风险。后者指由非外部因素（如人员、生产、技术、财务、经营和管理等）所引起的风险，是创业者通过自身的努力可以防范、分散、转嫁、削弱、抵消甚至化解的风险。

3. 创业风险的规避

创业者们可能不喜欢风险过低的情境，因为这样的情境可能缺乏机会与挑战。当然，他们也会尽可能地避免风险过高的情境，因为虽然他们会设定较高的目标，享受追逐机会与挑战自我所带来的兴奋感，但是他们不会去“赌博”。创业者们青睐的是有难度但可战胜的机会。如果可以评估，他们会选择并承担中等程度的风险。

（1）创业风险情境　创业者思考如何规避风险的意义在于更好地创业，而不是彻底中止它。于是，在坚定创业的前提下，当创业者必须对两个或更多的备选方案进行评估与取舍的时候，就产生了创业风险情境及其评估。这时，创业者的任何一个非此即彼的选择，都是机会与风险并存的。

（2）创业者的风险承担特征　创业者们拒绝一成不变，视风险为人生向上的阶梯，致力于追逐成功的可能。同时，他们又区别于赌徒，决不去打完全没有把握之仗。创业者们积极平衡潜在的收益与损失，主动应对各种不确定的因素与情境。他们会从各个层面调研市场需求与供给，研判适合顾客的产品与服务，探索符合自身的商业模式与经营策略，评估自己需要且可以承担的投入与损失以及获得成功的要素保障、相对概率与可能收益等。他们充满自信与激情，欣喜于运用自身的智慧来决定自己的选择与命运，自豪于通过自身的努力来影响团队创业的结果。无论结果怎样，他们都愿意为自己的决定承担责任。他们勇于为团队失败的决策承担责任，也勇于在瓶颈障碍与阶段性失败面前继续探索。他们不会简单、消极地认定自己不能影响结果，或者是把成功的决定性因素归结于运气或某些无法掌控的外在力量，进而选择逃离团队、规避责任或者拒绝风险。他们深刻地认识到，解放思想、开拓创新是把想法变成现实的重要基础，并且一切革新与创造的行为都是要有人来承担风险、付出代价的。这和代价可能是财富、前途、地位、权力、精力、健康与亲情、友情等当中的一种或者几种。

(3)创业风险的规避策略　创业风险种类繁多、无处不在，其规避方法也是各种各样。但总体来说，其规避的策略大致可以从思路和执行两个层面来阐述。这里，编者将思路归纳为风险回避、风险转移(嫁)、风险分散、风险分离、风险对冲和损失控制六种，将执行总结为六个具体流程。六个流程依次为：第一，评估风险；第二，确定目标，即确定企业整体目标下的风险规避子目标；第三，草拟备选方案，即通盘考虑风险规避的各种成本与可能损失，草拟多个备选方案；第四，权衡备选方案，即在充分调研基础之上，对各个备选方案进行全面研究与对比分析，特别是对可能的回报进行评估，筛选出最佳的实施方案；第五，执行人分析，即评估方案执行人(一般是创业者本人及其核心团队成员)的风险承担特征，特别是其对风险的认识与应对能力及其个人对于结果成败的影响程度；第六，规划、实施最佳方案，即针对选定的方案出台具体实施计划，包括明确的目标、责任人、时间表以及应对可能结果的计划和反馈程序等。总之，既要做到保证方案的稳步推进，又要做到能够迅速地响应各种不确定性，及时完善、调整实施方案。

【专题强化】

一、概念题

熊彼特所提出的创业机会的概念。

二、判断题

1.新颖的创意就是创业机会。(　　)

2.许多企业失败，不是因为创业者不足够努力，而是没有从真正的机会开始。(　　)

3.创业者是以目标为导向的。并且，他们深知目标制订的越高，蕴藏的风险越大。(　　)

三、选择题

Shane 和 Venkataraman 把创业机会划分为________、________和________

三种。

A. 技术型　　B. 问题型　　C. 市场型　　D. 政策型

四、简答题

创业机会的来源有哪些?

五、拓展题

1. 结合本专题案例资料四,思考意识、口才与演讲的重要性,并以“老板是企业最好的推销员”为题,撰写议论文并分享。

2.《说文解字》有云:木应天地因缘感召,得天之气,积阳之温,化地之水,聚土之尘,累积木几,曲直向上,执著生“机”,通天会地,修木高尚,至成机会。分享阅读该句话的体会。

3. 查阅并分享“机会与风险并存”的相关成语或案例故事。

4. 思考“承担风险与抓住机会”的辩证关系以及“水能载舟亦能覆舟”的哲学内涵,并做分享。

5. 了解世界工业革命史,分析每次工业革命带来的阶段性创业机会。

6. 自行查阅、研究创业机会评价的定性与定量方法、相关指标体系,并做分享。

7. 调研我国小微创业(企业)的现状,思考小微创业(企业)的逻辑、意义、特点、优势与劣势以及生存策略,并做分享。

8. 了解邓宁-克鲁格效应(the Dunning-Kruger effect)的理论内容,结合思考为什么不同人群会对创业风险产生认知偏差以及这些偏差的具体体现。

9. 参与投篮游戏,分享体会:

(1)材料准备:准备至少 3 个弹力球作为投掷物(实心海绵球,直径约 6 厘米,其中 1 个为彩球),划定投掷位置(1 到 7,每间隔 60 厘米 1 个,分别记 1~7 分;篮筐参考直径和高度为 20~22 厘米)。

(2)赛事规则:对前三高分小组及其组长、班级前三高分同学做出差额奖励;对最低分小组和个人做出惩罚。象征性奖惩,内容自行确定(例如,对前三高分同学或小组每位成员分别奖励 3、2、1 分,最低分小组每位成员惩罚 1 分)。

(3)赛前演练:赛前每人试投掷 3 次。

(4)正式比赛:班级随机分成人数相同或相似的小组若干,每组投掷其小组人数的 3 倍次数,记录每位投掷同学的分数,小组计算总分数和人均分数。

(5)总结分享:前三高分小组和同学是怎样尽可能多地拿到分数的。

专题九　资源与团队

【专题导入】

▶专题寄语

其实地上本没有路，走的人多了，也便成了路。

——鲁迅

▶专题资料

资料一　古村经济在集体创业中“苏醒”

多年以前，提起上栈头村，人们脑海中浮现的往往是偏远、人烟稀少、石头房等词汇。如今，这个原本荒凉的古村落，在基层党组织的先锋引领作用下，凭借“村集体持股51%，村民持股49%，村书记、主任同普通村民一样，仅持一股”的“党建＋合作社＋农户”模式，依托村落得天独厚的自然条件，结合古村落保护项目，在积极探索、发展乡村旅游项目的过程中，实现了由“集体经济薄弱村”到“网红村”，再到“共同富裕典范村”的华丽转变……

“以前，上栈头除了下海捕鱼，没有更多的产业去养育下一代，村民不断地外出谋生，村内好多房子都已经荒废，村庄道路又窄又破，人都不好走”，上栈头村村民赵说道。这几年，上栈头村持续深化美丽乡村建设，通过美丽庭院、道路建设、环境整治等不断提档升级，以“洁化、绿化、美化”为目标，对39家的庭院全面改造，实现村庄绿化美化面积2 300平方米。“现在路修好了，两边的老瓦房都经过修缮改造，家家户户像一个个小公园，村民居住环境完全不一样了。”说起村庄的变化，赵某深有感触。2018年12月，上栈头村以集体入股51%、村民入股49%的模式共同筹措资金600多万元，在小渔村建成了浙江第一座滨海玻璃吊桥。2019年，上栈头村分红200万元(第一期)，共980位村民股东拿到了98万元乡村振兴集体创收暨玻璃吊桥项目带来的分红。仅不到半年时间，古村在新兴的旅游产业中苏醒，实现创收600多万元。随后，上栈头村投资2 200多万元，引进9D海底隧道、丛林穿越、神州飞碟、VR影院等多样的旅游业态，仅门票收入就达到1 000多万元。“村里越来越兴旺，节假日的时候可热闹了，这辈子也没见这么多人来这个山坳坳的小渔村！”80多岁的吴大爷说。他在村里住了大半辈子，从没见过村庄如此盛况。

2021年1月25日，上栈头村召开股东第二次分红大会。据悉，经过两年时间的营运，两期共有400万元现金进入股东分红，回报率达到38.18%。

资料来源：

①机关党总支赴玉环上栈头村开展党员活动. 台州科技职业学院，2019年10月29日.

②王萍晓. 玉环：古村上栈头“逆袭”成了网红名村. 玉环新闻网，2020年5月22日.

③吴达夫. 上栈头：乡村振兴又得红利. 中国台州网-台州日报，2021年1月26日.

资料二　乡村治理“三绿”模式注入发展新活力

仙居县淡竹乡下叶村地处国家级5A景区神仙居脚下，虽然村庄区位优势明显，却一度是全乡出名的落后村，新村建设停滞不前，村内环境脏乱差，邻里矛盾纠纷突出。近年来，下叶村从自身优势入手，大力推动美丽乡村与美丽经济互促共进，在实践中探索形成了以“绿色公约、绿色货币、绿色调解”为主要内容的乡村治理“三绿”模式，有效调动了干部、群众、游客、乡贤和社会组织等多元主体深度参与乡村治理的积极性，初步构建了“共建、共治、共享”的基层社会治理新格局。经过村庄的有效治理，推动了美丽经济的蓬勃发展。截至2019年11月，下叶村拥有3个超亿元民宿品牌，建有农家乐（民宿）102家，床位2 000余个，可同时接待3 000多人就餐，村年均经营收入超亿元，民宿经营户年均收入超15万元，村民收入同比2016年增加5万元以上，增幅达335%……

一、“绿色公约”还原村庄美丽生态

2015年，淡竹乡通过发动群众、发挥支部战斗堡垒作用，对各个村庄进

行了全面整理，效果非常明显。如何确保村庄整理效果得以巩固？如何把村庄整理的运动战变成持久战？淡竹乡和下叶村两级干部探索出“绿色公约”，以此发动党员群众自觉参与村庄治理。“‘绿色公约’是指通过村规民约制定十条公约来约束规范村民的生产生活行为，促使群众改变落后观念、革除陈规陋习、养成良好习惯，自觉参与乡村社会治理。”下叶村党支部书记应某介绍。这一公约被称为“绿十条”，即生态环境要保护，垃圾处置要分类，田头屋边要整治，厕所厨房要干净，平安建设要参与，淳朴乡风要保持，矛盾纠纷要调解，邻里相处要和谐，绿色资产要维护，乡村产业要发展。为确保“绿色公约”有效执行，下叶村还重点建立了村民参与机制、网格团队带头多主体践行机制以及考评奖励机制这“三大保障机制”。

二、“绿色货币”引导低碳旅游理念

2016 年起，淡竹乡乡村旅游蓬勃发展，游客集中的下叶村的生态环境受到挑战。针对交通堵塞、垃圾乱扔、餐桌上浪费等衍生问题，下叶村因地制宜地推出一项激励游客践行绿色理念、倡导绿色生活方式的积分奖励制度——“绿色货币”制度。入住下叶村民宿的游客，会领到一张“绿色生活清单”。这张清单也是“绿币”的统计表：住宿时参与垃圾分类，可以领取“绿币”2 元；退房时把垃圾清理带走，可领 5 元；就餐时不剩饭菜，可领 6 元……离店时商家逐项对照清单标注并签字盖章，游客凭清单兑换的“绿币”，可在商家抵价使用，也可兑换毛巾、垃圾袋等物品。“我们想通过‘绿币’奖励外来游客的绿色行为，调动游客参与乡村治理的积极性。”应某说，“绿色货币”理念在下叶村 14 户党员民宿经营户中先试先行，鼓励游客通过践行绿色生活方式兑换“绿币”，再在全村推开，让游客自觉承担环保责任，将低碳旅游观贯穿整个旅游全过程。

慢慢地，不抽烟、不酗酒、不剩菜、不乱扔、不开车这“五个不”成为淡竹旅游新时尚。“绿色货币”制度推出至今，下叶村已发放“绿币”约 37 万元。在此激励下，该村农家乐（民宿）垃圾分类投放率实现 100%，同时带动了商店、停车场、露营基地、创客等商家增收 10%以上。

三、“绿色调解”推进村庄关系和睦

乡村旅游的蓬勃发展，游客、外来创业者的加入，使下叶村原本相对简单的村民关系变得更加多元，这也为乡村治理带来了更多挑战。如何确保矛盾纠纷顺序解决？如何确保发展了的村庄和谐幸福？"绿色调解"方法的运用，让这些难题迎刃而解。应某介绍，"绿色调解"是指将村民解决矛盾的固有传统、习惯做法与生态保护、绿色发展相结合，使乡村矛盾调解过程转化为村民自我教育过程和矛盾双方参与绿色发展的过程，包括积极受理找苗头、义务劳动做两工、调查取证四询问、过错罚种三棵树、协议调解握握手，以及褒扬激励法、真情打动法、排忧解难法、代表评议法、乡贤领办法（"五步五法"工作机制）。该机制运行以来，下叶村共调解了 86 件矛盾纠纷，其中村内遗留纠纷 22 件，新增游客纠纷 64 件，双方当事人共参加义务劳动 358 个工时，种下各类树木 478 棵，治安警情和矛盾纠纷每年同比下降 30%以上。

"让资源保护更得力，村民生活更绿色，乡风文明更和谐，美丽经济更健康。"应某说，这是淡竹乡和下叶村两级干部的初心，也是下叶村发展的不竭动力。而下叶村对"三绿"治理模式的探索实践，也是"不忘初心、牢记使命"主题教育的生动写照。

资料来源：颜静.下叶村："三绿"模式注入发展新活力.台州日报，2019 年 11 月 10 日.

资料三　农家乐规模化发展思路

后岸村祖祖辈辈都沿袭着"靠山吃山"的发展传统。20 世纪的后岸村几乎家家户户靠采矿、加工石板为生，现在的后岸村因地制宜，依托雄伟壮观的"十里铁甲龙"，全村 80%的村民吃上了"旅游饭"。据悉，截至 2018 年 10 月，后岸村已建有 70 多家农家乐，床位 1 800 多张，餐位 5 000 多个，平均每家农家乐年收益达到 15 万元左右……

曾经的后岸村，家家户户几乎靠采矿、加工石板为生，虽然赚了钱，但很多村民却为此付出了惨重的健康代价。2000 年开始，村里陆续出现了因石肺病去世的村民，年龄最小的只有 38 岁。这是一种典型的职业病，潜伏期达几十年之久，且不易治愈。得了石肺病的村民到处求医，几乎把赚来的钱都花在了治疗上。村民们痛定思痛，思量再三，一致要求村委会封闭石矿，封掉这口让全村人几十年赖以生存、致富的矿井。

当然，封掉石矿的代价是后岸人瞬间闲下来了，无事可做的状况持续了好多年。不过幸运的是，2008 年天台大力推进农房改造，后岸村的转机来了！

后岸村有了新的想法，实施农房改造，依托“十里铁甲龙”和附近的寒岩、明岩、寒山湖等自然人文景观优势，将农房改造与发展农家乐相结合，打造绿色经济。2011 年 5 月，几名村干部在前期调研筹备的基础上，抱着帮助村民真正改变思想观念的目的，带着 100 多名村民前往磐安乌石村考察、体验。调研之后，大家一致认为村子的自然资源不比对方差，对方无须出门就能赚到钱，后岸村也可以做到，而且要搞得比乌石村还要好。

经过多方研究讨论，2011 年 6 月，后岸村“两委”确定了以村办农家乐为龙头，户办农家乐为集群的规模化发展思路。村经济联合社出面注册了天台寒山旅游开发有限公司，同时制定了“四统一”标准：统一管理模式、统一宣传营销、统一服务标准、统一分配客源，明确每一家农家乐设施须按四星级标准建设。在经营定位上突出原生态、突出“土”味。此外，村里还制定了相关激励政策：对第一批主动报名要求搞农家乐的农户，给予每个房间 3 000 元的补助；第二批给予每间 2 000 元的补助；随着农家乐的兴起，以后建设的农家乐一概不予补助。于是，第一批主动报名要求搞农家乐的农户就达到了 13 户。

经过努力，后岸农家乐终于引起了上海太平洋等 8 家旅行社的兴趣，他们决定先到后岸村考察旅游线路、接待设施和环境，如果满意，“十一”黄金周就可以首发团。2011 年 10 月 1 日，后岸村首批农家乐的 188 个床位全面完工，经验收合格。10 月 4 日，后岸村如约迎来了上海第一批客人，共 4 辆大巴、208 位客人，他们被有序安排在各个编号的农家乐户。“价格实惠，环境舒适，空气清新，风景优美。”这是第一批客人对后岸村原生态农家乐的评价。

市场打开了，客源也有了，后岸村乡村游逐渐火起来了，并且首批农家乐开张的 1 个月内，村里的土鸡、番薯等农家特产全被客人买光。第一个月，各农家乐经营户平均利润达到 1.2 万元，实现了开张大吉。紧接着，第二批、第三批也启动了……

资料来源：

①许渊，许婉琳. 天台后岸：一个山村的“蝶变”. 台州日报，2012 年 7 月 5 日.

②朱小兵. 从卖石板到卖风景　后岸村阔步奔向环境绿富美. 台州日报，2018 年 10 月 14 日.

资料四 马云的创业故事

1999 年年初，雅虎、新浪高薪邀请马云加入他们的团队，但由于许多原因，马云拒绝了他们并决定回到杭州，创办一家能为全世界中小企业服务的电子商务站点。马云说："从我外婆到我儿子，他们都会读阿里巴巴。"于是他从别人手里买下了阿里巴巴这个域名。阿里巴巴的成立大会被安排在马云家里——当然，此时谁也不会想到，几年之后，他们居然能一口吃下声名赫赫的雅虎中国。18 位"创业罗汉"在"不向亲戚朋友借钱"的前提下，筹了 50 万元本钱。这其中包括马云的妻子、马云当老师时的同事和学生、患难朋友，当然还有被他的人格魅力吸引来的业界精英，如阿里巴巴首席财务官蔡崇信，当初他抛下一家投资公司年薪 75 万美元的副总裁职位，来领马云几百元的薪水。马云下了死命令，每个员工必须把房子租在离他家五分钟可以到达的路程之内。那时候的工作是不分日夜的，而大家最开心的时候，就是马云亲自为大家下厨，端上一桌好菜。

其后的 6 年，阿里巴巴的故事尽人皆知——马云 6 分钟说服投资基金软银，拿到第一笔风险投资。随后，各路投资纷纷进入……

资料来源：马云创业史：抓小放大. 贵州师范学院化学与生命科学学院知名企业家创业案例.

资料五 "不识字"农民创下"国字号"

日前，在位于玉环市清港镇的某葡萄种植专业合作社基地，陈某正与采摘工人一起，对一筐筐青提进行装箱、过秤、装车。这批青提是运往福建的，每箱约 15 千克，共 100 余箱。不久前，2020 年国家农民专业合作社示范社组织名单的公布给该社的产品销售增添了大大的砝码……

2006 年，陈某在外办厂亏损严重，于是决定回家搞农业。玉环是台州葡萄的重要产区，种植面积近 9 000 亩，产量达 1.2 万吨。在凡海村，有百余名农户从事葡萄种植，但会种不会卖，如何销售成为一个难题。能不能搞一个组织专门销售葡萄？2008 年，陈某牵头成立玉环县神果葡萄专业合作社。

成立之初，合作社社员共 87 人。根据合作社章程，当成员售卖葡萄有困难时，合作社出面收购。然而，有些成员抓住这一"漏洞"，要求合作社以市场价收购那些烂了的或者品质不好的葡萄，这严重损害了合作社的利益。“当时办合作社，以为申请个营业执照就行了，没想到困难重重。”陈某说。人数多、文化程度低、过于注重个人利益、不服从管理……“神果”逐渐变成了“烂果”。

不过，陈某和部分合作社成员心有不甘。在当地农业部门的帮扶下，他开始缩减合作社人员，整顿管理层，健全财务管理制度等，成功挽救了“烂果”。2010 年 12 月，新的葡萄专业种植合作社正式成立。合作社主要以出资和出田地两种方式入股，销售渠道主要为市场批发、网上售卖、果园采摘、农场自售。

虽然不识字，但陈某有一股韧劲。为将合作社经营得更好，他每年都会去省里参加 10 余次会议，去各地的合作社考察学习。如何拓宽销路？第一，与合作社成员共坚持；第二，与其他合作社合作；第三，坚持诚信经营。这是陈某经营合作社的三大基本原则。他选择技术入股其他合作社，借助他们的销路开拓市场。“我们与 7 个合作社有合作，西安 1 个，福建 3 个，上海 1 个，嘉兴 1 个，无锡 1 个。”陈某告诉记者，“我们指派技术人员过去指导，以技术入股，共同拓展葡萄市场，将葡萄销往各地。”

渠道有了，如何销出去？秘诀是：诚信。“做生意讲的就是‘诚信’二字。”陈某说，“我们合作社出售的葡萄都会严格按照 3 千克标准装箱，少于 2.95 千克的，1 箱赔 10 箱；运输途中有腐烂的，直接赔 1 箱。”

据了解，陈某现有葡萄种植面积 800 余亩，年产量 1 400 多吨。引进和自主开发的品种也拓展到五大类的 60 多个品种。去年，合作社实现销售收入 371.94 万元，实现利润 103.43 万元，利润率 27.81%。

资料来源：台州　“不识字”农民创下“国字号”. 金台资讯，2020 年 8 月 1 日.

资料六　“以田入股”实现统分结合

一、基本概况

涛头村位于三门县海润街道东方花鼓漫岛，西接滨海新城。全村共有 678 户、1 993 人，其中畲族 186 人，是台州最大的少数民族聚居村之一。该村自 1998 年开始实施“种改养”，实现土地的统分结合，成为一个独具魅力的特色旅游渔村——“中国海上畲乡”。目前，全村共有精养塘 2 500 亩、海外塘 2 500 亩、浅海滩涂 6 000 亩，形成了完整的养殖产业链。2020 年，渔业产值超 2 亿元，年集体经济收入达 1 200 万元，人均年收入 4 万余元，涛头村民每人每年分红 15 028 元。

二、主要做法

(1)实施“种改养”，劣势转优势。23 年前，涛头村在 9711 号特大台风重创后，村“两委”主张“种改养”，发展海水养殖业。1998 年 3 月 8 日，全村 325 户村民按上鲜红的手指印，流转全村土地，村民以田入股，组建“三门县涛头农业发展有限公司”，将现代企业管理制度引入农业生产，由公司对养殖塘进行统一规划、建设、经营和管理。浙江省第一个股田式公司和闻名一时的“涛头模式”应运而生。当年试养青蟹亩收益 3 500 元，总产值 600 余万元，村民人均收入达 3 262 元。在“涛头模式”带动下，三门掀起了“种改养”热潮，“三门青蟹”成了享誉全国的金名片。

(2)抢滩“一带一路”，单路变多路。随着“一带一路”国际合作倡议的发展，涛头村把眼光放远到国外包塘养殖。2014 年 9 月开始，村党总支书记带着养殖户、“土专家”、投资人，先后 15 次赴马来西亚等国考察，并于 2016 年在马来西亚雪兰莪州租下 3 000 亩滩涂，进行青蟹跨国试养。2017 年，首批青蟹在当地以每千克 140 元的价格上市。2018 年，他们又与莫桑比克政府签订协议，租下当地 3 万亩沿海土地。目前，涛头人共开辟了超过 1 亿元的海外鲜甜产业。

(3)深挖“畲风渔韵”，红利再释放。2019 年，涛头村为深挖畲族文化和水产品特色资源，总投资 2 000 余万元集中开发“海上畲乡、万亩彩塘”两大旅游板块，将其打造成集生产销售、文化展示、创意体验、休闲观光、特色民宿于一体的活力渔旅产业链，并打响了“中国海上畲乡”特色旅游品牌。而今的“中国海上畲乡”，产业、文化、旅游合三为一，乡村旅游如火如荼，涛头迈开“三次创业”的步伐，书写着“涛头模式”的新篇章。

三、创新启示

启示一：保障了农民民主权益，实现了土地统分结合。让村民当家做主，通过民主决策方式商讨表决，将村民利益与集体利益紧密结合，将村民资产纳入集体进行股份制运作。“涛头土改”也重塑了统分关系，通过村民自愿向村里上交土地承包经营权，村里又反租倒包给村民。既实现了“统”的功能，又保持了“分”的作用。

启示二：成就了村集体经济腾飞，推动了生产力发展。涛头人通过“以田入股”组建公司，是把土地经营权让渡给公司，将现代企业管理制度引入农业生产，促使公司成为小农户与大市场、大生产连接的重要纽带。

启示三：激活了农村土地效益，助力了乡村振兴发展。“涛头土改”不但激活了产业，也激活了村民集体意识，村级统筹能力在不断强化，党组织带领群众致富、服务群众的能力也在不断攀升。“畲风渔韵”品牌的挖掘，促进文化与产业的相互融合，也进一步提高了环境美观度和宜居舒适度，推进旅游带动经济效益不断显现。

资料来源：共同富裕三十六法——台州民营经济高质量发展背景下共同富裕实践探索.新台州，2021 年第 5/6 期，总第 318 期.

资料七　全民为杨梅，全民卖杨梅

一、基本概况

仙居县是“中国杨梅之乡”。2020 年杨梅节期间，仙居杨梅种植面积 14 万亩，投产面积 13.5 万亩，产量 10.6 万吨，鲜果产值 8.5 亿元，全产业链产值 20 亿元。仙居杨梅促进梅农户均增收 2.6 万元，同比增长 23.8%。同时，仙居杨梅获得浙江省区域名牌产品、省级名牌农产品、“全国十大精品杨梅”等荣誉，并成功在美国、日本等 13 个国家和地区注册。2015 年仙居杨梅栽培系统被评为中国重要农业文化遗产，目前已列入第二批中国全球重要农业文化遗产预备名单。“仙居杨梅”品牌价值达 23.44 亿元，在农产品区域公用品牌杨梅类中排名全国第一。

二、主要做法

(1)以质量安全为抓手，全面保障仙居杨梅品质。一是梯度栽培与生态防控并举。全县实施了“百里杨梅长廊”“万亩杨梅上高山”“杨梅梯度栽培”等重点工程。改变重施化肥的传统做法，推行重施有机肥、套种绿肥、生态复合栽培等有效措施。二是质量监管与安全检测并存。制定了《仙居杨梅质量安全监管工作实施方案》,组建质量监管员队伍,建立28个质量安全检测站,建立杨梅质量安全追溯体系。2020年在杨梅上市期间,抽检杨梅样品452批次,合格率100%。三是技术支撑与产业服务并进。建立技术推广网络体系,配备358名村级技术辅导员,加强标准化培训和宣传。与浙江大学、浙江省农业科学院等开展合作。

(2)以三产融合为抓手,全面提升仙居杨梅品味。一是精深加工调结构。积极培育引进杨梅加工企业,打造两条投资总额近亿元、属国内首创的万吨级杨梅深加工生产线,年加工转化能力近4万吨,深加工产品类型达30多种,拥有杨梅加工、包装等专利18项以上。二是保鲜储运助发展。运用冰袋保鲜、微孔气调保鲜、真空包装,全程冷链运输等多种手段延长鲜果保鲜期。与顺丰速运、邮政公司等物流企业签订战略合作协议,同时建立21个大型产地批发市场,购置300多套冷藏包装设备,设立1个仙居杨梅顺丰独立中转站。

(3)以数字转型为抓手,全面提升仙居杨梅产业。一是推进省级杨梅标准化生产示范创建。2020年建设杨梅标准化生产示范基地5个、良好农业规范(GAP)试点1～2个、杨梅群复合种养系统试点1～2个,示范面积不少于1 000亩。二是打造"亲农在线"涉农服务平台。打造"亲农在线"平台,推进仙居县杨梅产业涉农服务全周期"一站式"办理,入选省政府数字化转型平台"观星台"。

三、创新启示

启示一:产业化经营程度高。全县有500多家杨梅专业合作社,成立杨梅产业农民合作经济组织联合会,推动杨梅产业规范化发展。采取"市场+公司(合作社)+基地+农户"产业化经营模式,一头连市场,一头连农民,各个环节有机结合,经济支撑作用凸显。

启示二:品牌化带动效果好。2007年,"仙居杨梅"商标正式批准并投入使用,先后获得原产地保护认证、地理标志认证和国家农产品地理标志登记,品牌价值在农产品区域公用品牌杨梅类中排名全国第一,并成功在美国、日本等13个国家和地区注册。

启示三:全民性参与普惠广。仙居有10万梅农、50多个杨梅村,96%以上为小农户，杨梅是农民最重要的经济支撑产业。杨梅成熟时，县内连同在外求学、经商、打工的老乡纷纷宣传销售仙居杨梅，已形成“全民为杨梅，全民卖杨梅”的产业氛围。

资料来源：共同富裕三十六法——台州民营经济高质量发展背景下共同富裕实践探索．新台州，2021 年第 5/6 期，总第 318 期．

▶资料思考

“沉睡的”村落资源何以盘活？仙居县 10 万梅农、50 多个杨梅村之间是什么关系？创业团队的成员如何构成？

▶资料启示

从创业要素的角度出发，结合组团创业的必要性进行思考；从企业自身、集群和生态圈的角度出发进行思考。

【专题详述】

“生活中不是缺少美，而是缺少发现美的眼睛。”创业者常常处于这样的状况，一边苦于缺少足够的资源而裹足不前，一边却又对可触及或已拥有的资源熟视无睹或没有策略。如何有效地识别、开发与利用好身边有限的创业资源，是每个创业者必须思考的问题。

一、创业要素

创业实践是创业资源识别的目的，也是其开发、利用与效用验证的必然路径。然而，创业资源却并不是创业实践成功开展的唯一要素前提。美国国家创业委员会特别顾问，被誉为“创业教育之父”的杰弗里·蒂蒙斯在其提出的“蒂蒙斯创业过程模型”当中指出，创业过程实际上是创业机会、创业者及其团队（创业初期团队）和创业资源三个要素相互作用，由不平衡向平衡状态发展的过程。这里的三个要素是任何创业活动正常开展所不可或缺的。其中，创业机会是创业过程的核心驱动力，创业者及其团队是创业过程的主导者，创业资源是创业成功的必要保证。

“蒂蒙斯创业过程模型”关于创业的三个要素及其关系的大致阐释如下。第一，创业过程始于创业机会，而不是资金、资源、战略、创业者及其团队或商业计划。开启创业时，机会比资金、团队的才干和能力以及适宜的资源等任何因素都更为重要。创业机会是创业的核心要素，其构成与特点决定了创业所需的创业者及其团队和创业资源。第二，创业资源指向企业创立与成长过程中所需要的各种生产要素和支撑条件。如果创业者及其团队难以筹集到足够的创业资源，即便是他们发现了很大的商业机会，也很难对其进行开发并实现价值。第三，创业者及其团队的作用是利用其创造力在模糊与不确定的市场环境中发现机会，并通过自身和资本市场等外界力量来组织、开发与利用资源，领导企业实现机会的价值。在这个过程当中，创业资源与创业机会是"适应→差距→再适应"的动态过程。第四，创业过程是一个连续不断地寻求平衡的行为组合。三个创业要素之间的绝对平衡是不存在的。但是，企业要想保持发展，就必须追求一种动态的平衡。

二、创业资源

恩格斯指出：其实，劳动和自然界一起才是一切财富的源泉，自然界为劳动提供材料，劳动把材料转变为财富。恩格斯的观点给我们以启示：财富以人类的劳动和自然的资源为源泉；经济学意义上的资源，即广义上的商业资源，包括创业（狭义层面上）资源，应当以与自然和劳动有关的资源为基本组成。当然，区别于一般的商业资源，创业资源因其"创"的特殊性需求，而被单独定义、总结归纳。

1. 创业资源的内涵

创业的前提条件之一，就是创业者拥有或者能够支配一定的创业资源。概括地讲，创业资源就是企业创立与成长过程中所需要的各种生产要素和支撑条件。也就是说，只要是对创业项目和新创企业发展有所帮助的要素或者条件，都应纳入创业资源的范畴。当然，创业资源之于创业活动的重要意义并不局限在单纯的量的积累，更为重要的是各类创业资源的重新组合。Kirzner（1973）认为，机会代表着一种通过资源整合、满足市场需求以实现市场价值的可能性。换言之，创业机会识别的本质是部分创业者能够发现其他人未能发现的特定价值资源组合的现象。林嵩（2007）指出，丰富的创业资源是创业战略制定与实施的基础和保障；创业者通过战略的制定与实施来实现资源整合对于创业过程的促进作用；企业的核心竞争优势就在于其所拥有的或可支配的创业资源的有效整合。这种资源的整合并非简单地将各项资源拼凑在一起，而是通过时间和空间上的重新规划、合理配置与恰当运用来实现资源组合效用的最大化，进而造就企业独特的核心竞争力等。

2. 创业资源的分类

从分类学的角度来看，所谓分类就是对一个事物进行庖丁解牛、全面认识的过程。当前，学界对创业资源的分类大致有以下几种。①按照资源的性质，划分为人力、财务、物质、技术、社会和组织资源。其中，物质资源包括厂房、土地和设备等有形资产以及矿山、森林等自然资源。技术资源区别于人力资源，大多与物质资源相融合，可以通过法律手段予以保护，形成企业的无形资产，不会随着企业人员的流动而流失。社会资源属于特殊的人力资源，由人际和社会关系网络而形成。组织资源包括组织结构、作业流程、工作规范和质量系统。组织资源通常指组织内部的正式管理系统，包括信息沟通、决策系统以及组织内正式和非正式的计划活动等。一般来说，人力资源需要在组织资源的支持下才能更好地发挥作用，企业文化也需要在良好的组织环境中培养。②按照对企业核心竞争力的影响，划分为核心和非核心资源。前者主要包括技术、管理和人力资源，后者则主要包括资金、场地和环境资源。③按照对企业成长的作用，划分为要素和环境资源。④按照资源的效用地位，划分为基础、核心和其他资源。⑤按照资源的来源，划分为自有和外部资源。⑥按照资源的存在形态，划分为有形和无形资源。⑦按照对生产过程的作用，划分为生产型和工具型资源。前者直接用于生产过程或开发其他资源，后者专门用于获取其他资源。⑧按照对创业过程的作用，划分为运营性和战略性资源。前者主要包括人力、技术、资金、物质、组织和市场订单等资源，后者主要包括对新创企业的生存和发展起到关键作用的资源，主要指知识资源。⑨按照在企业战略规划过程中的参与程度，划分为直接和间接资源。前者主要包括财务、经营管理、市场和人才等资源，后者主要包括政策、信息和科技资源。⑩按照对创业绩效的影响，划分为资金、人才、管理、信息、科技和政策资源等。

3. 创业资源的整合

熊彼特说过，创业者的功能就是实现新组合。通常情况下，创业者在创业初期不可能拥有他所需要的全部资源，因此创业资源的整合是摆在每位创业者面前的首要问题，指向创业者动态识别、控制、利用和开拓资源的过程。在这一过程当中，创业者需要做的是发现有价值的外部资源，利用现有资源撬动外部资源，使得新创企业得以生存发展。

首先，创业者需要了解自己所拥有和可触及的最初资源和自身的资源整合能力。创业者需要具备识别真假资源和区分资源作用与重要性的能力，既不能过分高估自己的资源实力和资源整合能力，也不能对所谓的“资源”来者不拒。创业者需要学会区分哪些是企业需要的战略性资源、基础性资源和一般性资源，以及这些资源的数量、质量和开发利用潜力。为了做到这些，创业者除了要足够主动之外，通常还需要具备一定的行业知识、实践经验和社会关系网络。

其次，创业者要在新创企业成长的各个阶段，都能够尽可能地获取资源以支撑企业的持续发展。对创业者而言，资源的所有权并不是最关键的，关键在于能够对有限的自有资源和可触及的外部资源进行影响与控制。其中，自有资源大多存在于创业者及其团队当中，外部资源则主要通过购买和并购来获得。此外，为了应对资源短缺的现实状况，创业者需要尽可能地利用手头上的资源和自身的能力去获取并利用那些自己暂时无法占有的资源，比如可以通过资源联盟的形式联合其他组织对一些各自无法单独开发的资源进行共同开发。

再次，创业者应尽可能充分地完成对获取资源的开发与利用。资源在未整合之前，大多是零碎与散乱的。为充分挖掘与发挥资源的价值，产出最大的经济效益，创业者就必须对各种各样的资源进行科学分类、细化配置与充分激活，使之形成具有体系价值的资源系统。此外，为了帮助企业抢占先机、赢得市场，创业者还需要利用好自身打造的资源系统，将企业的资源优势与特色转化为企业的竞争优势，为企业的长远发展打下坚实基础。

最后，创业者需要不断发现、联系与整合新的资源，拓宽自身的资源储备，以动态应对市场竞争、保障企业持续发展。企业对资源的开拓不仅是进行财富的创造与累积，更是在已有资源的基础之上，进一步拓展企业的资源库，包括进一步识别、控制与利用外部新的资源和自有的待开发资源，以保障企业获得持续发展的竞争优势。

总之，创业资源的识别、控制、利用和开拓四个子过程相互依存、相互联系。其中，资源识别是创业资源整合的起始阶段；资源控制是创业者根据原有计划和资源识别的结果，尽可能地利用手头资源和自身能力去获取并控制那些此前无法得到或控制的资源，建立属于企业自身的资源系统，从而为企业资源的利用奠定基础；资源利用则是把资源科学地运用到合理的场景，分配到企业最需要、最合适和最关键的位置上，将企业已有的资源转化为企业的独特优势，同时避免资源的滥用、浪费、闲置与沉淀；资源开拓则为企业资源的下一轮整合打下基础，为企业的竞争优势、持续发展奠定基石。

三、创业团队

创业活动的本质在于创业者及其团队围绕创业机会，通过整合资源、创新产品或服务来创造商业价值。其中，创业者及其团队是整个创业过程的主导者，是企业是否能够正确识别潜在机会，整合利用各类资源，创新产品或服务以及创造商业价值的核心。

1. 团队

创业团队是特殊的团队类型，对其内涵的理解应建立在对团队的理解基础之上。

(1)团队的概念　学界关于团队的解释有很多种。1994 年，美国组织行为学权威斯蒂芬·罗宾斯首次提出了团队的概念：团队就是由两个或者两个以上的，相互作用、相互依赖的个体，为了特定目标而按照一定规则结合在一起的组织。许湘岳和徐金寿将团队定义为：团队又称为工作团队，是指由为了一个共同的目标而在一起工作的人所组成的协作单位。团队合作指的就是一群有能力、有信念的人，在特定的团队中为了一个共同的目标相互支持、合作奋斗的过程。团队有明确的目标和任务分配，所以它不同于普通的工作群体。如果团队的合作是出于自愿自觉的，那么它必将会催生一股强大而持久的力量。网络上的一般定义如下：团队是由基层和管理层人员组成的一个共同体，它合理利用每一个成员的知识和技能协同工作，解决问题，达到共同的目标。团队有共同理想目标，愿意共同承担责任，共享荣辱。团队以目标为导向，以协作为基础，需要共同的规范和方法，成员在技术或技能上形成互补。团队于发展的过程中，经过长期的学习、磨合、调整与创新，达成主动、高效且有创意的合作等。

(2)团队的构成要素　团队组建的价值在于催生“1＋1＞2”的协同效应。管理学家将团队的构成要素归纳为 5 个方面，包括：

①目标(purpose)。成功是相对于目标而言的。没有或未达目标的“成功”，很可能不是真正意义上的成功。美国潜能大师柏恩·崔希曾说：成功等于目标，其他的一切都是这句话的注解。目标对于一个人的成功有着不可估量的价值，大

量的历史事实证明，成功人士与平庸之辈最根本的差别往往并不在于天赋，而在于坚定而远大的人生目标。同样，优秀的团队也应该有一个坚定而远大的目标，为团队成员导航护航，让大家清楚地知道自己最终要奔向何方。

②人（people）。人是构成团队的细胞，两个及以上的人就可以构成团队。团队目标是通过人（成员）具体实现的，所以人员的选择是团队组建的核心关键。在一个团队中不仅需要有人出主意，有人定计划，有人实施，有人协调不同的人一起去工作，还需要有人去监督团队工作的进展，评价团队最终的贡献。团队需要不同的人通过分工合作来完成共同的目标，因此团队在选择成员时要充分考虑人员的能力、技能和经验等。

③定位（place）。团队的定位包含两层意思：一是团队整体的定位；二是成员个人的定位。前者包括团队在组织中处于什么位置、由谁选择和决定团队成员、最终应对谁负责和采取什么样的方式来激励下属等；后者包括成员在团队中扮演什么角色，是负责制订计划、具体实施，还是进行绩效评估等。

④权限（power）。研究团队权限问题时，通常绕不开两个话题：一是团队权限的决定性因素，即它取决于哪些方面；二是团队的领导者应该具备多少权限。一般来讲，团队权限取决于两个方面：一方面，整个团队在组织中拥有什么样的决定权，如是财务、人事还是信息决定权；另一方面，组织的基本特征，如组织的规模多大、它的业务是什么类型等。至于团队领导者的权限多少，学界通常认为，这跟团队的发展阶段密切相关。一般来说，在团队发展的初期阶段，领导权相对比较集中。团队越成熟，领导者所拥有的权力则应相对越小。

⑤计划（plan）。计划有两层含义。一是，目标最终的实现需要一系列具体的行动方案。可以把计划理解成实现目标的具体工作程序。二是，按计划行动可以保证团队工作的进度。只有在计划的规范与督促下，团队才会一步一步地贴近目标，从而最终实现目标。

（3）合理的团队角色构成　剑桥产业培训研究部前主任贝尔宾博士和他的同事经过多年的研究与实践，提出了著名的贝尔宾团队角色理论，即一支结构合理的团队应该由八种角色组成，后来修订为九种角色。贝尔宾团队角色理论的核心理念在于，高效的团队工作有赖于默契协作：团队成员必须清楚其他人所扮演的角色，了解如何相互弥补不足，发挥优势。也就是说，利用个人的行为优势创造一个和谐的团队，可以极大地提升个人与团队绩效。

在贝尔宾的团队角色理论当中，完美的个人是不存在的，但完美的团队是可以打造的。依据个体在群体内的行为、贡献以及人际互动的倾向性，贝尔宾将团队角色划分为以下九种。

①智多星 PL(plant)。特征：有个性、思想深刻、不拘一格。通常更倾向于与其他团队成员保持距离，运用自己的想象力独立完成任务。

优点：独立、聪明、充满原创思想、才华横溢、知识面广、富有想象力。创造力强，充当创新者和发明者的角色，为团队的发展和完善出谋划策。

缺点：高高在上、不重细节、不拘礼仪。可能不善于与那些气场不同的人交流，有时想法很激进，过于标新立异。有时会忽略想法实施的可能性，对于外界的批判和赞扬反应强烈，或持有保守接纳态度。

②外交家 RI(resource investigator)。特征：热情、好奇、外向、行动力强、联系广泛、消息灵通。

优点：为人随和，好奇心强，乐于在任何新事物中寻找潜在的可能性。善于和人打交道，与生俱来的联络、谈判高手，勇于、善于挖掘新的机遇、发展人际关系、迎接新的挑战。虽然他们并没有很多的原创想法，但是在听取和吸收别人想法的时候，效率极高。就像他们的名字一样，他们善于发掘那些可以获得并利用的资源。他们性格开朗外向，所以无论到哪里几乎都会受到热烈欢迎。

缺点：事过境迁，兴趣马上转移。如果没有他人的持续激励，他们的热情会很快消退。

③审议员 ME(monitor evaluator)。特征：生性严肃、谨慎理智、讲求实际，倾向于三思而后行，做决定较慢。

优点：严谨，思维、判断、分辨、分析能力强。具有批判性思维，很少冲动，有着与生俱来对过分热情的免疫力，对团队的贡献在于冷静和慎重地分析问题，善于在考虑周全之后做出明智的决定。具有审议员特征的人所做出的决定可靠性很强。

缺点：有点冷血气质。缺乏鼓动和激发他人的能力，同时自己也不容易被别人鼓动和激发。

④协调者 CO(co-ordinator)。特征：虽然他们并不是团队中最聪明的成员，但是他们拥有远见卓识，并且能够获得团队成员的尊重。

优点：成熟、沉着、自信、值得信赖、有控制局面的能力。对各种有价值的意见能够做到不带偏见地兼容并蓄，看问题比较客观。在人际交往中，能够很快地识别对方的长处所在，并且通过知人善用来凝聚团队的力量向共同的目标努力。

缺点:在智慧以及创造力方面并非超常。

⑤鞭策者 SH(shaper)。特征:思维敏捷、主动探索、勇于挑战他人,喜欢领导并激励他人采取行动,并且关心最终是否胜利。

优点:充满干劲、精力充沛、渴望成就、有进取心、性格外向、拥有强大驱动力。随时准备向传统、低效率和自满自足挑战。顽强又自信,在行动中如遇困难,会积极找出解决办法。常扮演团队中最具竞争性的角色。

缺点:对人际不敏感、好争辩、爱冲动、易急躁、易激起争端,可能缺少对人际交往的理解。在面对失望和挫折时,倾向于显示出强烈的情绪反应。

⑥凝聚者 TW(teamworker)。特征:性格温和、敏感,擅长人际交往并关心他人。作为最佳的倾听者,通常在团队中倍受欢迎。

优点:观察力强、灵活性强、善于交际,适应不同环境和人的能力非常强,能促进团队的合作,是团队中给予最大支持的成员。

缺点:在面对危机时,往往优柔寡断。

⑦执行者 IMP(implementer)。特征:顺从、务实可靠、实用主义者。是典型的将自身利益与忠诚和团队紧密相连、较少关注个人诉求的角色。

优点:偏好努力工作、有组织能力和实践经验、有强烈的自我控制力和纪律意识。

缺点:保守,或许会因缺乏主动而显得一板一眼。

⑧完成者 CF(completer finisher)。特征:勤奋有序、认真、有紧迫感,坚持不懈、注重细节。由内部焦虑所激励,但表面看起来很从容。不太会去做他们认为完成不了的事情。不喜欢委派他人,更偏好自己来完成所有的任务。

优点:理想主义者、追求完美并持之以恒。一般来说,大多数完成者都性格内向,并不太需要外部的激励或推动。

缺点:常常拘泥于细节,容易焦虑、不洒脱,无法容忍那些态度随意的人。

⑨专业师 SP(specialist)。特征:首选专注于维持自己的专业度以及对专业知识的不断探究,会为自己获得专业技能和知识感到骄傲。

优点:专注、专业。有机会成为对专一领域有贡献的专家。

缺点:将绝大多数注意力都集中在自己的专业领域,因此对其他领域所知甚少。他们专注于一个领域,但实际情况是,很少有人能够一心一意钻研,或有成为一流专家的才能。

(4)优秀团队的特征　组建团队并不能自动地提高生产率,它也可能会让管理者失望。幸运的是，一些研究揭示了与优秀团队有关的特征。

①清晰的目标。优秀的团队对所要达到的目标有清楚的了解，并坚信这一目标包含着重大的意义和价值。并且，这种目标的重要性还激励着团队成员把个人目标升华到群体目标中去。在优秀的团队当中，成员愿意为团队目标做出承诺，清楚地知道自己做什么工作、怎样共同工作和最终要完成的任务。

②相关的技能。优秀的团队由一群有能力的成员组成。他们具备实现理想目标所必需的技术和能力，并且相互之间有能够良好合作的个性品质，从而保障团队任务的出色完成。众多个性品质当中，尤以合作品质最为重要，但却常常被忽视。有精湛技术能力的人并不一定就有处理群体内关系的高超技巧，而优秀团队的成员则往往兼而有之。

③相互的信任。成员间相互信任是有效团队的显著特征。也就是说，有效团队的每个成员对其他人的品行和能力都确信不疑。我们在日常的人际关系中能体会到，信任是相当脆弱的，它需要花大量的时间去培养而又很容易被破坏。只有信任他人才能换来被他人信任，不信任只能导致不信任。所以，维持群体内的相互信任，需要引起管理层足够的重视。并且，管理层应清醒地意识到，组织文化和管理层自身的行为对形成相互信任的群体氛围很有影响。如果组织崇尚开放、诚实、协作的办事原则，同时鼓励员工的参与和自主性，就比较容易形成信任的环境。

④一致的承诺。优秀的团队成员对团队表现出高度的忠诚和承诺，对团队目标的实现表现出共同的信念。为了能使群体获得成功，他们愿意去付出努力。我们把这种忠诚和信念称为一致的承诺。

对成功团队的研究发现，团队成员对他们的群体具有认同感。他们把自己属于该群体的身份看作自我的一个重要方面。因此，承诺一致的特征表现为对群体目标的奉献精神，即愿意为实现这一目标而调动和发挥自己的最大潜能。

⑤良好的沟通。毋庸置疑，良好的沟通是优秀团队的一个必不可少的特点。群体成员通过畅通的渠道交流信息，包括各种言语和非言语信息。优秀团队中的成员之间能够畅所欲言并且迅速而准确地了解彼此的想法和情感。需要引起注意的是，管理层与团队成员之间健康的信息反馈也是良好沟通的重要特征，它有助于管理者指导团队成员的行动，消除误解。

⑥谈判的技能。一般而言，以个体为基础进行工作设计时，员工的角色由工作说明、工作纪律、工作程序和其他一些正式文件来明确规定。但是，对于优秀的

团队来说，其成员角色具有灵活多变性，总在不断地进行调整，这就需要成员具备充分的谈判技能。由于团队中的问题和关系时常变换，成员必须能够从容面对和应付这种情况。

⑦恰当的领导。有效的领导者能够让团队跟随自己共同度过最艰难的时期，因为他们能为团队指明前途所在。他们向成员阐明变革的可能性，鼓舞团队成员的自信心，帮助他们更充分地了解自己的潜力。

优秀的领导者不一定非得指示或控制，他们往往担任的是教练和后盾的角色，对团队提供指导和支持，但并不试图去控制它。这不仅适用于自我管理型团队，当授权给某个成员小组或个人领导权时，它也适用于交叉职能型的团队或工作任务小组。对于那些习惯于传统方式的管理者来说，这种从上司到后盾的角色变换，即从发号施令到为团队服务，实在是一种困难的转变。当前，很多管理者已经开始发现这种新型的权力共享方式的好处，或者通过领导培训逐渐意识到它的益处。但仍然有些传统的、习惯于专制方式的管理者无法接受这种新理念。这些人应当尽快转换自己的老观念，否则可能被取而代之。

⑧内外部支持。要成为优秀团队的最后一个必需条件就是它的支持环境。从内部条件来看，团队应拥有一个合理的基础结构，这包括：适当的培训、一套易于理解的用以评估员工总体绩效的测量系统，以及一个起到支持作用的人力资源系统。恰当的基础结构应能够支持并强化成员行为，进而助力团队取得高绩效水平。从外部条件来看，管理层应给团队提供完成工作所必需的各种资源。

(5)团队的基本类型　团队为特定目标的实现而组建，因此目标(目的)不同，团队类型相异。依据组建目标(目的)的不同，可将团队划分为四种类型。

①问题解决型团队。问题解决型团队组建的目的指向组织成员就如何改进工作程序、方法等问题交换看法，就如何提高生产效率和产品质量以及改善工作环境等问题提出建议，就如何解决组织现存的问题给出应对策略和实施方案。在问题解决型团队当中，成员可以就各种问题展开相互交流，提出一些建议，但成员却并没有权力直接采取行动。

②自我管理型团队。问题解决型团队在员工参与决策方面缺乏权力、功能不足。弥补这种欠缺的方法在于建立独立自主解决问题、对工作结果承担全部责任的团队，即自我管理型团队。

一般来说，自我管理型团队的责任范围包括控制工作节奏、决定任务分配、安排工间休息等。彻底的自我管理型团队甚至可以自由组合，自己挑选成员并让成员相互进行绩效评估，从而使主管人员的重要性相应下降，甚至被取消。世界上许多知名的大公司都是推行自我管理型团队的典范。但对自我管理型团队工作效果的总体研究表明，实行这种团队形式并不一定能带来积极效果。例如，这种团队形式可能导致团队成员缺勤率和流动率偏高。因此，对自我管理型团队这一形式的采用应有一定的范围，且需要具备适宜的条件。

③多功能型团队。多功能型团队是团队形式的进一步发展，是一种运用很广的团队形式。这种团队通常由来自同一等级、不同工作领域、跨越横向部门界限的员工组成，他们聚集的目的就是完成某一项特定任务。可以说，如今盛行的项目管理与多功能型团队有着深刻的内在联系。

多功能型团队是一种有效的团队管理方式，它能使组织内（甚至组织之间）不同领域的员工之间交换信息，激发产生新的观点，协调复杂的关系，解决面临的问题。但是，多功能型团队不是野餐聚会，而是有着硬任务。在其形成的早期阶段，往往需要耗费大量的时间来使团队成员学会处理复杂多样的工作任务。此外，成员之间，尤其是那些背景、经历和观点不同的成员之间，建立起信任并能真正的合作也需要一定的时间。

④虚拟型团队。现代信息通信技术的飞速发展，使得团队合作不再局限于一定的时空范围。于是，一种新型团队——虚拟型团队，在这样的时代背景下顺势而生。虚拟型团队是成员分散于不同地点但通过远距离通信技术在一起工作的团队。虚拟型团队的成员分散在相隔很远的地点，跨越不同的组织，工作时间交错，联系依靠现代通信技术，他们共同完成特定的目标和任务。

虚拟型团队通常被描述成一个松散的、几乎没有控制等级的组织结构。它无边界连接，可根据工作处理的需要而不断变化。这里，团队的虚拟化一方面可视作固定团队单位的弱化，另一方面又可视作团队组建界线的消除。由于可依据工作环境的变化做出动态调整与重新配置，这种无边界的团队也就同时失去了传统团队的一般特点和与外界团队界限的严格分割。

与传统的团队形式相比较，虚拟型团队的独特优势体现如下。第一，人才优势。现代通信技术的广泛应用，使得距离、区位不再是制约人们协同工作的瓶颈因素，这大大拓宽了团队的人才来源。第二，信息优势。虚拟型团队的成员来源于不同的区域，故他们能够广泛而及时地获取世界各地各个领域的市场、技术、知识、产品与政策等信息，进而能够在及时、全面了解需求的基础之上，尽快设计与开发出满足顾客需求的产品或服务。第三，竞争优势。开放、灵活与多元的人才聚集方式，大大增加了其建立强大竞争优势的可能。第四，效率优势。通信技术的应用大幅度提高了团队沟通、协作的效率。第五，成本优势。组织界限的打破，使得虚拟型团队可以大量整合、利用外部的人力资源，从而降低了由长期雇工所带来的各项成本等。

(6)团队的成长过程　优秀团队的形成并不是一蹴而就的。根据团队的成熟度情况，可将团队的成长过程划分为四个阶段。

①形成期：从混乱中理顺头绪的阶段。团队成员由不同动机、需求、特性的人组成。团队组建初期，大家缺乏共同的目标，人与人之间的了解与信赖并不充分，彼此间的关系也未建立起来，一切尚在磨合之中，加上整个团队还没建立确定的规范，因此该阶段团队矛盾、内耗很多，一致性很少，做事事倍功半，难以产生理想的效果。

该阶段团队的领导风格要采取控制型，不能放任。团队目标应由领导者设立(但要合理)，并且应当清晰、直接地告知成员想法与目的，不能让成员自己想象或猜测，否则执行容易走样。成员关系方面要强调互相支持、互相帮忙。由于成员之间的关系尚未稳定，沟通不能太过坦诚、激烈。此外，领导者要快速建立起必要的规范，以便能让团队尽快进入轨道。规范内容方面，不需要完美，也不能太烦琐，否则不易理解，并且可能会导致束手束脚。

②凝聚期：开始产生共识与积极参与的阶段。经过一段时间的努力，团队成员对于领导者的想法和组织的目标与规矩逐渐了解，互相之间也因熟悉而产生默契。这时团队的日常事务都能正常运作，违规的事项也逐渐减少，领导者不必特别费心也能维持一定的生产力。但是，组织对领导者的依赖依然很重，主要的决策与问题需要领导者的指示才能进行，故领导者一般非常辛苦。此时，如果领导者其他事务繁忙，则极有可能耽误其决策的进度。

该阶段领导的要点在于挑选核心成员，培养核心成员的能力，进行更广泛的授权和更清晰的权责划分。在可掌控的情况下，对于较为短期的目标和日常事务，可授权部属直接进行，但要定期检查，维持必要的监督。在成员能接受的范围内，应对其提出善意的建议。如果有新成员加入，则应尽快使其融入团队。此外，可授权部分典范成员参与决策，但在逐渐授权的过程当中，要同时维持控制，不能一下子放太多，否则回收权力时会导致士气受挫。此外，配合培训是这一时期很重要的事情。

③激化期：团队成员可以公开表达不同意见的阶段。经过又一段时间的努

力，团队开放合作的氛围得以建立。团队关系从保持距离、客客气气，变成互相信赖、坦诚相见。领导者允许成员提出不同的意见与看法，甚至鼓励建设性的冲突。团队成员成为一体，目标由领导者制定转变为团队成员的共同愿景。成员愿意为团队奉献，智慧与创意源源不断。团队规范也由“重在外在限制”，变成“重在内在承诺”。

该阶段领导的重点在于调和差异、建立愿景、运用创造力，建成自主化团队。这时领导者必须创造参与的环境，并以身作则，容许差异和不同的声音。这里需要注意的是，虽然过程初期会有一阵子的混乱，但若领导者因害怕混乱又尝试重新加以控制，则会导致更加不良的后果，甚至影响组织的长远发展。

④收割期：品尝甜美果实的阶段。借由过去的努力，组织形成强而有力的团队。所有人都拥有强烈的一体感，爆发出前所未有的潜能。团队创造出非凡的成果，并且能以合理的成本高度满足客户需求。

该阶段领导的重点在于保持团队成长的动力。领导者应运用系统思维综观全局，并保持危机意识，持续维护团队成长，避免团队老化。

(7)优秀团队的打造　成功永远属于极少数的一部分人。不是简单的投入多、很努力或者对成员好就能够成功地打造一支优秀的团队。优秀团队的打造遵循以下规律。

①有教练点化。几乎任何一个冠军都需要专业教练指导，企业要想做大，必然要有个具备一定战略高度的总裁，同时还需要借助外界顾问公司的智慧。同样，团队的打造也需要教练点化。

②选人往往比育人更重要。领导者有义务让每一位成员成长。如果团队成员的能力和收入停滞不前，那也有领导者的责任。如果有可能，抽出更多的精力来挑选成员，这往往比一味地重视培养要划算得多。我们看到很多大企业之所以做得大，是因为有一群所向披靡的员工。这些员工的底薪可能要比市值高些，可他们创造的效益更大。而很多企业之所以做不大，很重要的原因就在于喜欢招那些没经验、薪资要求不高的员工。尽管将这些员工招到企业后可以再培训，可还是难出效益。他们当中偶有悟性高的，当能派上用场时却可能因为企业效益不佳而跳槽，结果白白为他人做了“嫁衣”。因此，团队一定要强调选对人，选人甚至比育人更加重要。

③合理配置团队成员。团队成员应如何配置？首先，一定要寻找既有能力又珍惜机会的人。其次，配置能力、性格均互补的团队成员。如果团队成员都是一

种性格,那犯起错误来就会不堪设想,因为没人提醒和阻止。比如,团队成员都很强势,那就会形成“三国争霸”,谁都不服谁的局面,最终可能不欢而散。最后,用人所长,人尽其能。用人所长则无不能用之人,用人所短则无可用之人。比如,唐僧的团队,孙悟空武艺高强,所以打前锋,猪八戒殷勤人懒,所以牵马,沙僧老实本分,所以挑行李。如果这几个角色互换就“天下大乱”了。换猪八戒打前锋,别说打妖怪了,就算探个路也做不好,要么半路睡觉,要么把任何女妖怪都认作良民。换孙悟空去挑行李,那袈裟和通关文牒没准儿什么时候就弄丢了。所以,没有完美的个人,只有完美的团队。

④统一团队价值观。价值观是人们行动选择的判断标准,是团队成立和存在的基石,是促进团队发展的精神动力,对团队具有导向、凝聚、约束和激励作用。它可以决定团队管理活动的成效和方向。许多团队之所以能够获得成功,在于大家能够分辨、接受以及执行组织的价值观。很多企业之所以做不大,是因为没有统一的价值观。价值观不统一,就不能充分发挥成员的潜能。貌合神离、有劲儿不使或有劲儿不往一处使必然导致事倍功半。因此,统一了成员的价值观就好比疏通了团队的生命线。当然,统一价值观的前提是让每位成员都有归属感、参与感、成就感和恰当的劳动报酬。

⑤明确战略和目标。人可能不会因为辛苦而停止,却会因为盲目而放弃。因为人在看不到前方时是缺乏奔跑动力的。所以,领导者要时常提醒自己——我清楚地知道自己的战略和目标吗?队友们清楚团队的战略和目标吗?他们个人的角色定位呢?实践中,很多团队就是想法太多,朝令夕改,执行复杂,才导致几乎所有人都忘了自己出发的目的与地点。明确的战略和目标的价值就在于把团队成员的目标由虚无、混乱或个人层面升华到群体层面,帮助大家确立奋斗的共同目标,进而高效地协同工作。

⑥选对团队伙伴。如果自身的团队不足够优秀,就要争取和优秀者合作。优秀的团队如果成功了,其合作者也会有所提升。

⑦坚定团队信念。困难险阻是成功的必经之路,而团队是否能够跨越它们的关键在于信念是否坚定,特别是领导者的信念是否坚定。

⑧笑对任何困难。信念坚定很重要,而乐观积极则能克服实践中的困难。当困难积累到一定量时,如果还能乐观积极,成功可能就不远了。总之,做任何事情几乎都是:难在不动,慢在犹豫,停在情绪,断在沟通,苦在学习,累在能力,输在经验,败在放弃,成在坚持。

2.创业团队的界定

创业团队的界定是建立在对于"创业"和"团队"的界定基础之上的。鉴于创业可以划分为广义的和狭义的创业,创业团队也应该分为广义的和狭义的创业团队。并且,它们之所以被称为创业团队,是因为它们区别于普通的,以工薪就业和完成常规任务为目标导向的团队。综合前述关于创业和团队的研究,编者认为创业团队应具备以下基本特征:一是成员因机会相聚,以开启与推进共同事业(包含商业冒险类)发展为共同目标;二是由两个及以上风险共担、利益共享、功能互补、紧密协作的成员构成;三是每位成员均具备一定的、优于常人的创业和团队意识、精神与能力(含资源)。其中,优秀的创业团队在这些方面要明显好于一般的创业团队。

3.创业团队组建的个性化特征

作为团队类型的一种,一般情况下,创业团队的组建遵循团队的共性特征。此外,基于创业活动本身的特殊性,创业团队的组建也具有下述个性特征。①团队组建始于创业机会,而不是其他。创业机会的构成与特点在相当程度上决定了创业团队的构成与特点。②创业资源的整合利用成为团队组建的重要考量。整合利用创业资源是团队组建的核心需求,是创业团队开启协同作业的前提。③团队很难招到能力匹配或十分满意的成员。创业的高投入、高风险、创新与多变性等特点,决定了其对成员的高标准要求。然而,创业的高失败率表明,多数情况下,创业团队所吸纳的成员并不能满足创业活动开展的实际需求。选择家人、朋友还是能力好的陌生人作为合作伙伴?如何知晓、结识、说服、用好并留住能力好的陌生人?谁才是最合适的人?这些都是摆在创业团队面前的难题。④团队成员共担投入风险、共享成果收益。高风险、高回报是创业活动区别于一般活动的显著特征。故创业团队成员间的资源投入与利益分配是一个敏感、困难但又十分重要、必要的工作。但凡涉及这些事项,团队成员之间不仅要做到先理清楚、讲明白,还要做到不能感情用事、糊涂办事或避而不谈。创业团队成员的股权分配是创业计划与执行的重要内容,股权分配以及以之为基础的创业契约,包含团队成员的资源投入、责任分工、权利义务、股权配置、激励办法,甚至成员变更与退出机制等,都是创业发起者在寻找团队伙伴时必须要思考、讨论、研究与确定的内容。总之,在团队组建初期,只有做到"先小人,后君子""先利益,后朋友""亲兄弟,明算账",明确各个成员的权责利益,才能有效保障、支撑团队事业的健康、稳定与可持续发展。⑤领导员工、联合伙伴一起创业是创业团队工作的重要抓手。不同于普通团队，创业团队的目标更多是通过联合，甚至是凭借组织（企业）的员工和团队伙伴来实现的。因此，现实当中，创业者自身对于创业团队的理解兼具广义和狭义两层含义。其中，狭义创业团队的成员界线相对清晰（如前所述），广义创业团队的成员构成则还包括与创业项目实施紧密相关的各类人群，如注资的风投机构、企业的全体员工、使用同一品牌（包括区域公共品牌）的不同加盟机构等。

【专题强化】

一、概念题

创业资源的概念。

二、选择题

“蒂蒙斯创业过程模型”中的创业三要素包括________、________和________。

A. 创业机会　　B. 创业资源　　C. 创业者及其团队　　D. 创业政策

三、简答题

简述“蒂蒙斯创业过程模型”关于创业的三要素及其关系的核心阐释。

四、拓展题

1. 结合“蒂蒙斯创业过程模型”的创业三要素，思考专业创业的优势。

2. 从多重角度出发，思考企业成员的角色分类（包括岗位角色）；思考各类岗位角色所需要的知识和技能等级及其应得的报酬；从中挑选出自己期待、擅长和抵触的岗位角色；思考影响自己岗位角色倾向、擅长与最终获取的相关因素；思考应如何提升自己，以争取到期待的岗位角色。

3. 谈谈你对雇主、领导者、管理者、骨干、主动工作者、被动工作者和消极工作者等的认识。

4. 结合身边的实例，思考如何将“绿水青山”转变为“金山银山”。

5. 阅读《共同富裕三十六法——台州民营经济高质量发展背景下共同富裕实践探索》，新台州，2021 年第 5/6 期（总第 318 期），从广义创业的资源和团队角度出发，深入理解共同富裕九条路径提出的理论逻辑，并做分享。

专题十 领导与战略

【专题导入】

▶专题寄语

人们只会看到获胜的战术,决策者却知道这个胜利源自战略的展开。

——菲利普·科特勒

▶专题资料

资料一 刘邦何以“得天统”

楚汉相争是中国历史上最具传奇色彩的拉锯性战争。战争双方的主帅,一位是西楚霸王项羽,一位是被项羽封为汉王、后来成为汉高祖的刘邦。楚汉相争开始时是楚强汉弱,而最终的结局则是刘邦“得天统”……

据吴冷西回忆,毛主席称赞刘邦得天下一因决策对头,二因用人得当。毛主席通过引用《史记》中刘邦说的一段话来阐述:“夫运筹策帷帐之中,决胜于千里之外,吾不如子房;镇国家,抚百姓,给馈饷,不绝粮道,吾不如萧何;连百万之军,战必胜,攻必取,吾不如韩信。此三者,皆人杰也,吾能用之,此吾所以取天下也。项羽有一范增而不能用,此其所以为我擒也。”

1962年1月30日,在中共扩大的中央工作会议上,毛主席又从另一个角度回答了刘邦的高明之处,并指出:“刘邦同项羽打了好几年仗,结果刘邦胜了,项羽败了,不是偶然的。”

资料来源:曹应旺.“不可沽名学霸王”——毛泽东点评项羽、刘邦.人民网一中国共产党新闻网,2017年4月6日.

资料二 信仰是青年砥砺前行之因,历练是青年成才必经之路

一、立足岗位,扎根一线,积极奉献——吕义聪

通过这本书(《习近平的七年知青岁月》),我更加细致、立体地了解了习

总书记作为知青时候的国家现状、时代特征，以及那个年代特有的知青岁月。面对恶劣的客观环境，当年的习总书记从没有消磨意志，而是脚踏实地、实干苦干，积极融入陕北的农村生活，与农民水乳交融。插队期间吃苦耐劳的同时，青年时期习近平在思想上、学习上一刻也没有松懈，不停止学习和阅读，始终保持积极乐观、追求进步的状态，通过不断努力，得到了组织认可，让自己入党、被推选为大队书记、最后被推荐到北京读大学。

习总书记的七年知青经历，对我们当代青年人有很多的启示和帮助。正因为一线基础工作的辛苦，企业、组织、社会乃至国家发展过程中还存在各种各样的问题，才需要我们青年人站出来、顶起来。这也是我们青年人发挥聪明才智和担当作用的机会。个人的成长经历使我认识到，青年一代，唯有个人的理想与你所在的组织、与国家的前途命运联系起来，才能不辜负时代赋予我们这代人的重托……

二、时代的巨人，我们的楷模——吕敬一

习总书记曾经说过："人生的道路要靠自己来选择。如何选择一条正确的道路，关键是要有坚定的理想信念。否则，环境再好照样会走错路。"习总书记青年时期先后写了 8 份入团志愿书、10 份入党志愿书，即使在个人处境极为艰难的条件下，始终没有对党产生过动摇和怀疑，这让我更加坚定了自己的理想信念，始终把党放在心头……

三、不忘初心跟党走，奋发有为干实事——王旭敏

通过《习近平的七年知青岁月》一书的阅读，我对学习贯彻落实习近平总书记重要讲话精神和党中央治国理政新理念、新思想、新战略有了新的认识和理解。特别是读到"近平在梁家河从来没有放弃读书和思考"中的一段："近平也是一个非常有主心骨的人。他有了想法，有了思路，就一定要仔细研究，一定要把事情做好。"我深有体会，我想正是因为有了习近平总书记的这一份坚持与奉献，才能有梁家河翻天覆地的变化……

四、百舸争流奋当先，科技引路铸辉煌——何匡

近期，我反复品读了《习近平的七年知青岁月》一书，感触颇多，崇敬之情油然而生。"梦想从学习开始，事业靠本领成就。"习总书记的话为我们青年

科技工作者指引了正确的道路,提供了不竭的动力……

五、敞开胸怀,尽显担当,做出贡献——胡健

我就用原作中的三句原话来谈谈我的感想。第一句话是“近平从来没有放弃读书和思考”;第二句话是“近平与我们同吃同住同劳动”;第三句话是“近平把自己看作黄土地的一部分”……

六、青年需历练,扬帆再起航——邵子渊

结合我的实际工作经历,我有以下几点心得体会。一是,忠于理想、牢记初心……二是,勤奋学习、增长才干……三是,敬业实干、开拓进取……

七、扎根一线是新时期的知青精神——陈小兵

一是,要敢于吃苦。习近平总书记说,“我的成长、进步应该说起始于陕北的七年”,“几年中,经过了四大关(跳蚤关、饮食关、劳动关、思想关)”。书中谈到,习近平总书记去插队的地方,是全国1 600多万插队知青中自然环境和生存条件最艰苦的地方之一。对此,他没有抵触,没有怨言,什么苦活累活脏活都干过,而且一干就是七年,连村里的人都感叹:“咱一般的老百姓都吃不了这苦!”

二是,善于吃苦。书中谈到,习近平同志爱动脑子,看到报纸上介绍四川推广利用沼气,就主动到四川取经学习,既当指战员,又当技术员,遇到难题分析症结,带头下到沼气池底找裂缝修补,最终亮起了陕北高原第一盏沼气灯。我认为新时期的技术工人并不是肯吃苦就能成为技术高手、成为“工匠”的,必须还要善于吃苦,这种善于我理解就是一种创新精神、一种钻研意志。

三是,不忘吃苦。习近平总书记强调:“七年上山下乡的艰苦生活对我的锻炼很大,后来遇到什么困难,就会感到没有解决不了的问题。那个时候在那样的困难条件下还可以干事,现在干嘛不干?你再难都没有难到那个程度。”习总书记七年知青岁月告诉我们,只要经受了艰难困苦的考验、锤炼了坚定的意志和顽强的品质,在人生的不同时期遇到任何问题都能够处变不惊、应对自如。同时,更不能因为自己有了历练、有了成就,条件好了、荣誉多了,就忘记吃苦的根本,变得浮躁,变得好高骛远。

八、农村热土，大有可为——冯仁方

一是，敢于尝试，勇于创新。那个年代村里人思想一直比较保守。而青年习近平却很有思路想法，比如办沼气这些例子，就是靠他的创新和踏踏实实干出来的。现在有非常多的渠道了解和学习各种资讯，我们青年人在从事农业农村工作时，也要敢于尝试，勇于创新。

二是，努力合作，共同致富。习近平在任梁家河村支书短短一年时间里，村里就有了铁业社、缝纫社、代销店等，这些极大地方便了农民生产和生活。这给了我很大的启发，当前正处大学生回乡创业热潮，农村基层也在转型升级，我们青年人可以做出属于我们的一番事业。不仅要自己致富，过上好生活，更要带动周边的农民一起发家致富。

三是，奋斗的青春最美丽。总书记说陕北七年是他人生最宝贵的财富，正因为这七年的特殊奋斗时期，才让他真正了解实际，了解群众需要什么……

九、青春当以踏实为本，奉献为荣——蒋志敏

青春当以勤奋为先。学习了《习近平的七年知青岁月》这本书让大家看到了一位吃苦耐劳、踏实干事的青年习近平，看到了一位勤奋好学、志存高远的青年习近平，看到了一位一心为民、重情重义的青年习近平，看到了一位意志坚定、敢于担当的青年习近平。

青春当以踏实为本。刚才和大家一起看了《初心——梁家河篇》感触很深，“知青上山下乡插队”，对于我们现在的青年人来说，这个就是老一辈人口中以及电视剧里播放的“名词”，无法去感知。这本书帮助我们青年人找寻青春答案，树立思想上和人格上的榜样；这本书更见证了习近平同志青年时期的奋斗故事，回答了“人民领袖从哪里来”这一关键命题。我认为，农村基层的团干部通过这本书能学习习总书记身上的可贵品质，坚定一心一意服务村民的信念。同时，更应该像习总书记那样和人民群众打成一片，从而做好上传下达的工作，只有真正了解了村民最迫切的需求，才能精准帮扶。

青春当以奉献为荣。在工作中，要时刻坚持以青年为本，不断完善历年坚持下来的活动和志愿者服务，想青年所想，急青年所急，使团支部成为青年的桥梁纽带……

十、黄土地、知识青年、永续的不了缘——李源龙

历练是青年成才必经之路。曾几何时，不知是何原因铸就了身边的可敬长者，使其临近退休，依然操劳、奔波于学校发展。曾几何时，不知是何种原因造就了现在的我，主动离开原本工作的985高校，义无反顾地走进职业院校，一头扎进并非专业出身的双创教育研究。直至了解到总书记的成长经历，我方恍然大悟。

信仰是青年砥砺前行之因。延川艰苦，总书记却实现了自我升华。逆境中，总书记坚持学习，勇于担当，始终不渝地为群众做实事。是什么给了年轻的总书记以战胜困苦的勇气与毅力，我认为，是一名共产党人的政治信仰！对党和人民的信仰，促使着以总书记为代表的共产党人，无论在何种艰难困苦之下，都能够不忘初心，砥砺前行！

黄土地是"知青精神"永续之源。"知青"一词被定格在三十七年之前。时过境迁，不知您是否觉察到，过往这些年来，一直有后辈青年前赴后继仿效"知青"伟人？无数次主动、积极深入基层一线的您，是否思考过是什么让您义无反顾地继承了老辈青年的担当作为？总书记告知我们，是这一片我所生存，所深爱的黄土地，"无论我走到何处，永远是黄土地的儿子"。

身为当代知识青年，是时候有所担当了。未受本书洗礼之前，我曾经迷惘、彷徨，"遇见"总书记之后，我已经有了坚定的人生目标，也充满了自信。未来的我，必将肩负起时代使命，致力双创科研、育人工作……不畏艰苦，砥砺前行。

十一、奋斗的青春最美丽——吴林钢

翻读《习近平的七年知青岁月》一书，习总书记对读书学习的求知若渴、学以致用，对生活工作的求真务实、攻坚克难，让我感触颇深，原本遥不可及的大国领袖一下子变得亲切具体、可感可触。

当我读到"那个年代，考试交白卷、得'鸭蛋'很光荣"，但是总书记没有受那种社会风气的影响。他热爱读书，痴迷读书，每时每刻都汲取知识，我想到了学校的校训——"澡身浴德，修业及时"，我们应当把立德作为根本，把握青春，抓紧学习。

当我读到总书记为村里"建沼气池，开代销店，建铁业社，开缝纫社，打井

打坝”的时候，想到创新创业的号召，我们应积极参与实践……

习总书记说：“青年时代，选择吃苦也就选择了收获，选择奉献也就选择了高尚。”我把它作为我前进的信条，奋斗的青春最美丽，青年学生唯有奋斗才能不负自己的青春岁月。

十二、青春治水跟党走——薛圆圆

“让青春之花绽放在祖国最需要的地方”。《习近平的七年知青岁月》给了我们青春的答案，为青年学子树立了思想上和人格上的榜样……

资料来源：青春喜迎十九大　不忘初心跟党走——我市各界青年代表座谈学习《习近平的七年知青岁月》体会发言摘要. 台州日报，2017 年 9 月 30 日.

资料三　习近平为何反复强调“战略思维”

2019 年 1 月 21 日，习近平在“省部级主要领导干部坚持底线思维着力防范化解重大风险专题研讨班”开班式上强调，要提高战略思维、历史思维、辩证思维、创新思维、法治思维、底线思维能力。其中，战略思维是习近平反复强调的重要思维方法。

战略思维，就是高瞻远瞩、统揽全局，善于把握事物发展总体趋势和方向。梳理习近平治国理政中的一些重要论述和重大举措，我们不难发现处处闪耀着的战略智慧。

1. 战略问题是一个政党、一个国家的根本性问题

战略思维为何重要？2014 年 8 月，习近平在纪念邓小平同志诞辰 110 周年座谈会上深刻指出：“战略问题是一个政党、一个国家的根本性问题。战略上判断得准确，战略上谋划得科学，战略上赢得主动，党和人民事业就大有希望。”

早在 2003 年，习近平就发表文章表明，“要有世界眼光和战略思维”“要努力增强总揽全局的能力，放眼全局谋一域，把握形势谋大事”。

党的十八大以来，他更是多次强调在改革和发展的各项工作中要有战略思维，“战略、全局、方向、长远”等都是他讲话中的高频词。谈到全面深化改革时，他说“不谋全局者，不足谋一域”，强调全面深化改革要坚持从大局出发考虑问题，“要真正向前展望、超前思维、提前谋局”；在省部级专题研讨班上，

他指出“全党要提高战略思维能力，不断增强工作的原则性、系统性、预见性、创造性”。

站在战略的高度，努力增强总揽全局的能力，放眼全局谋一域，把握形势谋大事，才能够从全局角度、以长远眼光看问题，从整体上把握事物发展趋势和方向，才能够确保制定科学可行的战略方案，又能够根据环境变化及时调整战略方案。

2. 战略思维不仅是一种能力，更是一种责任

习近平认为，要全面建成小康社会和实现社会主义现代化，有许许多多的重大问题需要进行战略谋划。凡是涉及我国经济、政治、文化、社会、生态、外交、国防和党的建设等全局性的重大问题，都需要从战略上进行思考、研究和筹谋。

2012 年 12 月 9 日，习近平提出了“中华民族伟大复兴中国梦”的宏伟愿景。为了实现这个奋斗目标，以习近平同志为核心的党中央立足中国发展实际，逐渐形成了“五位一体”总体布局和“四个全面”战略布局等一系列治国理政新理念、新思想、新战略。

在习近平看来，战略思维永远是中国共产党人应该树立的思维方式。对各级领导干部而言，战略思维能力则意味着，要善于把解决具体问题与解决深层次问题结合起来，不能头痛医头、脚痛医脚；善于把局部利益放在全局利益中去把握，不能只见树木、不见森林；善于把眼前需要与长远谋划统一起来，不能急功近利、投机取巧；善于把国内形势与国际环境结合起来，不能闭目塞听、故步自封。

现实中，也有一些干部认为，总揽全局是大领导的事，在地方、基层或部门工作没必要拥有战略思维。殊不知，何谓全局、何谓局部，本身就是相对的。相对于全国，地方固然是局部，但是相对于辖区，地方又何尝不是整体？一些地方，取利一时的短视决策寻常可见，杀鸡取卵的短期行为时有发生，莫不与缺少战略思维有关。

陷入鸡零狗碎的事务主义，可以说是能力短板；但有些人希图一时政绩、罔顾战略全局，则是私利驱动、有意为之。从这个意义上说，战略思维不仅是一种能力，更是一种责任。

3. 树立战略思维和全球视野，统筹国内国际两个大局

在全球治理体系深刻变革的今天，大国治理从来不能只是眼光向内。

2014 年 12 月，中共中央政治局第十九次集体学习时，习近平又一次提到战略思维。他指出："要树立战略思维和全球视野，站在国内国际两个大局相互联系的高度，审视我国和世界的发展，把我国对外开放事业不断推向前进。"

近些年，中国在参与全球治理中也愈发彰显战略思维，中国方案越来越为世界所瞩目，中国在全球治理中的角色正由积极参与转向引领。

由习近平提出的"一带一路"倡议从东方走向西方，目前已经得到 100 多个国家和国际组织参与和支持；构建以合作共赢为核心的新型国际关系，打造人类命运共同体的理念得到越来越多的认同。

未来 10 年，将是世界经济新旧动能转换的关键 10 年；将是国际格局和力量对比加速演变的 10 年；将是全球治理体系深刻重塑的 10 年。这是习近平对国际形势做出的重大战略判断。

在习近平的推动下，中国始终做世界和平的建设者、全球发展的贡献者、国际秩序的维护者，为完善全球治理贡献中国智慧、中国力量。

4. 保持战略定力和坚定信念，坚定不移走自己的路

找到一条好的道路不容易，走好这条道路更不容易。过去，我们照搬过本本，也模仿过别人，有过迷茫，也有过挫折，一次次碰壁、一次次觉醒，一次次实践、一次次突破，最终走出了一条中国特色社会主义成功之路。

党的十八大以来，习近平曾多次在重要会议和实地调研时，高频率反复强调"战略定力"，做到"任凭风浪起，稳坐钓鱼台"。

习近平说："我们要保持战略定力和坚定信念，坚定不移走自己的路，朝着自己的目标前进。"

如何提高战略思维能力，增强战略定力？在习近平看来，有些人议论这个道路、那个道路，有的想拉回到老路上，有的想引到邪路上去；有的是思想认识误区，有的是别有用心。中国特色社会主义这条道路，我们看准了、认定了，必须坚定不移走下去。

习近平强调，要始终保持清醒坚定，保持强大前进定力，既不走封闭僵化的老路，也不走改旗易帜的邪路，不为任何风险所惧，不为任何干扰所惑，真正做到"千磨万击还坚劲，任尔东西南北风"。

资料来源：习近平为何反复强调"战略思维". 人民日报，2019 年 1 月 25 日.

资料四　全面建成小康社会、全面建设社会主义现代化国家的重大历史任务

中共中央国务院关于实施乡村振兴战略的意见

（节选）

实施乡村振兴战略，是党的十九大作出的重大决策部署，是决胜全面建成小康社会、全面建设社会主义现代化国家的重大历史任务，是新时代“三农”工作的总抓手。现就实施乡村振兴战略提出如下意见。

一、新时代实施乡村振兴战略的重大意义

党的十八大以来，在以习近平同志为核心的党中央坚强领导下，我们坚持把解决好“三农”问题作为全党工作重中之重，持续加大强农惠农富农政策力度，扎实推进农业现代化和新农村建设，全面深化农村改革，农业农村发展取得了历史性成就，为党和国家事业全面开创新局面提供了重要支撑。5年来，粮食生产能力跨上新台阶，农业供给侧结构性改革迈出新步伐，农民收入持续增长，农村民生全面改善，脱贫攻坚战取得决定性进展，农村生态文明建设显著加强，农民获得感显著提升，农村社会稳定和谐。农业农村发展取得的重大成就和“三农”工作积累的丰富经验，为实施乡村振兴战略奠定了良好基础。

农业农村农民问题是关系国计民生的根本性问题。没有农业农村的现代化，就没有国家的现代化。当前，我国发展不平衡不充分问题在乡村最为突出，主要表现在：农产品阶段性供过于求和供给不足并存，农业供给质量亟待提高；农民适应生产力发展和市场竞争的能力不足，新型职业农民队伍建设亟需加强；农村基础设施和民生领域欠账较多，农村环境和生态问题比较突出，乡村发展整体水平亟待提升；国家支农体系相对薄弱，农村金融改革任务繁重，城乡之间要素合理流动机制亟待健全；农村基层党建存在薄弱环节，乡村治理体系和治理能力亟待强化。实施乡村振兴战略，是解决人民日益增长的美好生活需要和不平衡不充分的发展之间矛盾的必然要求，是实现“两个一百年”奋斗目标的必然要求，是实现全体人民共同富裕的必然要求。

在中国特色社会主义新时代，乡村是一个可以大有作为的广阔天地，迎来了难得的发展机遇。我们有党的领导的政治优势，有社会主义的制度优势，有亿万农民的创造精神，有强大的经济实力支撑，有历史悠久的农耕文明，有旺盛的市场需求，完全有条件有能力实施乡村振兴战略。必须立足国情农情，顺势而为，切实增强责任感使命感紧迫感，举全党全国全社会之力，以更大的决心、更明确的目标、更有力的举措，推动农业全面升级、农村全面进步、农民全面发展，谱写新时代乡村全面振兴新篇章。

二、实施乡村振兴战略的总体要求

（一）指导思想。全面贯彻党的十九大精神，以习近平新时代中国特色社会主义思想为指导，加强党对“三农”工作的领导，坚持稳中求进工作总基调，牢固树立新发展理念，落实高质量发展的要求，紧紧围绕统筹推进“五位一体”总体布局和协调推进“四个全面”战略布局，坚持把解决好“三农”问题作为全党工作重中之重，坚持农业农村优先发展，按照产业兴旺、生态宜居、乡风文明、治理有效、生活富裕的总要求，建立健全城乡融合发展体制机制和政策体系，统筹推进农村经济建设、政治建设、文化建设、社会建设、生态文明建设和党的建设，加快推进乡村治理体系和治理能力现代化，加快推进农业农村现代化，走中国特色社会主义乡村振兴道路，让农业成为有奔头的产业，让农民成为有吸引力的职业，让农村成为安居乐业的美丽家园。

（二）目标任务。按照党的十九大提出的决胜全面建成小康社会、分两个阶段实现第二个百年奋斗目标的战略安排，实施乡村振兴战略的目标任务是：

到 2020 年，乡村振兴取得重要进展，制度框架和政策体系基本形成。农业综合生产能力稳步提升，农业供给体系质量明显提高，农村一二三产业融合发展水平进一步提升；农民增收渠道进一步拓宽，城乡居民生活水平差距持续缩小；现行标准下农村贫困人口实现脱贫，贫困县全部摘帽，解决区域性整体贫困；农村基础设施建设深入推进，农村人居环境明显改善，美丽宜居乡村建设扎实推进；城乡基本公共服务均等化水平进一步提高，城乡融合发展体制机制初步建立；农村对人才吸引力逐步增强；农村生态环境明显好转，农业生态服务能力进一步提高；以党组织为核心的农村基层组织建设进一步加强，乡村治理体系进一步完善；党的农村工作领导体制机制进一步健全；各地区各部门推进乡村振兴的思路举措得以确立。

到 2035 年，乡村振兴取得决定性进展，农业农村现代化基本实现。农业结构得到根本性改善，农民就业质量显著提高，相对贫困进一步缓解，共同富裕迈出坚实步伐；城乡基本公共服务均等化基本实现，城乡融合发展体制机制更加完善；乡风文明达到新高度，乡村治理体系更加完善；农村生态环境根本好转，美丽宜居乡村基本实现。

到 2050 年，乡村全面振兴，农业强、农村美、农民富全面实现。

（三）基本原则。

——坚持党管农村工作。毫不动摇地坚持和加强党对农村工作的领导，健全党管农村工作领导体制机制和党内法规，确保党在农村工作中始终总揽全局、协调各方，为乡村振兴提供坚强有力的政治保障。

——坚持农业农村优先发展。把实现乡村振兴作为全党的共同意志、共同行动，做到认识统一、步调一致，在干部配备上优先考虑，在要素配置上优先满足，在资金投入上优先保障，在公共服务上优先安排，加快补齐农业农村短板。

——坚持农民主体地位。充分尊重农民意愿，切实发挥农民在乡村振兴中的主体作用，调动亿万农民的积极性、主动性、创造性，把维护农民群众根本利益、促进农民共同富裕作为出发点和落脚点，促进农民持续增收，不断提升农民的获得感、幸福感、安全感。

——坚持乡村全面振兴。准确把握乡村振兴的科学内涵，挖掘乡村多种功能和价值，统筹谋划农村经济建设、政治建设、文化建设、社会建设、生态文明建设和党的建设，注重协同性、关联性，整体部署，协调推进。

——坚持城乡融合发展。坚决破除体制机制弊端，使市场在资源配置中起决定性作用，更好发挥政府作用，推动城乡要素自由流动、平等交换，推动新型工业化、信息化、城镇化、农业现代化同步发展，加快形成工农互促、城乡互补、全面融合、共同繁荣的新型工农城乡关系。

——坚持人与自然和谐共生。牢固树立和践行绿水青山就是金山银山的理念，落实节约优先、保护优先、自然恢复为主的方针，统筹山水林田湖草系统治理，严守生态保护红线，以绿色发展引领乡村振兴。

——坚持因地制宜、循序渐进。科学把握乡村的差异性和发展走势分化特征，做好顶层设计，注重规划先行、突出重点、分类施策、典型引路。既尽力而为，又量力而行，不搞层层加码，不搞一刀切，不搞形式主义，久久为功，扎实推进……

资料来源：中共中央国务院关于实施乡村振兴战略的意见. 新华社，2018年2月4日.

资料五　乡村振兴是我国“三农”领域一次深刻的变革，是我党重大战略部署

2018年2月4日，新华社受权发布了《中共中央国务院关于实施乡村振兴战略的意见》，这是党的十九大后首次发出的中央一号文件，也是改革开放以来第20个、21世纪以来连续15年指导“三农”工作的中央一号文件。该文件是新时代“三农”工作的总抓手，是乡村振兴战略实施的纲领性文件。值得特别关注的是，2018年中央一号文件有五个重要突出，为新时代乡村振兴战略的实施奠定了重要基础。

一、突出党对农村工作的领导，进一步夯实党的执政基础

党的十八大以来，我国农业农村工作取得了历史性成就，发生了历史性变革，粮食生产能力跨上新台阶，农业供给侧结构性改革迈出新步伐，农民收入持续增长，农村民生全面改善，脱贫攻坚战取得决定性进展，农村生态文明建设显著加强，农民获得感显著提升，农村社会稳定和谐，进一步夯实了党执政的基础，受到广大农民朋友的热烈欢迎。这些成就的取得来之不易，是在以习近平同志为核心的党中央的坚强领导下取得的。为了进一步发挥党在领导“三农”工作中的政治优势，2018年中央一号文件特别突出了党对农村工作的领导，对坚持和完善党对“三农”工作的领导进行了专题安排和部署。文件要求：“各省（自治区、直辖市）党委和政府每年要向党中央、国务院报告推进实施乡村振兴战略进展情况”“研究制定中国共产党农村工作条例，把党领导农村工作的传统、要求、政策等以党内法规形式确定下来”“强化乡村振兴规划引领”“制定国家乡村振兴战略规划（2018—2022年），分别明确至2020年全面建成小康社会和2022年召开党的二十大时的目标任务，细化实化工作重点和政策措施，部署若干重大工程、重大计划、重

大行动。”中央一号文件突出党对农村的领导，既体现了党坚持把解决好“三农”问题作为全党工作重中之重，也显现了党将重中之重在农村落地生根开花结果的行动，强化了党在乡村的坚强领导，为党的执政奠定了更加坚实的基础。

二、突出新时代乡村振兴战略顶层设计，绘制乡村振兴战略实施路线图

党的十九大报告提出了乡村振兴战略，广大农民翘首以盼乡村振兴战略落地开花结果。乡村振兴战略怎么搞，其目标、任务、原则和路线图是实施乡村振兴战略必不可少的重要问题。地方迫切需要乡村振兴战略顶层设计，指导乡村振兴战略实施。2018 年中央一号文件系统地回答了地方关切，给出了清晰的路线图，从新时代实施乡村振兴战略的重大意义、实施乡村振兴战略的总体要求以及提升农业发展质量、培育乡村发展新动能等十个方面进行了阐述，清晰地描绘出乡村振兴战略蓝图：2020 年，乡村振兴取得重要进展，制度框架和政策体系基本形成；2035 年，乡村振兴取得决定性进展，农业农村现代化基本实现；2050 年，乡村全面振兴，农业强、农村美、农民富全面实现。文件立足于当前，谋划于长远的 2050 年，给出了实现乡村振兴战略的清晰路线图，这是中央制定的新时代乡村振兴战略性顶层设计，是乡村振兴战略纲领性文件，展现了党高瞻远瞩的雄心，也展现了党脚踏实地、努力实现乡村振兴的信心和恒心。

三、突出质量兴农和绿色发展，构筑农业强国根基

乡村振兴需要实实在在的实体经济支撑，产业兴旺成为乡村振兴的关键之一。新时代乡村产业不能再走靠粗放经营、牺牲环境为代价的经济增长老路，必须坚持高质量发展，质量兴农、绿色兴农成为战略抉择，必须将其作为加快实现由农业大国向农业强国转变的重要手段。2018 年中央一号文件突出质量、绿色发展，将提升农业发展质量作为乡村发展新动能进行培育，提出将推进乡村绿色发展作为打造人与自然和谐共生发展新格局的重要途径。质量兴农、绿色发展的提出，意味着今后在涉农问题上更加注重质量和绿色，这将成为今后一段时间内涉农的主旋律。事实也表明，兴农的途径只靠增长速度是不完善的，必须有质量和绿色相互配合才能实现兴农可持续发展。今

后农业以质量兴农、绿色发展为重要手段，做强农业、做美农村和做富农民。当然，这并不意味着不要增长速度，而是要有质量的、绿色的增长速度，抛弃只要速度不要质量和绿色的观念。这既是兴农观念的转变，更是兴农路径的转轨，是我国由传统农业向现代农业转型升级的必经之路，对于将我国由农业大国变成世界农业强国，提升我国农业的国际竞争力具有十分重要的意义。

四、突出体制机制创新和制度性供给，保障乡村振兴战略实施制度通畅

2018年中央一号文件突出了推进体制机制创新、强化乡村振兴制度性供给。实施乡村振兴战略，必须把制度建设贯穿其中，靠制度机制来运作治理发挥作用，持续出台符合乡村振兴需要的制度是实践的需要，也是促进乡村振兴战略的政策性调控的需要。体制机制创新和制度性供给要以完善产权制度和要素市场化配置为重点，激活主体、激活要素、激活市场，着力增强改革的系统性、整体性、协同性。这就要求体制机制创新既要有针对性地解决实际问题，同时“不能头痛医头脚痛医脚”，要有综合性和宏观性，要有“牵一发而动全身”的全格局考量，提升体制机制创新的质量，可以为乡村振兴提供制度性保障。

五、突出繁荣兴盛农村文化，显现文化自信

2013年中央一号文件“深入实施农村重点文化惠民工程，建立农村文化投入保障机制”，是从投入的角度提出的。2014年“有效整合各类农村文化惠民项目和资源，推动县乡公共文化体育设施和服务标准化建设”，是从项目角度提出的。2018年中央一号文件提出乡风文明是乡村振兴保障，必须坚持物质文明和精神文明一起抓，提升农民精神风貌，培育文明乡风、良好家风、淳朴民风，不断提高乡村社会文明程度，具体提出了加强农村思想道德建设、传承发展提升农村优秀传统文化、加强农村公共文化建设和开展移风易俗行动。农村文化是中国文化的重要组成部分，在乡村振兴战略实施中具有不可替代的作用，只有符合农村文化的措施才接地气，才能提升效率。中央一号文件将农村文化提升到乡村振兴保障的高度，具有十分重要的理论与实践意义。结合农村的实际，因地制宜地繁荣农村文化，提升乡村振兴软实力，为乡村振兴提供强大的精神动能，更显现了文化自信。

2018年中央一号文件博大精深，五个突出只是展现了其中五个重要侧面，并不能涵盖全部文件精髓。乡村振兴是我国"三农"领域一次深刻的变革，是我党重大战略部署。乡村振兴既不能急于求成一蹴而就，但也不能消极懈怠坐等时机，要以只争朝夕的精神、顽强拼搏的努力逐步实现。乡村振兴前进的路上不可能一帆风顺，甚至遇到艰难险阻，需要"三农"工作者在以习近平同志为核心的党中央的坚强领导下，坚持不懈，用智慧和行动逐步将蓝图变成现实。农业要强、农村要美和农民要富，需要加快推进乡村振兴战略的实施并且落地生根、开花结果……

资料来源：姜文来. 中央一号文件为新时代乡村振兴奠定重要基础. 中国日报网，2018年2月7日.

资料六　实施乡村振兴战略是一项系统工程、长期任务

党的十九大提出实施乡村振兴战略，明确"产业兴旺、生态宜居、乡风文明、治理有效、生活富裕"二十字总要求。习近平总书记强调：实施乡村振兴战略是关系全面建设社会主义现代化国家的全局性、历史性任务，要坚持把实施乡村振兴战略作为新时代"三农"工作总抓手。2018年4月，台州科技职业学院成立乡村振兴研究院，我与研究院工作团队一起，走访调研台州市所辖九个县、市、区和市级机关几个职能部门，通过调研与学习，我对实施乡村振兴战略有几点粗浅的感受和思考，提出几条建议供大家参考。

一、要从台州改革开放以来发展的历史经验中汲取营养，增强乡村振兴的自信

改革开放以来，浙江人民在党和政府的领导下，秉持"自强不息、坚韧不拔、勇于创新、讲求实效""求真务实、诚信和谐、开放图强"的浙江精神，敢为人先，奋发进取，经济社会发展取得了辉煌的成就，浙江省成为沿海发达地区，台州大地发生了翻天覆地的变化。目前，台州市总体上处于省内中等发展水平。台州作为全国第一家股份合作制企业的诞生地，呈现出民营经济快速发展的"台州现象"，创造了市场化特征鲜明的享誉国内外的"温台模式"。

至2018年，台州人均GDP已达80 644元，三产结构5.4∶44.8∶49.8，

平均每11个台州人拥有1家市场主体，民营经济占总量的95%以上，拥有上市公司53家，其中A股上市企业数居全国地级市第4位。台州市是国内唯一拥有3家城市商业银行的地级市，50多个国字号生产基地遍布全市，74个产品在细分领域国内外市场占有率第一，全市拥有57个中国驰名商标，19个中国名牌产品。几十年来，台州在产业振兴、生态建设、文化发展、社会治理、基层党建各个领域都进行了有益的探索和实践，创造了许许多多浓墨重彩、可圈可点的先进典型。

台州的发展之路，最主要最集中的经验在于坚持农民主体、市场导向、政府引导、改革推动、创新引领、金融支持。改革开放和全面小康社会建设的生动实践、丰硕成果和丰富经验为台州社会主义现代化建设打下了坚实的基础。站在新的起点上，台州坚定地实施“山海水城、和合圣地、制造之都”和“现代化湾区建设”发展战略，向着“两个一百年”和“两个高水平”目标阔步前行。台州乡村振兴迎来了新的历史机遇，宝贵的历史经验将持续成为强大的推动力量，进一步推动台州政治、经济、社会、文化、生态发生深刻的变化，台州正以坚定的步伐走向“农业强、农村美、农民富”！

二、尽快形成乡村振兴规划体系，以科学规划开路

乡村振兴，必须规划先行。国家发改委已会同有关部门编制《乡村振兴战略规划(2018—2022年)》，分别明确至2020年全面建成小康社会和2022年召开党的二十大时的目标任务，细化工作重点和政策措施，部署重大工程、重大计划、重大行动。省、市、县、乡镇、村各级都应编制推进乡村振兴的专项规划或方案，对乡村资源要素的配置、土地开发利用、耕地保护以及经济、生态、社会的发展，有全面系统的考虑，形成纵横双向系统衔接、城乡融合、多规合一的规划体系，推动多规合一在村一级落地实施。

台州市乃至浙江省相对于全国而言，城乡一体化发展基础好、步子快，“千万工程”成效显著。乡村振兴规划完全可以对接美丽乡村规划，着重建设4 000个中心村，改造提升16 000个规划保留村，合理安排高山移民等撤并村、迁移村。当前各地乡村振兴呼声高，工作力度大，更要注意科学规划、循序渐进、扎实推进，避免脱离实际，重复投资，造成浪费，挫伤农民群众的积极性，影响党和政府的形象。没有科学规划为依据，乡村振兴难以抓住重点，也会迷失方向。因此，各地尤其要聚焦“尽快编制规划”和“编制科学规划”，建

立工作机制,落实工作责任。

编制乡村振兴规划,县、乡镇、村不同层级应各有侧重,县、乡镇层面的规划,重在总体把握、坚持原则、分类指导。村级规划,可以具体化,但要坚持因地制宜,倡导绿色生态理念,传承乡村民俗特色,发挥自身优势。各地要注意选择合适的规划编制团队,特别要注重当地干部主动参与规划编制,做到前瞻性、独特性、可操作相统一,科学性、合理性、群众性相统一。

要特别关注中共中央、国务院发出的《关于建立国土空间规划体系并监督实施的若干意见》和自然资源部印发的《关于全面开展国土空间规划工作的通知》(简称《通知》)。《通知》要求,科学评估既有生态保护红线、永久基本农田、城镇开发边界等控制线划定情况,进行必要调整完善。要集中力量编制好"多规合一"的实用性村庄规划,落实乡村振兴战略,有条件有需求的村庄应编尽编。各地要高度重视,深刻领会,积极行动。

三、突出产业振兴,坚持走融合发展之路

产业兴旺是乡村振兴的物质基础,是解决农村一切问题的前提。实施乡村振兴战略,必须牢牢抓住产业振兴这个重点。要始终贯穿融合发展的理念和要求,围绕产业振兴,加快推进城乡、"三农""三产""三生"融合发展,实现乡村振兴大融合。

推进城乡融合,以城带乡、工农互促、全面整合。在我省有许多城镇化、工业化发展水平相对较高地区的乡村,产业振兴的重点在于工业和服务业的转型升级。我省前些年的"四换三名""三强一制造"等政策措施已见成效,"腾笼换鸟、机器换人、电商换市、空间换土地""名企、名品、名家""做强质量、品牌、标准化和浙江制造"是产业、企业转型升级的途径,也是转型升级规律所在。各地"十个一"(一个产业一套班子、一个规划、一套政策、一个专业化园区、一批龙头企业、一批重点项目、一个公共技术平台、一个展会、一个行业协会、一个公共网站)推动块状经济向现代产业集群转变,也是被实践证明推动产业转型升级行之有效的做法,还要持续做下去。

办企业,有利润是硬道理。当今时代,我国很多地区已解决了生活必需品的供应问题,对企业而言,创造需求是创收的重要源泉,而需求的创造来自创新思维,创新是发展的第一推动力。资源有限,创意无限。要让创新技术、创新产品、创新服务、创新营销、创新管理、创新流程、创新模式,尤其是创新

人才成为时代风尚，刺激人们的消费欲望，挖掘潜在需求，创造现实需求，使企业在满足人们对美好生活的需求中实现价值，获得利润。历史经验深刻地告诉人们：科学技术是第一生产力，人才是第一资源，创新是第一动力！在新科技革命到来之际，大数据、互联网、人工智能等技术、设施和工具都是创新的要素和重要资源。实践深刻地告诉人们：要素涌流，才能创造更多财富。资金、人才、商品、信息都依靠流动，流动促进发展，流量为王。创造需求，就是创造流量，就是创造价值，就是创造财富。为此，我们可以这样理解和把握财富链：人才—创新—需求—利润。

各地大面积的城中村改造，创造了许许多多现代城市发展与产业振兴相得益彰的成功典型。温岭市在横峰街道等地实施成片区大规模拆迁改造，涉及十几个村、上万亩土地，探索的就是一条乡村城市化和产业现代化融合发展的乡村振兴之路。温岭市横峰街道等地开展成片区城市有机更新和各地全域土地综合整治试点，实质上是深化农村土地制度改革的试点与样板。

从事“三农”具体工作的同志都知道，国家决策层面对深化农村土地制度改革意见的导向是很明确的，目的在于改革推动、激活土地、促进发展，但实际进展并不理想，具体操作难度大，推不动。为什么？我们分析，提出改革建议的是政策智囊，规划权、指标分配权却掌握在不同的职能部门手里，要建设、要用地都要有规划、有指标，实践中多是由于规划不符、指标缺乏，而且调整烦琐而落不了地。

成片区改造、全域土地综合整治恰恰是寻找到、设计出一个载体，以创新的举措搭建了一个平台，破解了相关制约，解决了规划、指标关键问题，才闯出一条深化农村土地制度改革的路子，实现改革落地，为产业发展、城乡融合创造了条件。

推进农业农村农民融合，把产业、村庄、农民、资源要素全面聚合起来，促进其有机衔接，让农业产业、龙头企业、产地市场、农技服务和村庄建设融为一体。推进三产融合，使种养业和农产品加工、乡村旅游、电子商务、文化创意、健康养生等产业和业态紧密结合互动。我省耕地资源少，人均水平低，但精耕细作、精品农业、效益农业基础好。目前仍以农业为主的乡村，更要有三产融合发展的理念，着眼于解决农村人才、技术、资本和金融问题。如果人才、技术、资本、金融这四个问题能够得到有效解决，从三门县的设施养虾、天台县的大棚蔬菜、黄岩区的无土蔬菜、临海市的涌泉蜜橘这些典型案例看，

“万元田添个零”不是梦！产业振兴要致力于提高农民的组织化程度，创造更多、更优质、更有价值的产品或服务。这是增加农民收入的源泉，是生活富裕的物质保障。当务之急，各地要解决有效开展农民培训、农村金融供给不足、农产品品牌打造与营销，以及农村人才、资本、项目引进问题。

农民培训的有效性很值得探究。只有用心做方案、严密组织，在课程设置、师资配备、标准化技术推广、案例教学、实践训练等方面都做到精确到位，才会有针对性、吸引力，才能奏效。

台州目前拥有三家城市商业银行，加上诸多村镇银行和农商行，农村金融服务基础好，但农村金融需求空间还很大，乡村振兴、产业发展对农村金融供给有更大的期待。

农民增收源自更多、更优质、更有价值的产品或服务，所依赖的是农产品（或服务）品牌的打造与营销，品牌以品质与规模为前提，营销是一门科学与艺术，需要有团队、有人才下功夫进行专题研究，需要长期积累，也离不开持续创新。

农村人才、资本、项目引进是产业发展、乡村振兴的重要抓手、重要措施与重要途径，也是大难题、大文章，需要高度重视、综合施策、尽力而为。但又要科学把握，慎重选择，避免“煮夹生饭”、留后遗症，尤其是要注意贯彻绿色生态理念，以市场化为导向，坚持农民主体地位，坚持维护农民利益。在这方面，天台的后岸村、三门的潘家小镇和温岭的后岭花开项目都有成功的经验。

推进生产生活生态融合。要以生产功能为基础，充分展现农业的生态生活功能，使农业不仅提供物化产品，而且产出生态产品、健康产品，提高土地综合产出率，加强美丽乡村建设，把整个乡村打造成令人心旷神怡的大花园。

近年来，各地乡村振兴成功的典型和经验很多，但往往难以复制，而有些失败的案例却常常反复上演。可见，实施乡村振兴战略还是要从实际出发，因地制宜、扬长避短，按客观规律办事；还是要充分发挥广大农民群众的主体作用和首创精神，调动他们的积极性、主动性、创造性；还是要善于总结实践创造，不断完善顶层设计，引导发展。

四、着重补好扶贫、教育、生态环境三块短板，走全面发展之路

实施乡村振兴战略，坚持乡村优先发展原则，必须补好农村扶贫、教育、

生态环境三块短板，这是全面建成小康社会和建设社会主义现代化强国的必然要求。

据对台州市某县的调查，2017年，该县每100个农民中约有7个低收入人口，每100个农户中约有14个低收入家庭，这其中年老体弱、因病因残致贫的比例分别达到61.5%、64%。2017年，全省还有低保人口82.7万，其中农村58.2万。全省因病的低收入农户占40.2%，因残的占30.1%，有劳力的不到25%。由此可见，要使低收入农户实现增收，难度非常大，政府的压力很大、责任很重。因此，要按照坚守底线、保障民生、“一个都不能少”的要求，落实扶贫帮困综合措施，确保困难群众应保尽保，应扶尽扶，应助尽助。

众所周知，农村教育是短板。办好农村教育是乡村产业振兴的基础工作。劳动力文化素质是影响农民就业和收入的重要因素之一。要高度重视农村教育事业的巩固发展，落实教师编制向农村倾斜、改善办学条件、保障投入等措施，提高农村教育整体水平。农村教育落后带来的直接问题是劳动力素质低。据某县对18岁以上低收入农户教育水平的调查，文盲半文盲占12.3%，小学学历占22.9%，两项合计占比达35.2%。由于自身文化素质的限制，他们的市场经济意识不强，就业能力弱，勤劳不能致富、增产不能增收的现象时常发生。这就对有效开展农民就业培训提出了紧迫的要求。

多年以来，我省广大乡村大力改善水、电、路、通信、厕所、物流等基础设施条件，实施“三改一拆”“五水共治”“四边三化”和“蓝天、碧水、净土、清废”行动，农村生态宜居环境面貌大为改观。

习近平总书记对垃圾分类工作做出过重要批示，实行垃圾分类，关系广大人民群众生活环境，关系节约使用资源，也是社会文明的重要体现。推行垃圾分类，关键是加强科学管理、形成长效机制、推动习惯养成。2019年起，全国地级及以上城市全面启动生活垃圾分类处理工作，到2020年年底，46个重点城市将基本建成垃圾分类处理系统，2025年年底前全国地级及以上城市将基本建成垃圾分类处理系统。

我省在全国率先颁布《农村生活垃圾分类管理规范》，推行“四分四定”制度，但实际工作离规范要求仍然差距很大，问题相对突出。许多地方还在试点，一些地方不能长久坚持，还有不少地方受邻避效应影响，垃圾焚烧厂等垃圾处理设施建设严重滞后，垃圾围城现象屡屡发生。对此，各地应引起高度重视，要采取有力措施，切实加以推进。小垃圾、大问题。垃圾处理无小事，必须“党委重视、政府负责、分级管理、全民参与”，只有狠下决心，措施到位，坚持长期抓，抓到底，才能取得实实在在的效果。

五、建立健全乡村振兴工作机制，确保工作抓落实

实施乡村振兴战略是一项系统工程、长期任务，产业振兴是基础，人才振兴是关键，文化振兴是灵魂，生态振兴是支撑，组织振兴是保障，必须统筹协调、齐抓共管。要认真贯彻“五级书记亲自抓”的要求，系统谋划、明确任务，建立相应工作小组，打破部门壁垒、条块分割，实行项目化抓落实机制。要科学把握乡村的差异性和不同的发展走势，分类施策、典型引路。同时，要建立有效的督查考评机制，组织多方力量参与，营造共建共享的良好氛围，努力形成推进力度大、可持续发展的态势。

2019年5月17日，国家农业农村部和浙江省委省政府在杭州召开共建乡村振兴示范省工作座谈会，韩长赋部长要求浙江率先突破农业绿色化、优质化、特色化、品牌化、信息化，到2020年基本实现农业现代化，建设“农业绿色、农村美丽、农民高素质、城乡均衡发展”的乡村振兴示范省。时任浙江省省长袁家军表示，下一步浙江将大力推进科技、资金进乡村和青年、乡贤回乡村的“两进两回”机制，深入开展全域土地综合整治，全面开展数字乡村建设，加快推进城乡深度融合，建立乡村振兴指标、工作、政策和评价体系，将省部共建向纵深推进。

乡村是一片广阔的天地，乡村振兴大有可为。我倡议大家共同助力乡村振兴，我们期待农业成为美丽产业，田野成为靓丽风景，农民成为令人羡慕的职业，农村成为舒心的家园！

农业强、农村美、农民富，路在脚下！

资料来源：邱士明. 对实施乡村振兴战略的若干建议. 台州乡村振兴理论研究成果汇编2018—2020，2021年9月.

资料七　地方乡村振兴的动力源泉

党的十九大高度重视“三农”工作，提出实施乡村振兴战略。作为市人民政府主办的涉农高等院校，台州科技职业学院有责任和义务响应各级政府的

号召，助力地方的乡村振兴。为此，学院主动开启了以校党委书记为领队的“乡村振兴大调研”系列活动，旨在为台州的乡村振兴事业寻找源泉动力，总结经验路径，指明问题障碍，给出对策建议。经走访调研发现，台州市乡村振兴源泉动力充沛，前景可期。

一、党政有引领，有服务

“农村富不富，关键看干部”。9个县（市、区）一路走来，令调研组感触最深的是各级党政组织深入乡村一线引领发展，开展全方位服务。“因地制宜”“全域统筹”“一张蓝图干到底”“5＋2”“白加黑”“五心服务”“五皮招商”，既当“指挥官”，又当“排头兵”，大到县（市、区）全域工作的统筹规划与组织宣传，中到具体村落、项目工程的筹资开展与攻坚克难，小到个体百姓的动员培训与生活问暖，微到路旁花草的播种栽培与浇水养护，各级党政干部和党员群众的担当身影处处可见，奉献精神处处可感。

二、农民有诉求，有担当

“小康不小康，关键看老乡”。全面小康社会的建成，乡村振兴的全面实现，离不开老乡们的诉求与担当。台州第一个闯世界的、办企业的、做合作制经营的均是农民；改革开放以来，造就台州民营经济辉煌，挑起区域发展大梁的也是农民。市域54万余家市场主体，其所有者相当数量是农民或者由农民身份转变而来的新市民；乡村振兴起步过程中，发挥主体作用的还是农民。农民的主体参与和责任担当，造就了一座座的美丽乡村。

三、社会有支持，有协同

“众志成城，其利断金”。乡村振兴是中华民族伟大复兴事业的重要组成，因此，社会各界都应积极、主动响应党的号召、人民的需求，这点在台州展现得淋漓尽致。诸多高校响应号召奔走基层，小微金融精准发力为农惠农，新老乡贤广泛集结与村结对，两岸企业配合联动共谋发展。这里创建了全国首家乡村振兴学院，创办了全国首家“农村小微金融便利店”，率先全省开展了“万名乡贤帮千村”活动，领先全省获批设立了国家级农民创业园。

四、先锋有能力，有作为

“火车跑得快，全凭车头带”。乡村振兴的道路之上，各界先锋冲锋陷阵、创新创业，造就了一个个台州典范。他(她)们把消除集体经济薄弱村工作做到全省第一，实现了全区农村常住居民人均可支配收入增长全省第一，创建了全省最多的文化礼堂，打造了全省首个特色农业观光小镇，建成了亚洲首个全程自动无土栽培样板基地，启用了全国首个海捕虾全产业链海上加工中心，拿下了全省最多的农博会金奖，获评了年度全国“最美渔村”，上榜了“全国精品休闲渔业示范基地(休闲渔业主题公园)”，提出了“农村＋公司＋农户”的乡村旅游开发模式，示范了基于“三绿”的美丽乡村治理模式，把革命老区旧貌升级换了新颜，在“垃圾山”上建成了“生态公园”，在“低小散”传统工业聚集区中打响了全域改造、产业升级的攻坚战等。

五、区域有基础，有条件

“一方水土一方人，一方人筑一方城”。台州作为我国的“山海水城、和合圣地、制造之都”，具备山、海、水、城相互交融、无可比拟的生态基础，拥有历史悠久、沉淀厚重的“和合”文化基础，具有彰显现代、工业特色的民营经济基础。这里的农村普惠金融走在前列，民主恳谈深入基层，人民群众智慧勤劳。这里是我国股份合作制经济的发祥地，我国农民专业合作社的发祥地，我国民营经济最活跃的地区之一。这里具备支撑乡村全面振兴的优越条件。

总之，经多方调研，我们坚信，在各级党委、政府的规划引领、改革驱动之下，凭借区域的基础、条件优势，台州人民必将再造辉煌，率先、全面实现乡村振兴！

资料来源：李源龙. 由全域调研析台州乡村振兴之源. 台州日报，2018 年 8 月 1 日.

资料八 “牌子”战略香，农产品市场旺

数十年经济指标的起伏中，温岭的企业家、个体户们个个练就了一身搏击风浪的本领，问及诀窍，“牌子”两字常被人提及。“牌子”是温岭方言，指的

是商品的口碑、品牌。在温岭商人的眼里，做好产品质量，让“牌子”香起来，才能不断创造效益，保持发展活力。据悉，合作社(公司)、商标、农户“三合一”的生产经营模式，在温岭早已全面推广，并成功扶持出玉麟西瓜等农产品品牌。截至2017年年底，温岭玉麟西瓜合作社的社员已由2002年的起始社员19户发展到2017年的197户，种植面积达到3.5万亩，基地覆盖广东、海南、广西、江苏、云南等国内省份和缅甸、老挝等东南亚国家，销售网点覆盖全国23个省市的50多个大中城市果品批发市场。在合作社的带领下，台州共有4万多农户在全国各地从事西瓜种植……

一、玉麟西瓜品牌发展的过程

1. 注册商标，提升价值

1999年，在国内西瓜种植面积不断扩大，国外优质农产品冲击并存背景下，温岭市箬横镇政府设立农贸服务公司，设计了商标，注册了“玉麟”牌西瓜商标，并对商标的使用进行管理。农民生产的西瓜，必须达到验收标准，才准予使用。

2. 制定标准，统一质量

确定商标价值后，须对产品实行统一的质量管理，这一点在政府和农民中达成共识。农业部门从专业技术和质量安全入手，制定、发布了“玉麟”牌西瓜生产地方标准、技术标准、质量标准，并由成立的农民专业合作社组织实施，农民自律约束，政府部门实行监督。参照生产技术质量标准，当地统一了西瓜种苗、栽培、病虫害防治、采收和果品标准，不但改良和保证了西瓜的品质，还大大提高了西瓜的产量和经济效益。

3. 组织合作，共闯市场

在经营收益迅速提高背景下，农民种植玉麟西瓜的积极性高涨。2000年全市种植农户达到近万户，导致技术服务跟不上，且农户的西瓜难以有效对接市场，一度出现卖瓜难问题，相当一部分瓜农因此蒙受经济损失。针对问题，2001年7月，温岭市箬横镇政府组织农民自愿创立箬横西瓜合作社。合作社按照股份合作制方式开展生产、经营、管理和分配，积极发挥合作社连接农户与市场的桥梁载体作用，实现了西瓜的区域化布局、标准化生产、规模化经营、统一化服务、品牌化销售，不但有效地解决了西瓜小生产与大市场难以对接的矛盾，还使农户获得了西瓜产业化经营中的规模与品牌效益。

4. 市场营销，推广品牌

在夯实质量的基础上，温岭市政府继续考虑如何打造"玉麟"西瓜的市场品牌，以提高品牌的市场知名度、美誉度和占有率。于是，温岭市首创独具地方特色的市场推荐活动，先后在上海和杭州举行"玉麟"西瓜新闻发布会，邀请分管市长亲临现场卖西瓜，并且还与浙江电视台协作制作"玉麟"西瓜专题片，在7个省市级电视台32个频道专题播出，收到了显著的新闻广告效应，使得温岭"玉麟"西瓜在上海、江苏和杭州市场的知名度和占有率迅速提高。"玉麟"牌西瓜的市场形象迅速提升，2008年，"玉麟"牌西瓜畅销国内20个省市、50多个大中城市，产品供不应求，价格高出其他同类西瓜近1倍。

二、玉麟西瓜品牌发展的对策

1. 加强品牌保护，维护品牌形象

品牌是一种积累的过程，树立了品牌，还要维护品牌。政府部门积极做好品牌的保护和维护工作，加强农业部门与工商、质监等部门的协调，共享有关信息，制订联合行动方案，积极开展多部门、跨区域的联合打假活动，加大对假冒品牌的打击力度，坚决抵制各种盗用名牌违法活动。同时，鼓励和扶持农民、专业合作社建立品牌打假机制，设立完整的打假网络、打假情报系统，迅速、有效地收集市场假货信息，及时向政府管理部门举报，使假冒品牌无处藏身。此外，要抓住机遇进行保护性商标注册，提高知识产权观念，确保品牌可持续发展。

2. 加大科技投入，推进产品更新

科技是农产品创立品牌的重要前提。要积极推进以提高产品质量为核心的技术改造和技术攻关，提高技术装备和产品质量控制设施。实施良种工程，引进、培育良种，优化品种结构。阶段性的首要任务是西瓜品种的改良，要寻找适合的替代品种或进行科技攻关，改进嫁接西瓜品质，同时还要积极推广应用先进适用技术，提高技术到位率和普及率。加强人才队伍建设，重视人力资源的开发，提高农业企业家、农业科技人员、农民的整体素质，增强农业科技创新能力，为品牌发展补充后劲。

3.加大市场营销，开拓品牌空间

进一步扩大品牌的宣传，针对不同的消费群体，从农产品包装、市场定位、消费者信心鼓励、营销方法、文化内涵等角度，研究制定科学有效的品牌战略，强化品牌创意和营销策划，积极引进企业形象识别体系，塑造和弘扬农业企业文化。充分利用国内外农业展示展销平台、大众媒体等，开展“玉麟”品牌的宣传推介活动，努力扩大农产品名牌影响，打造品牌农业的宣传载体。抓好农产品流通，加快农产品批发市场改造、升级，积极培育农产品新型专业市场，扶持绿色农产品配送中心等现代物流业发展，广泛运用现代配送体系、电子商务等方式，增强品牌的信息沟通，增强农产品市场在品牌建设中的引导作用。

4.加强专业培训，保证品牌质量

在市场经济的条件下，没有质量就没有市场、没有品牌，更谈不上创名牌。要把农业标准化的理念和企业化的质量管理模式引入农业领域，通过标准化的手段来规范从种子到加工、包装的全过程，建立一套与名牌产品相适应的质量管理制度和办法，生产出产品外观统一、质量符合要求的优质农产品。要加强对农民的技术培训，以农村劳动力素质培训工程和科技入户工程为着手点，采取一对一结对、手拉手指导、面对面授课的方式，广泛开展西瓜标准化生产技术培训，确保西瓜生产质量。同时要鼓励支持产品开展有机食品的产地和产品认证，以及开展ISO9000、ISO14000、HACCP、GMP、QS认证，切实提高管理水平。积极建立农产品质量检测体系，加强对农产品全过程的监管，推行农产品市场准入制度，确保品牌农产品质量安全。

资料来源：

①方斌善.温岭玉麟西瓜品牌发展战略的调查分析[J].现代农业科技，2008(01).

②吴敏力.“牌子”香 市场旺：温岭品牌建设实践.中国台州网，2012年11月30日.

③孙超超.追着太阳种西瓜：浙江省温岭市玉麟果蔬专业合作社发展纪实[J].中国农民合作社，2019(02).

④台州市农业农村局.

资料九 三门城西村：九任书记一个梦

一、基本概况

海游街道城西村位于三门县城的“西大门”，1957 年建立党支部，至 2021 年已 64 年，在此期间 9 位村党组织书记始终不忘富民强村初心，一任接着一任干、一棒接着一棒传，带领村民持续推动村庄发展、改善人居环境、共创美好生活，促使全村实现从“一穷二白”到“村强民富”的华丽蜕变，先后获得“浙江省小康示范村”“浙江省农村经济强村”等荣誉称号。2020 年村集体经济收入 1 180 余万元，村民人均收入 8 万元。

二、主要做法

(1)群雁高飞我先行。群众富不富，关键看支部；支部强不强，关键看“头羊”。城西村的历任书记始终坚持对党忠诚、对党负责的定力，以身作则、艰苦奋斗、踏实工作。首任书记一干就是 24 年，在他的带领下，城西村因种粮增产成绩显著，于 1962 年被评为台州地区“农业生产标兵”。在他的影响下，村里先后发展了 30 多名党员，其中两名后来还成为村支书。

(2)因势利导促跨越。城西村历任书记直面困难求新思变、敢破敢立，接续念好“稳、富、活”三字经，在多种经营上实践探索。发展初期，在解决村民温饱问题后，推行“5＋X”农业生产队模式，变纯种粮食为经济作物互补栽种。20 世纪八九十年代，历任书记把握改革开放机遇，兴办村属企业，建成全县第一家农贸市场、第一家村办加油站，各类工商企业从 1 家猛增到 25 家，全村半数以上劳动力就地就业，成为全县首富村。进入 21 世纪，几任书记又把“建设幸福城西、乐享幸福生活”作为新时代新使命，从老有所养、学有优教、住有所安入手，持续提升村民生活品质。

(3)一心为民好书记。60 多年来，历任书记始终干净干事，没有一位书记在廉洁上出问题。第六任书记为了落实 108 套房子分配问题日夜奔波不息，自己明明有资格分得一套，为让村民信服，坚持不把自己列入分配计划。在私利与公利面前，历任书记总是先群众后自己，用廉洁自律赢得了村民的信任和支持。

(4)一张蓝图绘到底。历任书记坚持一任接着一任干、一张蓝图绘到底，在继承中不断创新发展。从首任书记开始，就有计划地做好接班人培养，提前在村“两委”干部中物色后备人选，八任书记中有七位是上一届村委会干部。在发展中，他们始终秉承换届不换方向、换人不换项目的发展定力，通过不断的努力，把村庄发展的美丽蓝图变为现实图景。

三、创新启示

启示一：坚持让支部始终唱主角，提升发展向心力。城西村走过的历程，本质上就是循着党的正确指引，在历任书记的带领下，村党组织充分发挥领导核心作用，团结群众接续奋斗的历程。

启示二：坚持任人唯贤，选优配强带头人。城西村的富强就强在始终都有一个好带头人。这归功于城西村选书记始终坚持“有大姓无派性”、任人唯贤，选配听党话、跟党走、口碑好、威信高、能致富、善带富的带头人。

启示三：坚持践行群众路线，调动村民积极性。在城西村不仅书记领着干部干，群众也紧紧跟着一起干。干群一条心、全村齐动手，从搞副业办企业到搞股改兴三产，从建新楼分新房到发福利分红利，从立规矩重践诺到敞开门商量办，一桩桩、一件件赢得了村民的信赖和支持。

启示四：坚持壮大集体经济，走共同富裕的乡村振兴之路。城西村历任书记有着一贯的发展理念，始终坚持强村、富民“两条腿走路”；有着一贯的发展思路，始终坚持壮大村级集体经济，不断让集体资产保值增值；有着一贯的发展路径，无论哪一任都注重发展集体产业，让致富有了有力抓手。

资料来源：共同富裕三十六法——台州民营经济高质量发展背景下共同富裕实践探索. 新台州，2021 年第 5/6 期，总第 318 期.

▶资料思考

楚汉战争中刘邦“以弱胜强”取得最终胜利的核心素养是什么？青年习近平身上的领导力及其潜质体现在哪些方面(结合阅读《习近平的七年知青岁月》一书和案例资料进行思考)？习近平战略思维的内涵要点有哪些？乡村振兴战略与决胜全面建成小康社会、全面建设社会主义现代化国家之间的联系是什么？我国实施的国家战略包括哪些？它们之间有什么区别与联系？乡村振兴战略出台的背景与前期基础是什么？如何理解实施乡村振兴战略是一项系统工程？如何理解与协调好规划与实施之间的关系？如何理解乡村振兴战略实施与农民主体、各界协同之间的关系？品牌战略在市场营销战略中处于什么地位？坚持任人唯贤，选优配强带头人的重要性为何？

▶资料启示

延伸学习，结合领导力的内涵与养成和战略的内涵与构成等进行思考。

【专题详述】

拿破仑说："一头狮子带领的一群羊，可以打败一只羊带领的一群狮子。"在创业实践过程当中，团队领导与战略决策能力是创业成败的关键。

一、领导

从创业者所扮演的团队角色和承担的具体岗位工作上来看，他必须是团队的领导者。成功的领导者要想实现个人与团队的目标，就必须领导好自己的团队成员。

1. 领导的概念

关于领导的概念，学界有以下几种较具代表性的观点。①从行为过程的角度进行定义。泰瑞认为：领导是影响人们自动地为达成群体目标而努力的一种行为。斯托格狄尔认为：领导是对一个组织起来的团体为确立目标和实现目标所进行的活动施加影响的过程。赫姆菲儿认为：领导是指挥群体在相互作用的活动中解决共同问题的过程。②从影响力的角度进行定义。坦南鲍姆认为：领导就是在某种情况下，经过意见交流过程所实现出来的一种为了达成某种目标的影响力。阿吉里斯指出：领导即有效的影响。为了施加有效的影响，领导者需要对自己的影响进行实地的了解。理查德·L.达夫特认为：领导是在领导者和追随者之间有影响力的一种关系。③ 从权力的角度进行定义。杜平认为：领导即行使权威与决定。科·杨认为：领导是一种统治形式，其下属或多或少地愿意接受另一个人的指挥和控制。弗兰奇认为：领导是一个人所具有并施加于别人的控制力。④从艺术的角度进行定义。孔兹认为：领导是一门促使其部署充满信心、满怀热情来完成他们任务的艺术。⑤从目标的多个角度进行定义。曾任美国国务卿的基辛格认为：领导就是带领他的民众，从他们在的地方，去他们还没有去过的地方。⑥从行为的展现形式角度进行定义。现代管理学之父彼得·德鲁克强调：领导者的唯一定义是其后面有追随者。⑦从领导行为的多个角度进行定义。刘永芳指出：领导是在一定条件下，指引和影响个人或组织，实现某种目标的行动过程。其中，把实施指引和影响的人称为领导者，把接受指引和影响的人称为被领导者，一定的条件是指所处的环境因素。领导的本质是人与人之间的一种互动过程。

2.领导力的内涵

领导者必须承担起激励团队热情、凝聚团队力量、指引团队前进、率领团队前行等多重任务，而这些任务的顺利完成都首先建立在领导者个人的核心素质——领导力之上。

(1)领导力的概念　与领导的概念相似，学界关于领导力(又称"领导能力")的概念阐述也是多种的。北京大学国家发展研究院管理学教授杨壮认为，领导力是职场人自身所渗透出的气质，而领导则是外界赋予的权利。德鲁克基金会在关于《领导者的对话》中指出：领导能力是把握组织的使命及动员人们围绕这个使命奋斗的一种能力。领导力是怎样做人的艺术，而不是怎样做事的艺术，最后决定领导者能力的是个人的品质和个性。领导者是通过其所领导的员工的努力而成功的。领导者的基本任务是建立一个高度自觉的、高产出的工作团队。领导者们要建立沟通之桥。网络上的一般概念为，领导力指在管辖的范围内充分地利用人力和客观条件以最小的成本办成所需的事，提高整个团体的办事效率的能力。

(2)领导力的构成　领导是一个涉及对象、目标和事件，条件、要素和情境以及认知、态度和执行的高度复杂性行为。美国领导力之父、组织发展理论先驱沃伦·本尼斯曾经这样说：领导力就像美，它难以定义，但当你看到时，你就知道。学界尝试给出领导力的结构模型，虽然大家的观点并不完全统一。例如，将领导力分解为学习力(领导人超速的成长能力)、决策力(领导人高瞻远瞩的能力)、组织力(领导人选贤任能的能力)、教导力(领导人带队育人的能力)、执行力(领导人超常的绩效能力)和感召力(领导人人心所向的能力)六种能力；从价值取向(重在明道，包括自我领导、共启愿景和学习型组织)、趋势把握(重在取势，包括战略思维、有效决策和创新与变革)、组织运营(重在优术，包括绩效管理、制度构建和流程管理)和人才发展(重在树人，包括识人用人、有效指导和激励人心)四个维度来阐释领导力的构成；结合团队角色的层次划分来阐述领导力的构成，从低到高依次为危机主管/会计、人际关系管理者/沟通者、管理者/组织者、推动者/影响者、整合者/激励者、指导者/伙伴和智者/高瞻远瞩等。

(3)领导力的21法则　人们渴望成为一名成功的领导者。然而，著名管理学家、哈佛商学院终身教授约翰·科特指出：我不认为领导力是能够教出来的，但我们可以帮助人们去发现并挖掘自己所具备的领导潜能。所以编者认为：在领导力的培养方面，我们(老师)能做的就是，协助学习者近距离接触领导者，分享关于领导力的“清单”，鼓舞他们的热情以及尽可能多地为其搭建实践演练与提升的平台。

享誉美国的领导力大师约翰·马克斯韦尔长期致力于帮助人们挖掘与发挥自身的领导力潜能。在《领导力21法则》一书当中，他以21项清单法则向世人阐释了有效提升领导力的关键方面，将抽象的领导力概念以具体而形象的方式呈现。

①盖子法则。盖子法则指出，领导能力决定一个人办事的成效水平。你想发挥更大的影响，就需要更大的影响力。领导能力常常是一个人及团体办事成效的盖子。如果领导能力强，盖子就高，反之，团体的发展潜力便会受到限制。个人和团体的成效与领导力的强弱成正比。在很多行业都可以看到一些聪明、有才干的人，但仅仅因为缺乏领导能力，使得他们的成就大大受限。

②影响力法则。衡量一个人的领导力，在很大程度上看他所发出的影响力。当人们愿意跟随你，哪怕只是出于好奇，都足以表明你已经是一个优秀的领导者，散发出领导的魅力。要成为一个领导，不仅自己必须在前面带头走，而且还得有人愿意跟随身后。职位不能叫一个人发挥领导力，反而是一个领导人能使职位发挥作用。

③过程法则。领导力来自日积月累，而非一日之功。一个人开发与提升技巧的能力，决定了他是否能够成为领导。开始察觉自己对事实的无知，乃是迈向知的一大步。人成功的秘诀之一是当机会来临时，你已经做好准备。领导不是一天养成的，必须投入毕生的功夫才能成就。

④导航法则。谁都可以掌舵，但唯有领导才会设定航线。不管你过去的经验多么丰富，仍然无法预知现今的一切状况。所谓领导，只是看得比别人仔细，比别人远，而且比别人早一步先看到。一个计划是否被接纳、得到支持并获得成功，其主要因素可能并不在于计划有多大，而是他领导得有多好。

⑤哈顿法则。真正的领导一开口，人们就洗耳恭听。真正的领导拥有权力，而不单是拥有职位。领导真正的考验不在于开始的时候，而在于结束时的地位。人们倾听，不见得是因为话语中所含的真理或信息，而是因为他们敬重说话的人。

⑥根基法则。信任乃是领导的根基。说到领导，不管你带领这群人有多久，绝对不能取巧走捷径。领导就是策略与品格二者的有效结合，其中品格尤为重要。欲取得人们的信任，领导必须是拥有能力、关系和品格这几种特质的典范。每个人的成就都无法超越他的品格上限。

⑦敬佩法则。人们只想跟随比自己强的领导。通常一个人的领导能力越高，就会越快地观察出别人身上领导能力的强弱。有许多方法可以衡量一位跟从者对领导的尊重程度，当一位领导在团体中发动重大变革时，就能考验出他所受到的尊重程度。

⑧直觉法则。领导善用领导的直觉来评估事件。一个领导的领导直觉常能使他从一般领导中脱颖而出，从而成为一个杰出的领导。成功的领导几乎都拥有直觉，他们习惯使用自己的领导直觉来评估每件事物。领导具有一种能够退到远处纵观全局的能力，不仅能够回顾过去，并且能够预测未来。

⑨磁力法则。物以类聚，你是怎样的人，就吸引怎样的人来跟随你。好的领导知道，成功的秘诀在于找到人才来弥补他的短处，这样他就能专心致志地做他较擅长的事情。如果他认为下属应该有更好的素质，那么这就该是他提升自己素质的时候了。

⑩亲和力法则。领导知道，得人之前必先得其心，在你要别人伸手支持之前，得先感动他们的心。与人亲善的秘诀在于认识到，即使在一个团体里，你也必须把人当成个体来看待。如果想要人跟随你，就不可低估与人建立关系所产生的力量。带领自己用头脑就足够了，带领他人，要用心才行。

⑪核心圈法则。核心圈的水平，足以决定你的成就。领导的潜力是否能够发挥，取决于核心成员的素质。如果这些人有能力，领导就能带出有极大影响的团队，否则，领导也无能为力。领导身边的核心圈足以影响领导，以及影响整个组织潜力的发挥。

⑫授权法则。有安全感的领导才肯授权予人。最好的主管懂得找到人才来做好计划中的工作，而且又能克制自己在过程中不横加干涉。你如果想做个成功的领导，就必须懂得授权。授权式的领导模式不依赖于职位权威，而是使所有人都有机会负起领导的角色，如此一来，他们就能轮番发挥自己的长处。

⑬增值法则。名师出高徒，只有领导才能带出领导。栽培其他领导的唯一方法，就是使自己成为更好的领导。组织成长的潜能取决于领导是否拥有更多良好的人才，领导人才越多，成功的可能性就越大。如旲你想继续成长而成为一个领导，就得花时间与最优秀的领导在一起。领导不会群聚在一起，你必须一次一个地把他们挑出来。

⑭接纳法则。想要人们认同你的想法，就必须先让他们接受你这个人。领导先找到目标，然后才能找到一群跟随者。而一般人却是先找到领导，然后才认同领导的目标。人们一旦拥护某人，就乐意跟随他的目标，人们乐意追随那些他们能够认同的人。身为领导，不能因为你做“对”的事就有功劳，成功是以你是否有能力带领众人前往他们认同的目标来衡量。

⑮制胜法则。领导必须为他的团队找出一条制胜之路。伟大的领导在压力下最能发挥潜力，而使他们内在的特质得以浮现。一个团队不管拥有多少人才及潜力，唯有当所有成员具有统一的目标时才可能成功。斗士的心态——为求生存而奋斗的精神，乃是创造本公司文化的原动力。

⑯动能法则。动能是领导最好的朋友。唯有那些能够引发他人动力的领导，才能够创造出动能。动能起动的时候最困难，而一旦开始前进，你就会发现真的可以做些惊人的大事。如果你渴望在团队中有所作为，千万不要忽视动能所带来的力量。动能真的是领导最好的朋友，只要你设法建立起动能，就有可能成就任何事情。

⑰优先次序法则。领导们必须明白，忙碌不见得就会有成就。身为领导，要把大部分的时间花在你最强的领域。如果你的团队中有人能承担你手中的工作，而且能做到你水平的八成，那么，就应该将它交出去。唯有当你的手下专注于真正重要的事项时，才能取得真正的成功。

⑱“舍”“得”法则。领导必须懂得先“舍”，然后才能有“得”。领导如果想扭转公司的命运，必须心甘情愿地付出代价才能把公司带上轨道。领导就是树立榜样，当你身处领导地位时人们可能会仿效你的每一个动作。有许多人想要成为领导，期待着能享有自由与权力，但他们完全不了解领导真正的本质乃是牺牲。领导者的牺牲很可能是一种持续的过程，而并非只是一次性的付出。

⑲时机法则。掌握时机与善用策略同样重要。当适当的领导配上正确的时机，令人振奋的结果就会产生。了解到该做些什么是一回事，而抓住时机却是另一回事。领导如果一再展现出他缺乏良好的判断力，哪怕犯的不过是些小错，跟

随的人就会产生动摇。

⑳爆炸性倍增法则。培养追随者,得到相加的效果。培养领导者,得到相乘倍增的效果。如果领导身边的人个个都有无穷的潜力,需要有人调教栽培,但领导却忙于自己在领导及经营上的成长,而无暇顾及培育周围的这些人才,结果,他们可能会埋没或流失。任何遵循“爆炸性倍增”法则的领导,将从跟随者的成长模式转换为领导者的成长模式。只要你肯培养人才,新的领导就会浮现出来。你所培养的领导越优秀,他所带来的追随者与领导的素质就越高,而且数量越多。

㉑传承法则。一位领导的历史地位有赖于顺利传承。领导力是无法委托别人来发挥的,你如果不运用它,就得放弃它。一个团队需要好领导的传承才能成功。成功不是看你眼前接手做什么,而是看你身后留下了什么。不管一个领导多么能干,他绝对无法孤军奋战。

二、战略

战略决策是关系组织全局和长远发展的重大问题的决策,是领导者的权力与责任,同时也是领导者的显著特征。作为领导者,你可以与主要成员商议决定,但最终决定,特别是关于战略层面上的决定还是要由你来做出的。

1.战略的内涵

战略(strategy)一词来源于军事领域。在西方,“strategy”一词源自希腊语“strategos”,意为军事将领、地方行政长官,后来演变为军事术语,指军事将领指挥军队作战的谋略。在中国,战略一词历史久远,“战”指战争,“略”指谋略。春秋时期孙武的《孙子兵法》被认为是中国最早的对战略进行全局筹划的著作。唐太宗李世民说:观诸兵书,无出孙武。兵法是谋略,谋略不是小花招,而是大战略、大智慧。

战略区别于战术,是一种从全局考虑谋划实现全局目标的规划。从量级上来看,战术充其量只是实现战略的手段。一般而言,争“一时之长短”,用战术就可以达到了。然而,倘若是争“一世之雌雄”,那就非得要从全局层面出发去谋划、规划了。由于战略是一种长远的规划,应对的是远大的目标,战略的规划、制定、执行与目标实现所用的时间往往是比较长的,过程也是充满艰辛的,在多数情况下需要奉献、舍弃与牺牲。此外,考虑到战略决策是关系全局和长远发展的重大问题的决策,是非程序化的、带有风险性的决策,在决策战略时要注意依靠集体智慧,进行严格的、全面的可行性论证，包括趋势、目标、时机、基础、条件、环境、挑战、风险、计划、规划、保障与实施等。

2.企业战略的内涵

当代社会，战略的概念与应用已经扩大到政治、经济、民生、科技、文化、教育、自然等各个领域。将战略思维运用到企业的创办经营当中，便产生了所谓的企业战略。

(1)企业战略的概念　国内外学者对企业战略有着不同的论述。例如，战略管理领域的奠基者之一——美国艾尔弗雷德·D.钱德勒教授认为，企业战略就是确定企业长远发展的方向和目标、选择达成目标的行动路径和为实现这些目标进行资源配置等。美国著名学者肯尼斯·安德鲁斯提出，企业战略是关于企业宗旨、目的和目标的一种模式以及为了达到这些目标所制定的主要政策和计划。有着战略管理鼻祖之称的美国著名学者伊戈尔·安索夫指出，企业战略是由产品市场范围、成长方向、竞争优势和协同效应四个要素构成的。战略是决策的基础，是企业为了适应外部环境对目前从事和将来要从事的企业活动所进行的重大决策。安索夫对企业战略的定义是从行动角度切入的，对战略一词的应用也是限定在"产品-市场"(即产品与市场的配合)这一层面上的。同时，企业管理领域著名的企业战略分析 SWOT 模型的基本思想也是源自安索夫。蔡根女等在总结借鉴的基础之上指出，从管理的角度来看，战略定义于计划的范畴，是企业长远发展的规划。而从决策的角度来看，企业长远发展的规划就是企业经营的战略性决策。故企业战略既是企业经营思想的集中体现，又是企业长期生存与稳定发展的行动纲领，是企业在分析外部环境和内部条件的现状及其变化趋势的基础上，所做出的企业发展的长远性总体规划。

(2)企业战略的类型　对于企业战略的研究，钱德勒、安德鲁斯和安索夫所做的贡献是奠基性的。此后，学者们的研究或多或少都可以在他们的研究中找到雏形。并且，随着研究的广泛与深入开展，学界对于企业战略的观点日渐趋同。总体上来看，企业战略是一种自上而下的、系统性的整体规划。规划主要涵盖确定的长远发展目标与任务，以及为了实现目标与任务而拟定的行动路线、方针政策和方式方法。显然，企业拥有了战略就相当于具备了明晰的目标方向和方法路径。

此外，学界还尝试从目标、层次和内容等多个方面对企业战略进行类型划分，以深入阐释其内涵。其中，获得较为广泛认可与推广的便是将企业战略划分为总体战略、经营战略和职能战略三个层次体系的做法。

①总体战略。总体战略又称企业战略、公司战略，是面向整个企业的最高层战略，指向组织整体目标和业务范围的规划，以满足股东、主要利益团体、顾客和企业内部各个部门的需要或期望。总体战略的关键内容在于决定企业应选择哪些业务，进入哪些领域。依据企业发展的态势，可将总体战略进一步划分为以下几种。

a. 稳定型战略。稳定型战略又称防御型战略，指限于经营环境和内部条件，在一定时期内企业所期望达到的经营目标基本维持在某一水平上的战略。实施该战略的企业遵循与过去相同的战略目标，保持一贯的成长速度，同时不改变基本的产品或经营范围。该战略的特征在于，企业投入少量或中等程度的资源，以保持现有产销规模和市场占有率，稳定和巩固现有的竞争地位，并提高现有条件下的经营效益。其战略优点在于，以安全经营为宗旨，不冒较大风险，成功的可能性较大。其缺点在于，若企业长期保守经营，以守为攻，会导致企业发展缓慢。并且，由于注意力长期集中在内部，企业很容易忽视外部的机遇与挑战，而在激烈的市场竞争过程中落入被动或落后挨打的局面。

b. 发展型战略。发展型战略又称扩张型战略、增长型战略或进攻型战略，是一种扩大原有经营领域的规模或向新的经营领域开拓的企业战略。发展型战略关注创新、开发、合并与开拓，企图通过企业的竞争优势来谋求企业的发展与壮大。该战略的特征在于，投入较多的资源，扩大产销规模，提升竞争地位，提高现有产品的市场占有率，或用新产品开拓新市场。该战略一般通过技术开发、产品创新、市场拓展和联合与兼并等途径来实现其战略目标。

发展型战略可进一步细分为以下几种类型：

一是集中型发展战略。集中型发展战略以发展单一产品或服务为主，以高于以往的增长速度来扩大企业产品或服务的销售数量、利润以及市场份额，常应用于企业产品或服务的需求上升期。该战略的优点在于，经营目标集中，管理方式简便，资源使用集中，企业高度专业化，容易获取规模经济效益，并以此为基础占据市场领先地位；缺点在于，环境适应能力差，企业经营风险大，如果产品或服务的市场需求萎缩，企业就会陷入困境。

二是纵向一体化战略。纵向一体化战略又称垂直一体化战略，即俗称的供、产、销一条龙的企业组织形式，是一种向前、后两个方向扩展企业业务的增长型战略。纵向一体化战略施行的目的在于加强企业对原材料供应、产品制造、分销和销售全过程的控制，使企业获得资源优势和消费优势，从而在市场竞争中占据优势地位。依据企业纵向一体化扩展的方向，可将纵向一体化战略进一步划分为前向一体化和后向一体化。其中，前向一体化指企业的业务向消费它的产品或服务的行业扩展，以更加接近最终消费者；后向一体化指企业的业务向为它的产品或服务提供作为原材料的产品或服务的行业扩展，以更加接近上游供应端。

三是横向一体化战略。横向一体化战略也称水平一体化战略，是指为了扩大生产规模、降低成本、巩固企业的市场地位、提高企业竞争优势、增强企业实力而与同行业企业进行兼并或联合的一种战略。横向一体化是企业兼并和集团化的一种组织形式，其实质在于资本在同一产业和部门内的集中，优点在于方便企业快速获得互补性的资源和能力，开拓新的市场，减少竞争对手，迅速提高自身的市场占有率，实现规模经济，获得竞争优势。

四是复合多样化战略。复合多样化战略是一种增加与企业现有产品或服务显著不同的新的产品或服务的增长型战略。战略的实施一般是通过对其他企业的合并、收购或合资经营来实现的。

c. 紧缩型战略。紧缩型战略是指企业从目前的经营领域或基础水平收缩和撤退，且偏离目标起点较大的一种经营战略。紧缩型战略是一种以退为进的战略，它为企业未来的战略转向奠定基础。一般而言，企业实施紧缩型战略只是短期的，其紧缩的目的在于抵御当前或即将出现的困境与威胁，间接谋求企业长远的发展。

紧缩型战略可进一步细分为三种子类型，分别为：

一是转向战略。转向战略指企业在现有的经营领域不能维持原有的产销规模和市场占有率，不得不采取的缩小产销规模和降低市场占有率，或者企业存在新的更好的发展机遇，对原有的业务领域进行压缩投资、控制成本，以改善现金流，为其他业务领域创造条件的战略。

二是脱身战略。脱身战略又称抽资战略，指企业将一个或几个主要部门转让、出售或者停止经营的战略。

三是清算战略。清算战略指当企业严重亏损，资不抵债，又无力扭亏为盈时，对企业资产和债权债务进行清算，转让整个企业以偿还债务、回收剩余资金，另行创建别的企业的战略。

②经营战略。经营战略又称经营领域战略，通常发生在事业部、分公司或“产

品-市场”层次上，是关于企业如何在特定的或细分的行业或市场上竞争并取得成功的战略。

美国著名企业战略学家迈克尔·波特将经营战略划分为三种类型：

a.低成本战略。低成本战略也称成本领先战略，是企业在提供相同的产品或服务时，将成本降到明显低于同行业平均水平或主要竞争对手的战略。低成本战略要求企业建立起高效的生产指挥系统和规模设施，在经验的基础上全力以赴地降低成本以及最大限度地减少不必要的开支，以低成本作为企业的竞争优势，使其在相同的经营规模下获取更多的利润。总成本最低的有利地位的获得，通常要求企业具备较高的相对市场份额、良好的原材料供应、领先的产品设计、较宽的相关产品线或者规模的顾客群体等。总成本领先地位非常吸引人，一旦企业赢得了这样的地位，较高的边际利润又可以支撑企业重新对新设备、现代设施等进行投资，这使得企业的总成本领先地位得以巩固、维持或者进一步地强化提升。

b.差异化战略。差异化战略指企业通过为用户提供与众不同的产品或服务，在行业中获得独树一帜地位的战略。采用该战略，要求企业在生产技术、产品开发、品牌设计、顾客服务或销售渠道等某个或某几个方面具有独特优势。如果差异化战略实施成功，企业不仅可以在行业内获得高于平均利润的收益，并且可以在避开竞争的基础之上，于特定的领域形成独家市场。不过，推行差异化战略有时会与争取占有更大的市场份额的战略相矛盾。因此，推行差异化战略往往要求企业对于该战略的排他性有思想准备。差异化战略与提高市场份额两者往往不可兼顾，其实施过程大多伴随着很高的成本代价。此外，即便全行业产业范围的顾客都了解了企业产品或服务的独特优点，也不代表所有顾客都愿意或有能力支付企业要求的高价格。

c.集中化战略。集中化战略指企业把经营重心集中于某个特定的顾客群体、某条产品或服务线的一个细分区段或者某一区域市场，以帮助自身在这些特定领域获取产品功能或生产成本优势地位的战略。实施集中化战略，可采取两种方式：一是着眼于在目标市场上取得成本优势，二是着眼于在目标市场上取得明显的产品或服务差异优势。因此，集中化战略可以看作低成本和差异化战略于细分目标市场上应用而形成的经营战略。只不过，不同于低成本和差异化两种战略，集中化战略的中心思想在于更好地为某一特殊目标群体服务。施行集中化战略的领导者们持有这样的观点：业务的集中化、专一化能够帮助企业以较高的效率、更好的效果为某一狭窄、细分或特定的战略对象服务，进而使得企业获取到高于平均利润的产品或服务收益和高于那些在较广阔范围内经营的同行企业或竞争对手的总收益。当然，企业在选择集中化战略的同时，往往也意味着他们选择放弃了获取整体行业市场份额的可能。

③职能战略。职能战略又称职能层战略、职能部门战略，是关于各部门如何通过充分发挥自身的职能来有效助推企业总体和经营战略目标实现的战略。职能战略为贯彻、服务与支撑企业的总体和经营战略，在企业的职能部门层面上制定，于部门的职能领域中施行。职能战略目标的率先实现是各种上级战略目标成功实现的前提，因此，职能战略制定的关键任务在于帮助职能人员明确自身在各级战略规划当中的角色与位置，并指引他们履职尽责、高效贯彻与服务支撑企业各级战略目标的成功实现。

(3)企业战略的选择

①总体战略的选择，分为稳定型战略的选择、发展型战略的选择及紧缩型战略的选择。

a. 稳定型战略的选择。稳定型战略在降低企业所面临的竞争与挑战的同时，也会降低企业获取发展机会的可能，因此该战略一般适用于市场需求与行业结构相对稳定或者较小动荡的外部环境当中。当然，有些企业在市场需求以较大幅度增长或者在外部环境当中不乏机会的情况下也会采取这种战略。一般来说，如果自身的资源状况不足以满足其抓住新的发展机会，企业会选用相对保守的稳定型发展道路。

b. 发展型战略的选择。寻求发展是企业这种有机组织体的本性。领导者们的强烈发展欲望是企业选择发展型战略的第一推动力。当然，在动态而激烈的市场竞争环境当中，选择发展型战略同样也是企业的一种求生手段。只不过选用这种战略并非那么简单，任何战略的选择都是有其相应的前提条件的。在选择发展型战略前，首先，企业必须对经济走势做一个较为细致的分析，良好的经济形势往往是这种战略得以成功的前提条件之一；其次，企业必须对政府的政策法规与条例约束以及其未来革新的方向做出判断，只有与它们相符合的战略才有可能成为真正的、可落地的发展型战略；再次，企业必须充分评估自己是否具备启动实施战略的软硬件基础和获得充足资源以满足战略未来需求的能力；最后，企业必须清楚地意识到战略一定要贴近企业的文化，如果一个企业的文化是以稳定为主旋律的，那么发展型战略的选择与实施就首先要克服企业自身的文化惯性与变革阻力等。

c. 紧缩型战略的选择。当企业预测或感知到经营阻力或威胁，并且采用稳定型战略尚不足以应对时，采用紧缩型战略不失为一种好的选择。当然，阻力或威胁的来源、种类与程度不同，企业应对的基础、决心与能力相异，企业的战略细分选择也会不一样。一般而言，只有当企业出现重大的内部问题或者外界环境急剧恶化时，企业才会选择脱身战略或清算战略以保存实力，不然转向战略不失为一种为了谋求更好的发展机会，调配增效有限资源的上佳选择。

②经营战略的选择。作为竞争层面上的战略，经营战略的选择需要在同步评估企业的资源与技术条件和战略实施对于企业的要求的基础之上来进行。

a. 低成本战略的选择。低成本战略主要运用在企业的产品或服务具备较大规模且成本降低潜力巨大，同时强大的竞争对手要求企业必须通过自身的努力来构筑起市场进入壁垒的场景。低成本战略的施行，通常需要企业投入大量的资本，拥有较为先进的产品设计与生产技术以及低成本的销售渠道，进行严格的成本控制，推行完善的责任管理制度，施行流程化的劳动管理以及量化的考核激励办法等。

b. 差异化战略的选择。差异化战略主要运用于企业在行业中占据优势或接近垄断地位，信誉与市场较为稳固的前提背景之下。企业为了谋求较高的边际收益，施行该战略。此时，通常需要企业具备先进的生产技术，强大的营销推广、培训学习、创新创造、组织协调以及人才吸纳与量化激励等能力。

c. 集中化战略的选择。集中化战略既适用于某些着力开展专项产品开发的大型企业，又适用于实力不够雄厚、在市场上只拥有局部优势的中小型企业。

③职能战略的选择。企业的职能部门有很多，比如市场推广、产品生产、研究开发、人事管理、账务预算与执行等。不同职能部门承载着不同功能意义的职能战略，这给企业的职能战略选择带来挑战。一般而言，企业在选择职能战略时应注意以下两个基本原则：一是，注重引导、激发各个职能部门的战略拟定与协同意识，既要督促职能部门科学拟定自身的职能战略，又要特别注意促成职能部门之间的战略协同，尽可能避免重复性的资源投入和无效的内卷消耗，进而保障企业总体和经营战略的顺利实现；二是，在充分考量总体和经营战略的规划与实施需求的基础之上，结合具体职能部门的功能与职责定位，职权与影响力的大小、种类与范围，人力、物力与财力的配备程度以及上级制度资源的支持与供给等情况，对职能战略进行综合评价与选择性支持。

【专题强化】

一、概念题

战略的概念。

二、选择题

1. 领导与领导者是上级组织赋予的权力与职位。（　　）

2. 用错一个人，特别是用错关键岗位的领导人，对一个地方、一个单位产生的负面影响并不是很大。（　　）

3. 企业各个层次战略之间是相互联系、相互配合的。上一层次的战略为下一层次的战略构建实施基础与环境，同时下一层次的战略又为上一层次的战略的目标实现提供保障和支持。（　　）

三、选择题

《领导力21法则》内容包括＿＿＿＿＿＿等。

A. 时机法则　　B. 动能法则　　C. “舍”“得”法则　　D. 传承法则

四、简答题

1. 理查德·哈格斯指出：“领导是教育和经验的产物。”谈谈你对这句话的理解。

2. 简述《领导力21法则》中“传承法则”的核心内容。

3. 简述战略与战术的区别与联系。

五、拓展题

1. 思考领导行为与管理行为的区别与联系（提示从广义和狭义的领导行为出发思考）。

2. 有学者指出，领导力的本质就是影响力，而影响力可区别为权力和非权力影响力。前者包括信息权、关照权、法定权、奖赏权、关联权和强制权，后者则包括互惠、一致、认同、喜好、专家和短缺等。请结合自己身边的案例，分享你对于权力和非权力影响力的理解以及提升这两种影响力的路径认识。

3. 有学者指出，在知识型、服务型企业当中，知识型员工的比例较高，刚性的管理制度、量化的考核方式以及强制的执行方式遇到前所未有的挑战，为此，企业亟待更新管理者的心智模式和工作理念，实现其由量化管理者向创新领导者的转型。请谈谈你个人对这句话的理解、认知与认同度。

4. 走进身边的创业者，发现与总结他们身上的领导力特征，并分享。

5. 自行查阅，了解创业学研究领域的“领导学派”和“战略学派”的核心观点。

6. 深入了解国家乡村振兴战略的内容与要义，并进行分享。

专题十一　宏观与微观环境

【专题导入】

▶专题寄语

虽有智慧，不如乘势；虽有镃基，不如待时。

——《孟子·公孙丑》

▶专题资料

资料一　从前我们都是运往外地销售，现在游客成了我们的主要销售对象

近年来，随着黄岩柑橘产业振兴战略的不断深化以及农旅结合、三产融合理念的迅速落实，黄岩的柑橘产业正逐步实现经济、社会、生态效益的同步提高……

“我们合作社刚成立那年，橘子的销量虽然大，但由于品质混杂，价格也比较低。现在橘农的精品意识提高了，通过使用人工挑选果形的方式，将精品果和普通果以不同的价格分开来销售，价格逐渐稳定，销量也越来越好。”村书记彭某说。据了解，凤洋村的橘园面积大约 1 300 亩，有十几家大型的柑橘专业合作社。合作社配备了数据检测、智能管控等先进的培育系统，栽种了本地早、红美人、由良、甘平等优良品种。

坐拥中国柑橘博物馆、中国柑橘博览园、黄岩名人馆等著名景点，凤洋村吸引了来自各地的游客，成为农旅结合产业的典范。“从前我们都是运往外地销售，自从 2010 年旅游柑橘采摘团队的兴起，游客成了我们的主要销售对象。”彭某说。从单纯的橘子销售到如今与旅游业的共同发展，澄江街道以“蜜橘”为主题，以橘产业、橘文化为目标打造了集农业观光、采摘体验、科普研学、文化休闲、乡村度假为一体的主题旅游风情小镇。游客采摘完蜜橘、欣赏完橘神雕塑之后，可以到附近的橘园风俗街烧烤野炊，也可以散步来到横跨永宁江的空中栈道上，欣赏两岸橘林美景。

此外，在中国柑橘博览园内，游客们可以了解橘文化的历史故事、科学技术。园内建设的科技教育馆已被列为黄岩区中小学生综合实践基地，是孩子们游玩和学习的天堂。“2015 年我们村的旅客人流量为 15 万人，去年已经达到 50 万人，今年预计还要增加。农旅结合的产业模式，不仅促进农民增收，也能让各地的游客尝到黄岩蜜橘的优良品质。”彭某介绍到……

资料来源：李寒阳. 产业兴橘，小橘子做出大产业. 台州日报，2019 年 11 月 8 日.

资料二　“五中心”“五服务”“三大类”，有力推进强镇富农

涌泉镇现有柑橘种植面积 5 万余亩，年产优质柑橘 6 万多吨。然而，在柑橘产业蓬勃发展的同时，却存在着橘农零散、中小合作社“量大个小”，经营主体之间规模差异悬殊，品牌建设缺乏规范性等问题。应对问题，临海市、涌泉镇积极行动，以区域和产业结合的方式成立了农合联组织，并以之为抓手，积极促进当地柑橘产业发展……

一、主要做法

(1)搭建“五中心”特色平台。一是，建立省级农业综合服务中心。积极承担行政授权委托、政府购买服务等职能，为农合联会员单位提供信息咨询、技术推广、人员培训、产销对接、资金互助等服务，加强行业自律管理，提高橘农组织化程度。二是，建立全国首家柑橘产业技术协同创新中心。与中国柑橘研究所等国内外科研教学机构合作，进行柑橘产业科学试验、技术研究、技术应用，成为临海柑橘产业技术研究和公关平台。加快柑橘产业技术迭代更新，为全镇柑橘种植户应用现代化、轻简化、节本增效性的作业系统提供帮助，进而基本实现标准化管理、精准化投入和精品化产出。三是，建立柑橘检验检测中心，引进国内首台柑橘信息化智能分选机，对水果外观与内部进行无损检测，完成糖度、酸度、颜色、大小、瑕疵等多级分选，精度达到国际领先水平。配备农残速测仪等设备，对有机磷和氨基甲酸酯类农药残留进行快速检测，保证农产品安全。四是，建立镇级电商服务中心，探索“互联网＋柑橘”

模式，成立临海市首家镇级电子商务协会，设立电子商务技术服务站，为橘农、创业青年免费提供网店指导、基础培训、照片拍摄等服务。五是，建立农民培训中心。依托农合联成立省级农民技能培训中心，配备2名中柑所研究生为专职咨询员，加强农村实用技术、农民技能培训和资格认证。

(2)构建“五服务”综合体系。一是，开展农产品安全快速检测。与橘农签订农产品质量安全责任书，推广“肥药双控”，提高精确施肥与用药技术，全面实施农产品质量可追溯体系认证。目前，省、部级示范性合作社已安装农产品溯源体系软件，全面建立起食用农产品安全“过滤网”。二是，实施柑橘品牌提升行动。以市场化、品牌化引领国内无核蜜橘市场，在“临海蜜橘”区域公用品牌的带动下，“忘不了”“了不得”“东海爆橘”“玉满园”等商标百花齐放、百家争鸣，拥有众多忠实粉丝。三是，创新柑橘产销模式。在线上、线下建立旗舰店，为橘农合作社和消费者搭建产销桥梁。农合联积极承接展会服务职能，组织会员参加农博会、展销会、商贸洽谈等活动，探索“O2O”“O2B”销售新模式，实现产销对接、农超对接、农企对接。四是，全面推进普惠金融。全面建立农村信用体系，阳光授信整村推进，让橘农享受50万元以下小额贷款全程便捷服务。成立全省首家资金互助社，率先开展合作社信用评级和农合联会员星级评定，引导经营主体做大做强，抱团防范金融风险。五是，搭建宣传信息平台。借助益农信息社和农民信箱平台，为橘农发送气象信息、种植技术、便民服务等内容，加快推动数字农业和农业信息化发展。借助微信公众号、微博、头条号等新平台新媒体，加大宣传力度，拓宽销售渠道。

(3)提供“三大类”人才储备。一是，“橘专家”聚集在生产链上。建立柑橘产业专家库，吸纳研究员、高级农艺师以及中柑所硕士等各类专家112人入库，专门从事柑橘种植研究。二是，“橘二代”活跃在销售链上。实施“橘凤还巢”行动，发挥亲缘、人缘、地缘优势，唤回310名善经营、懂技术的“橘二代”返乡创业。三是，“新橘商”吸附在产业链上。发挥辐射效应，培育了一批能够“迈开腿、敲开门、张开嘴”的职业化经理人，吸纳了一批会管理、善沟通、有良好客服精神的现代物流人才，招引了一批精通柑橘深加工、保鲜包装等配套产业的人才。目前，已吸引涉橘第三产业人才560人。

二、取得成效

一是，产业链条日趋完善。涌泉柑橘产业已全域实现生产、指导、信息、检测等标准一体化，为种苗培育、用药用料管理等环节提供了标准模板，并在国内拥有一支数量庞大的营销团队和经销渠道，让涌泉柑橘产业保持着独有的竞争力。二是，柑橘电商成效凸显。围绕柑橘发展构建起配套产业体系，顺丰、百世汇通等物流企业开设专线，快递费下浮25%，让涌泉镇成为中国无核蜜橘始发地。全镇共有电商从业人数5 000多人，网店400余家，全年网络销售额达2.48亿元，线上销售已占据总销售的半壁江山。三是，品牌影响力不断提升。临海蜜橘先后获得中国名牌农产品、中国驰名商标、中国国际农业博览会名牌产品。“忘不了”成为全国首个农民专业合作社申报的中国驰名商标，“岩鱼头”“三条岭”“涌泉”等品牌参加历次省部级评比，以其高品质屡获殊荣，远销海内外。

资料来源：罗艳红．小柑橘做出大产业．临海市农业农村局．

资料三　“坚持农民主体地位”，看台州怎么做

作为我国第一家股份合作制企业的诞生地，台州在过往时期于激发农民主体、造就工商民营经济辉煌方面为国家贡献了诸多经验。在乡村振兴战略的新时期主题下，台州又能贡献哪些经验呢？

一、民主恳谈，尊重农民给发言权

充分尊重农民意愿，切实发挥其主体作用，是台州推进乡村振兴工作进展的核心经验。其中，以温岭的民主恳谈最为典型。2018年6月18日，《光明日报》以《美好生活“谈出来”》点赞温岭的民主恳谈。当地村务，大到全村规划、三改一拆，小到庭院美化、生活琐事等都是恳谈会的讨论内容。恳谈举措在充分发挥当地农民配合度和积极性方面，发挥了巨大作用。以横峰街道全域改造项目为例，工作组通过挨家挨户恳谈，硬是把拆迁工作从初始的“要我拆”谈成了“我要拆”，创造了全域改造工作的“横峰速度”。

二、引归乡贤，委任担当给表率权

乡贤文化积淀了我国千百年来乡村治理的智慧。在乡村振兴战略下，台州积极对其注入新的历史内涵。据不完全统计，自2017年开始，台州率先全省开展“万名乡贤帮千村”活动，先后发动1.3万名乡贤与全市的1 988个经

济薄弱村实现结对全覆盖,帮扶资金共达到114.2亿元。自此,在众多乡贤的引领与帮扶之下,市域相当数量的村集体迎来经济的华丽转身,一大批空心村、薄弱村焕发新生机。台州此举引起了国内媒体的争相关注,乡贤参与乡村治理的“台州模式”成功登上《半月谈》杂志,为全省乃至全国的乡村振兴事业贡献了台州经验。

三、商事改革,优化服务给便利度

探索激发农民主动性与创造性的外在机制,为乡村产业振兴注入创业创新活力,是摆在各地方政府面前的重要课题。在新时期,作为我国民营经济发祥地之一的台州,继续以深化商事制度改革为重要抓手,通过持续优化创业创新环境,助力乡村产业振兴事业的发展。2016年5月,天台县为创新产业大松绑,首推民宿行业备案制,率先全省出台了《民宿登记管理暂行办法》;同年6月,台州设立全省首个京外商标受理处,为全市抢占品牌建设制高地打下坚实基础。2017年11月,市域农产品拿下全省最多的33个省农博会金奖;2018年5月,省工商局与浙江工商大学联合课题组发布的《浙江省区域市场主体准入环境评估报告》显示,台州市市场主体准入环境位列全省第一,工商登记注册效率位列全省第一。

四、“三权”确权,盘活资源给支配权

党中央强调,实施乡村振兴战略,要把维护农民群众的根本利益、促进农民的共同富裕作为出发点和落脚点。在农民主体、共同富裕的背景下,乡村产业兴旺的关键在于盘活农村、农民手上的闲置资源。而在“三农”问题的背景之下,农民手中的资源并不丰富。因此,稳步推进农村集体产权制度改革,合理开发利用耕地、宅基地等村集体所有资源,创新农村集体经济运行机制,对于乡村的产业振兴意义重大。近年来,台州市紧密围绕“三权到人(户)、权跟人(户)走”总目标,持续推进农村“三权”确权工作,健全了农村产权交易体系,收效明显。2018年7月,市域工作得到上级的充分认可,玉环市和黄岩区被农业农村部正式纳入“2018年度全国农村集体产权制度改革试点单位”。

五、“三位一体”，组织联合提话语权

在“低、小、散”农业产业现状之下，农业持续增收，农民获得感、幸福感、安全感不断提升的关键在于提升农业、农民的市场话语权。台州在充分认识本域农村现状、农业特点的基础之上，大力推进“三位一体”的农合联改革，实践探索农业、农村、农民的联合发展之路。全市相关工作推行迅速，效果突显，多个县（市、区）被纳入全省试点。其中，以临海市表现最为突出，于2017年作为唯一县级代表在全国现场会上做典型发言。

资料来源：黄彬红，李源龙．“坚持农民主体地位”，看台州怎么做．台州日报，2018年9月12日．

资料四　由案例调研析台州乡村产业振兴之要

“大调研”是推进全面深化改革实践的基础。通过深入台州市9个县（市、区）的19个精选村（镇）和26家典范企业（合作社、个体户）调研发现，市域各振兴主体实践积极，工作初见成效，其经验做法具备提炼总结与推广应用价值。其中，乡村产业振兴工作的经验要点分享如下。

一、“发展＋实际”双重考量，“市场＋政策”双重导向

在国家战略与产业供给侧结构性改革背景之下，乡村产业振兴的统筹设计与实施开展需要兼顾国家的战略要求与市场的演变实际。因此，地方政府只有做到“发展＋实际”双重考量——“因地制宜、因情施策”，坚持“市场＋政策”双重导向——“市场为主、政策为辅”，方可有效助力区域乡村产业振兴的尽早实现。纵观市内各典型乡村聚集县（市、区），其之所以能在全域振兴方面取得亮点成效，均离不开上述工作原则与做事方法。

二、“党建＋双创”双重选人，“引领＋服务”双重助人

创业是发展之源，创新是创业之基。乡村产业振兴的关键在于充分发挥创业创新人才的引擎作用。因此，乡村集体在推选、引育产业振兴带头人的过程当中，须重点考量候选人员的双创意识与能力。除此之外，更为重要的是，要充分考量其对于党的忠诚和人民的担当。选举集体要充分认识到振兴

战略对于解决“三农”问题、保障国计民生的重大意义。与此相呼应，被选主体、被引个体在履行职责的过程当中，除了实现自我振兴以外，还要积极发挥自身的引领与服务作用，带动周边百姓共同致富。纵观市内各典型乡村，其产业振兴工作之所以能够走在前列，皆源于此。

三、“党政＋村委”两级协同，“集体＋农户”两级主体

以国家战略为指引的产业振兴不同于以往的以个别意愿为基础的自发创业。乡村振兴的全面实现，是全党、全国、全社会的共同任务。因此，在乡村产业振兴进程当中，除了要充分发挥村委班子的主观能动性之外，还要充分激发地方各级党政干部的参与意愿和实干精神，进而牵引全社会力量的共同参与。此外，考虑到乡村工作的复杂性、农民群体的弱势性、产业要素的稀缺性以及传统行业的低、小、散特性，要统筹城乡力量发展乡村事业，还必须要做到“坚持农民主体地位”。要创新各种体制机制，出台各种政策办法，既要充分激活个体农户手中的闲置资源，激发其主体担当和参与意愿，又要充分保障其民主权利和根本利益。纵观市内各典范乡村，其产业振兴工作之所以能够顺风顺水，皆基于此。

四、“文明＋治理”双重筑基，“生态＋产业”双元并举

“乡村文明是保障”“治理有效是基础”，乡村生态振兴和产业振兴的全面实现，均离不开“文明＋治理”的双重筑基。此外，在产业供给侧结构性改革背景之下，地方乡村要发展“以规模、质量为前提，以绿色、美化为亮点，以品牌、特色为标志，以延伸、融合为创新，以效率、效益为目标，以可持续发展为远景”的现代乡村产（农）业，均离不开乡村生态环境的支撑。纵观市内各典范乡村，但凡能够在品牌农业、乡村旅游等产业项目实施中取得成效的，均在上述四个方面做足了工作。

五、“科技＋文化”双轮驱动，“业态＋模式”双重创新

“创新是引领发展的第一动力”。在“城乡二元结构”问题背景之下，乡村产业振兴工作的关键在于吸引科技、文化双下乡，以科技、文化或两者的融合来引领乡村产业的振兴，特别是新兴业态的诞生与商业模式的创新。纵观市内各典范乡村、企业，但凡能够于品牌农业、精品民宿、休闲观光农业、田园综

合体、"互联网+"农业、现代高效农业、新型加工农业、生物科技农业等领域取得突破性成效,实现跨越式发展的,皆出于此。

资料来源:李源龙.由案例调研析台州乡村产业振兴之要.台州日报,2018年8月29日.

▶资料思考

思考环境对于企业创办与经营的影响。归纳影响企业创办与经营的环境因素。

▶资料启示

从宏观和微观两个角度出发,归纳总结;在充分阅读、学习的基础上归纳总结。

【专题详述】

创业是一个高度动态的发展过程。不管创业活动的计划有多么完美,它都要受到各种内外环境因素的影响。

一、创业环境

环境是相对于某个主体而言的,是与特定主体相联系的。与特定主体相关联的周围一切影响因素的总和,就是这个主体的环境。因此,相对于创业活动而言的,与创业活动相关联的周围一切影响因素的总和,就是创业环境。

作为创业研究的重要内容之一,国内外学者针对影响创业的环境因素展开了研究。比较具有代表性的如下:《全球创业观察2005中国报告》提出从金融支持、政府政策、政府项目支持、教育与培训、研究开发转移、商业和专业基础设施、进入壁垒、有形基础设施、文化与社会规范9个方面来评价创业环境;Porter(1980)提出从进入壁垒、现有竞争者的竞争状态、替代产品的威胁、购买者的还价能力、供应商的还价能力5个方面来评价创业环境;Gartner(1995)从人口中近期移民的高比例、较大规模的城市区域、雄厚的工业基础、金融资源的可用性、工业专业化程度5个方面评价创业环境;Fred(2000)从政治和经济环境、转型冲突、不健全的法律环境、政策的不稳定性、非正式的约束、不发达和不规范的金融环境、文化环境7个方面评价创业环境；蔡莉(2007)提出了从科技环境、融资环境、人才环境、政策法规环境、市场环境、文化环境6个方面评价区域创业环境；周丽(2006)构建了由自然环境、社会环境、经济环境三大环境系统及政策法律、金融服务、智力技术、社会服务、产业五大支撑体系组成的创业环境评价指标；郭元源等(2006)从经济基础、服务支持、科教支撑、文化支撑、环境支撑5个方面构建了城市创业环境评价指标。

尽管学者们的研究观点并不一致，但是这些成果对于我们深入了解、认识与阐释创业环境的特点与内涵打下基础。首先，创业环境是一个复杂系统，可以从不同角度来阐释。如“环境”本身一样，它既可以解释为以大气、水、土壤、植物、动物、微生物等为内容的物质因素和以文化、观念、制度、行为准则等为内容的非物质因素，也可以解释为自然因素和社会因素，还可以解释为非生命体形式和生命体形式等。其次，研究的出发点或层次不同，创业环境的内容解析也就不同。例如，宏观层面上的创业环境研究更多关注的是创业的大环境，故学者们习惯于将创业环境的内容归纳为金融支持、政府政策、社会环境、经济环境和文化支撑等类似因素；而微观层面上的创业环境研究更多关注的是创业的小环境，故学者们习惯于将创业环境的内容归纳为进入壁垒、现有竞争者的竞争状态、替代产品的威胁、购买者的还价能力和供应商的还价能力等类似因素。当然，还有学者关注的是创业团队或企业内部的环境，比如团队文化、企业制度和内部资源与条件等。最后，全面而清晰地阐释创业环境是不容易的。学者们的不同观点恰恰印证了创业环境作为一种特殊的、动态的、前瞻性的、探索性的与创造性的人类的高级实践活动的外在环境，其内容是极其复杂与多元的，对其内涵的全面理解与阐释极其不易。

二、市场营销环境

尽管创业环境很难阐释，但是我们依然有必要向创业学习者们来展示它。当然，这需要选取一个相对容易理解与掌握的角度来切入。基于该需求，市场营销环境进入编者的视野——市场营销观念的演变历史很好地演绎了创业者们对于创业环境的认知加深过程，而这一被历史验证过了的关于创业环境认知的实践规律，到今天仍然具备普遍指导意义。换言之，创业者们对于创业环境的认知往往是由忽视到正视、由主观到客观、由微观到宏观和由片面到系统的，是对市场营销活动的开展、理解与重视帮助创业者们意识到了创业环境的重要性，并将对其理解、重视与认知上升到前所未有的高度。持有现代市场营销观念的编者认为，市场营销在创业活动中处于核心地位。一方面，市场催生创意。产品与服务的创意源于市场，而市场营销则是创业者们采集与验证创意和需求的最常规、最频繁与最可信的渠道。另一方面，营销界定创业。创新是创造新的价值，创业则是实现这个价值。正如台湾远东科技大学的观点——所谓创业，就是指把根据自己的创意变成具体现实的产品营销出去，并且能够从中赚钱。也就是说，从某种意义上来看，营销才是创业实践活动的起点。此外，除却价值兑现，一切将失去意义。从这个角度出发，企业的一切创办与经营活动都是服务于市场营销的，是市场营销使得企业更好地了解市场，倒逼自己依据实际情况对自身的生产观念、管理制度和经营活动等进行调整与变革。

那么，什么是市场营销环境呢？简单地讲，每个企业的市场营销活动都是在不断发展变化的经济社会环境中进行的，它既受到企业内部条件的制约，又受到企业外部条件的影响，这两种影响力量，就是市场营销环境。换言之，市场营销环境指向影响企业市场营销活动及其目标实现的各种因素力量。企业创办与经营活动的成功与否很大程度上取决于其市场营销活动的成效，而市场营销活动的成功与否又取决于它是否能够适应其周围动态变化着的市场营销环境，因此市场营销环境的研究对于企业的创办与经营是至关重要、具备指导意义的。市场营销环境广泛而复杂，学界对其内容与层次持有不同看法。综合各种因素，本书引介美国著名市场营销学专家菲利普·科特勒的划分方法，将市场营销环境划分为：宏观市场营销环境和微观市场营销环境（简称宏观营销环境和微观营销环境）。其中，宏观营销环境指向同时影响与制约微观营销环境和企业市场营销活动的环境因素，包括人口、经济、文化、政治法律、科学技术和自然环境；微观营销环境指向直接影响和制约企业市场营销活动的环境因素，包括企业内部环境、供应商、营销中介、顾客、竞争者和公众。两者的区别在于：微观营销环境对企业市场营销活动的影响和制约是直接的，宏观营销环境则往往是间接的。例如，经济环境的改变会影响到顾客的消费需求，进而影响和制约到企业的市场营销活动。

1. 宏观营销环境

（1）人口环境　市场是由具有购买欲望和购买力的人所构成的，因此企业在市场营销过程中首先应当注意的外部影响因素就是人口环境。一个特定市场的人口数量、结构与分布等都会对该市场的规模、结构与变动趋势等产生影响。

①人口数量。人口数量的大小和增长速度对市场营销活动具有较大影响。例如，人口多、增长快曾是我国人口环境的两个重要特征。人口多意味着市场大或发展空间大；增长快则一方面意味着市场发展速度快、潜力空间大，另一方面又预示着资源消耗的提速和加大，进而会间接抬升企业的生产成本，对产品的利润率产生影响。又如，发达国家的人口出生率下降，在对当地的儿童相关行业和整体市场产生不利影响的同时，却有利于当地休闲旅游业的发展，因为许多年轻夫妇有了更多的闲暇时间和可支配收入用于休闲旅游。

②人口结构。人口结构包括人口的年龄、教育、家庭、收入、职业、性别、阶层和民族等结构，它们共同影响着各类产品与服务的市场需求，进而影响着企业目标市场的选择。下文仅对年龄、教育、家庭结构进行简单介绍。

a. 年龄结构。年龄是市场细分的一个重要依据。不同年龄的消费者，其生理、心理、经历、爱好、收入水平和经济负担状况不同，消费的需要与模式也就存在不同。例如，老年人追求消费的方便和实用，强调产品的舒适和安全，不喜欢华而不实的东西，倾向于根据已有经验和习惯来选购熟悉的产品。故老龄社会的临近，将会对企业的产品设计理念和市场营销策略带来影响。

b. 教育结构。教育是通过正规和非正规、常规和非常规等的训练对受教育者施加影响的一种活动。教育程度的高低影响着消费者对于产品与服务的鉴别、接纳与使用能力，影响着消费者的审美观念和消费偏好，从而影响到企业的市场营销活动。例如，受教育程度高的消费者，在购买产品的过程中较为理性，并且容易接纳和掌握高新科技产品；而受教育程度低的消费者则相对感性，并且难以接纳和掌握高新科技产品。故企业在开展市场营销活动时，针对低教育程度人群不宜采用印刷品促销，而应更多地使用广播、电视、电影、动画和现场表演等比较直观的方式。

c. 家庭结构。家庭是社会的细胞，也是市场消费的基本单位。一个国家和地区的家庭单位和平均成员的多少等直接影响到家用产品的市场需求。例如，受到城镇化推进、计划生育政策施行和工作节奏加快等诸多因素影响，我国三口之家甚至单身生活的人群比例较改革开放之前有了大幅度增加。家庭规模的日趋小型化，显然给家庭用品行业带来了巨大的市场机会。

③人口分布。人口分布指人口在不同地区的密集程度，在宏观上通常可以从人口的城乡分布与地域分布两个方面来考察。市场消费需求同人口分布密切相关。一方面，人们的消费行为存在地区偏好与习惯。例如，在饮食结构与习惯方

面，北方人以面粉为主粮，南方人以大米为主粮；江浙一带的人喜甜，四川、湖南一带的人喜辣等。另一方面，人口流量的多少，影响着市场需求的种类和数量。例如，近些年伴随着城镇化的快速推进，东部沿海大中型城市迅速崛起，高速、高铁、航空、航海等交通运输行业蓬勃发展，我国不同地区间人口的迁移与流动呈现出不断扩大的趋势。人们源源不断地从农村迁移到城市、从内地迁移到沿海、从不发达地区迁移到相对发达地区，造就了规模庞大的人口迁移运动，也催生了“候鸟式”人口流动现象——“春运”。这种迁移和流动，对双方地区乃至沿线地区的市场会产生很大影响。

(2)经济环境　市场规模的大小受到有效购买力的影响，而购买力的大小又受到经济环境的影响。经济环境是企业市场营销活动的外部社会经济条件，包括宏观经济状况和消费者的收入水平、消费结构以及储蓄与信贷水平等。

①宏观经济状况。一个国家的宏观经济状况虽然不是企业市场营销活动的直接环境，可它对市场营销活动的影响却远远超过某些直接环境要素。这是因为，不同宏观经济状况有着不同的市场需求和消费方式、不同的产品和服务以及不同的分销渠道和产品销售方式。例如，就产品消费而言，在经济发展水平高的国家，其消费者在重视产品基本功能的同时，也强调产品的样式、品质和特色等，故企业需要进行大量的宣传与推广活动，采取品牌等非价格形式的竞争方式往往能获得更好的经营效益。与之相反，在经济发展水平低的国家，消费者则更多关注产品的基本功能和实用性，故价格成为主要的竞争方式。

依据美国经济学家华尔特·惠特曼·罗斯托的经济成长阶段理论，可将宏观经济的发展划分为6个阶段。

第一，传统社会阶段。传统社会阶段指生存经济的阶段。此时，生产活动中采用的技术是牛顿生活的时代以前的技术，看待物质世界的方式也是牛顿生活的时代以前的方式，社会似乎对现代化毫无兴趣。

第二，准备起飞阶段。准备起飞阶段指摆脱贫穷落后走向繁荣富强的准备阶段。它的特征是社会开始考虑经济改革的问题，希望通过现代化来增强国力并改善人民的生活。这一阶段的一个重要任务是实施经济体制改革，为发展创造条件。这一阶段的主导产业通常是第一产业或者劳动密集型的制造业，要解决的关键难题是获得发展所需要的资金。

第三，起飞阶段。起飞阶段与生产方式的急剧变革联系在一起，指向经济由落后阶段向先进阶段的过渡时期。在宏观经济发展的6个阶段当中，起飞阶段是最为关键的阶段，是经济摆脱不发达状态的“分水岭”，意味着工业化和经济发展的开始。在起飞阶段，随着农业劳动生产率的提高，大量的劳动力从第一产业转移到制造业，外国投资明显增加，以一些快速成长的产业为基础，国家出现了若干区域性的增长极。起飞阶段完成的标志是国家在国际贸易中的比较优势从农业出口转向了劳动密集型产品的出口，开始出口大量的服装、鞋、玩具、小工艺品和标准化的家电产品。

第四，走向成熟阶段。走向成熟阶段指一个社会已把现代化的技术有效地应用到了其大部分产业的时期。在这一阶段，国家的产业以及出口的产品开始多样化，高附加值的出口产业不断增多，厂家和消费者热衷新的技术和产品，投资的重点从劳动密集型产业转向了资本密集型产业，国民福利、交通和通信设施显著改善，经济增长惠及整个社会，企业开始向国外投资，一些经济增长极开始转变为技术创新极。目前我国已经进入这一发展阶段。

第五，大众消费阶段。在大众消费阶段，主要的经济部门从制造业转向服务业，奢侈品消费向上攀升，生产者和消费者都开始大量利用高科技的成果。人们在休闲、教育、保健、国家安全和社会保障项目上的花费增加，而且开始欢迎外国产品的进入。目前，主要的发达国家都已进入这一发展阶段。

第六，超越大众消费阶段。罗斯托对大众消费阶段以后的社会并没有一个清晰的概念，不过他认为该阶段的主要目标是提高生活质量。随着这个阶段的到来，一些长期困扰社会的老大难问题有望逐步得到解决。

②消费者的收入水平。消费者的购买力源于消费者的收入水平，但消费者并不是把全部收入都用来购买产品和服务，购买力只是收入的一部分。因此，企业在分析消费者收入水平时必须准确理解以下概念。

a. 个人总收入。个人总收入指消费者个人通过各种经济来源所得到的货币总收入，通常包括个人的工资、奖金、退休金、利息、股息、红利和租金等。

b. 个人可支配收入和个人可任意支配收入。个人可支配收入指在个人总收入中扣除税金和非税性负担后的余额。它是消费者真正可用于消费的部分，是影响消费者的购买力水平和消费支出结构的决定性因素。个人可任意支配收入指在个人可支配收入中减去消费者用于购买食品、支付房租及其他必需品的固定支出所剩下的那部分收入，一般还要扣除稳定的储蓄。这部分收入可作自由支配，是消费者需求变化中最活跃的因素，是影响高档、奢侈和休闲旅游产品销售的主要因素。

c.货币收入和实际收入。货币收入只是一种名义收入,并不代表消费者可购买到的实际商品的价值。所以,货币收入的上涨并不意味着社会实际购买力的提高,而货币收入的不变也不一定就是社会购买力的不变。换言之,唯有修正了物价因素的实际收入才能真正反映社会实际购买力的水平和变化。

③消费结构。消费结构指各类消费支出在总费用支出中所占的比重。大多数发达国家的消费结构特征是:基本生活必需品的支出在家庭总费用支出中所占的比重很小,而服装、交通、娱乐、卫生保健、旅游和教育等的支出在家庭总费用支出中占的比重很大;发展中国家的消费结构特征是:基本生活必需品在家庭总费用支出中占有很大比重,但这种情况会随着经济的发展、家庭收入水平的提高不断变化。

消费结构的特征决定了目标市场产品需求的构成,从而对企业的产品设计与经营决策产生影响。为了科学呈现各个国家、地区消费结构的阶段变化与发展规律,德国经济和统计学家恩斯特·恩格尔提出著名的“恩格尔定律”——如果需求函数中的其他因素不变,随着收入的提高,食物支出占收入的比重会不断减小。按照恩格尔定律,食物支出占家庭总收入的比重是衡量一个国家、地区、城市和家庭生活水平高低的标准。此外,人们把食物支出占总支出的比例称为“恩格尔系数”。恩格尔系数越小,表示生活水平越高,越大则表示生活水平越低。联合国为了衡量世界各国的富裕程度,曾这样规定:恩格尔系数在59%以上为贫困,50%~59%为温饱,40%~50%为小康,30%~40%为富裕,低于30%为最富裕。

④储蓄与信贷水平。进行宏观市场营销环境分析时还应看到,个人储蓄额及其占总收入的比重和可获得的消费信贷也影响消费者的实际购买力。

消费者个人储蓄的形式包括银行存款、债券、股票、基金、期货、外汇、贵重金属和手持现金等,这些都随时可以转化为现实的购买力。在一定时期内,货币收入不变的情况下,如果储蓄增加,购买力和消费支出便减少;反之,如果储蓄减少,购买力和消费支出便增加。换言之,储蓄意味着推迟了的购买力。储蓄额越高,消费者当期的购买力越低,同时对以后的市场供给造成压力。

与储蓄相反,消费信贷是一种预支的购买力。它使消费者能够凭信用取得产品使用权在先,按期归还贷款在后。消费信贷有短期赊销、分期付款和信用卡信贷等多种形式。发达的商业信贷使消费者将以后的消费提前了,这一方面大大刺激了当前社会的购买力,另一方面又可能催生所谓的“寅吃卯粮”这种对未来不利的现象。

(3)文化环境　文化环境又称社会文化环境，指一个社会形态的教育水平、宗教信仰、价值观念、风俗习惯、审美观念、语言文字、理想信念和道德规范等的总和。文化环境对市场营销活动的影响是全方位、多层次、渗透性与持久性的，是作用到市场营销活动的全链条与所有参与者的。它不仅影响到企业的产品设计、经营策略和营销习惯与风格，而且影响到消费者的消费需求、结构与习惯。当然，这些影响多半是间接的、潜移默化的，但同时又是难以撼动的。例如，我国的春节和西方的圣诞节是拥有着两种不同民族文化背景的大型传统节日。受到各自文化习俗的影响，双方企业和消费者在节日产品的供给与消费方面均存在较大的差异，并且这些差异是长期存在、经久不变的。以下将介绍文化环境中的主要方面。

①教育水平。一个国家或地区的教育水平受到当地的社会生产力和经济发展状况等的影响。同时，它又影响着当地居民的文化素质、收入水平、价值观念、审美观念、设计理念、消费偏好和消费结构等，从而影响到当地的市场营销活动。例如，一个国家或地区的教育水平会影响到当地居民的婚姻观念与婚礼习俗。在部分教育水平落后的地区，由于受到传统观念与习俗的影响，其婚姻和婚礼背后往往存在巨大的铺张浪费，这给当地生活并不富裕的家庭带来巨大的经济压力。

②宗教信仰。宗教信仰是精神信仰的一种，指信奉某种特定宗教的人群对其所信仰的神圣对象由崇拜认同而产生的坚定不移的信念及全身心的皈依。宗教作为社会文化的重要组成部分，影响和支配着其信仰者的生活态度、价值观念、风俗习惯和消费行为。在宗教教众的聚集区域，宗教组织对于当地市场营销活动的影响是多方面的。一方面，宗教信仰者拥有其独具特色的产品供给理念、市场营销观念和产品需求与消费禁忌；另一方面，作为重要的公共关系对象，宗教组织的精神信仰和文化禁忌还会对其周边民众的市场营销活动产生影响。例如，在我国的少数民族聚集地区，周边的商家在提供产品和服务时，一定要注意到当地少数民族群众的宗教信仰，规避其信仰禁忌，以免引发不必要的矛盾和冲突，从而影响到企业的正常经营。

③价值观念。价值观念一般指价值观，是基于人的思维感官而做出的认知、理解、判断或抉择，也就是人认定事物、断定是非的一种思维或取向，从而体现出人、事、物的一定价值或作用。价值观念具有稳定性、持久性、历史性、主观性与选择性等特点，对于动机具有导向作用，同时反映人们的认知和需求状况。在不同文化背景下，人们的价值观念存在差异；在同一文化背景下，不同阶层的人们所持有的价值观念也不相同。

价值观念对人们的消费需求和购买行为产生影响。针对持有不同价值观念的顾客群体，企业应研究并采取不同的营销策略。例如，亚洲文化把和谐共性放在第一位，西方文化则突出个性特点。因此，亚洲企业在产品的设计理念和包装宣传方面往往更加突出产品的共性，而西方企业则想尽办法突出产品的个性，利用设计和包装让自己的产品与众不同、吸引眼球。

④风俗习惯。风俗习惯是特定社会文化区域内历代人共同遵守的传统风尚、礼节和习性，是人们在长期生活中形成的习惯性的行为模式和规范，是人类世代沿袭下来的社会文化的一部分。风俗习惯遍及社会生活的各个方面，主要包括民族风俗、节日习俗、传统礼仪、消费习惯以及爱好与禁忌等。风俗习惯影响着消费者对于产品的种类、式样、色彩和图案等的需求与青睐以及他们所习惯的交易方式，从而影响到企业的市场营销活动。例如，春节期间，我国北方人喜欢吃饺子，南方人习惯吃年糕，这显然会影响到两地农业与食品企业的产品供给与营销策略。

⑤审美观念。审美观念又称审美观，在实践中常指某种美学观点，对某个美学问题或审美现象的基本看法。审美观念是人们在实践中形成的某种关于美的理性认识，是人们对于美丑、雅俗、好坏和善恶的评判，包括对艺术、音乐、颜色和形状等的品鉴。审美观念一经形成就具有相对的独立性，人们以一定的审美观念指导自身的创作和欣赏，影响其对于外来事物的品位、好恶与接受程度，比如什么是喜爱并梦想拥有的，什么是可以接受的，什么是不能接受的。

一个国家或地区的审美观念受到当地的政治、人口、经济和科技等环境的综合影响。在一个国家或地区被认为是美的，在另一个国家或地区则可能会被认为是丑的。即便是在同一个国家或地区当中，受到家庭、教育、收入和宗教等多重因素的影响，人们的审美观念也往往是多元而不同的。因此，面对持有不同审美观念的消费群体，企业在开展市场营销活动时需要做出匹配应对。

(4)政治法律环境　在任何社会制度下，企业的市场营销活动都必定受到政治法律环境的制约。政治法律环境由影响和制约企业市场营销活动的政府机构、法律法规和具有一定影响力的社会团体等构成。其中，法律法规是充分体现政府意志和统治力的强有力形式。

政治法律环境对企业的影响往往是深远的。例如，“双减意见”(中共中央办公厅　国务院办公厅《关于进一步减轻义务教育阶段学生作业负担和校外培训负担的意见》)的出台，对国内校外培训机构的业务影响是波及全行业且作用深远的。因此，企业在进行市场营销活动时必须密切留意国内外，特别是企业和市场所在地的每一项相关政策和法规以及它们未来的变化趋势和潜在影响，从而保障企业能够未雨绸缪、稳妥经营。换言之，在政治法律环境的影响与制约背景下，顺应经济社会发展趋势，跟随政策导向，遵守法律法规，诚实守信经营，方为企业持续发展之道。

企业在进行市场营销活动过程中，应着重关注以下政治法律环境因素：

①国际和国内政治形势。政治与法律环境相互联系，共同对企业的市场营销活动产生影响。其中，政治环境指向企业市场营销活动的外部政治形势，包括国际和国内政治形势。例如，政治局势（简称“政局”）——一个国家的政局稳定与否，会给企业的市场营销活动带来巨大影响。如果政局稳定，人民安居乐业，就会给企业带来良好的市场环境；与之相反，如果政局不稳，社会矛盾尖锐，秩序混乱，就会影响经济发展和市场稳定，给企业带来负面的市场环境。因此，企业在进行市场营销活动过程中，特别是在对外贸易活动中，一定要考虑东道国的政局变动和社会稳定情况。

除了政治局势以外，企业还应重点关注以下国际和国内政治形势要素，包括：政治制度、政党和政党制度、政治性团体、政党和国家的方针政策、政治气氛和贸易双方国家的国际关系等。其中，又以政党和国家的方针政策较为重要，包括目标国家的人口、能源、物价、财政、税收、货币和对外贸易政策等。

②与企业市场营销有关的经济立法。如果说政治环境引导着企业市场营销活动的方向，法律环境则为企业规定市场经营活动的行为准则。法律环境指向国家或地方政府所颁布的各项法律、法规、法令和条例等，它是政府管理经济、维持市场交易秩序的重要途径与手段，对规范和制约企业的市场营销行为具有权威性与强制性。一方面，企业必须按照法律法规要求开展市场营销活动；另一方面，企业只有熟悉法律条文，依法依规经营，才有可能运用好法律武器，充分而有效地保护自身的合法权益。

为适应经济体制改革、对外开放和经济可持续发展等的需要，我国制定和颁布了一系列经济类法律法规，例如：《中华人民共和国产品质量法》《中华人民共和国合伙企业法》《中华人民共和国外商投资法》《中华人民共和国公司法》《中华人民共和国商标法》《中华人民共和国专利法》《中华人民共和国税法》《中华人民共和国广告法》《中华人民共和国食品安全法》《中华人民共和国环境保护法》《中华人民共和国反不正当竞争法》《中华人民共和国消费者权益保护法》《中华人民共和国进出口商品检验法实施条例》和《中华人民共和国企业破产法》等。

③群众利益团体的发展情况。随着经济社会的持续发展和市场秩序的日趋完善，作为社会组织的重要组成部分，由志愿相同、兴趣相投和利益相关的一定人员所组成的各类群众利益团体在企业市场营销活动过程中所扮演的角色变得愈加重要。为了实现集体诉求，为社会公众、社区群众、消费者团体或企业经营者们争取权益，这些群众利益团体，如消费者协会、工会、行业协会、科学技术协会、社区组织和环境保护组织等，通过联合行动、咨政建言或舆论引导等途径对政府、大众、消费者和企业等施加影响、发挥作用。因此，企业在开展市场营销活动过程中，需要留心观察当地各类相关团体的发展情况和立场诉求。

(5)科学技术环境　科学技术环境指向科学技术的进步以及新技术手段的应用现状及其变化趋势。科学技术是社会向前发展的根本推动力，是一种“创造性的毁灭力量”。它不仅深刻影响到一个国家和地区的经济与社会发展程度，还从创新赋能、文化演进和习惯养成等多个方面影响企业市场营销活动的开展。因此，企业在开展市场营销活动的过程中，应密切注意、跟踪日新月异的科学技术环境。

(6)自然环境　自然环境是相对社会环境而言的，指的是由地域、水土、气候等自然事物所形成的环境，是生物生存与发展所依赖的各种自然条件的总和。自然环境不等同于自然界，它只是自然界的一个特殊部分，指向那些直接和间接影响动物社会的自然条件的总和。自然环境是经济与社会环境的重要基础，对人类的生存、生产和物质与文化生活均有重要意义。习近平总书记指出：“绿水青山就是金山银山。”这足以证明自然环境对于经济社会发展的重要性。因此，企业在开展市场营销活动的过程中，应密切留意目标地区的自然资源禀赋、特色、现状与问题以及当地政府和社会公众对于自然环境保护的意识水平与监管情况，并肩负起自然资源的有效利用、节约保护、探索开发以及循环再利用等责任。

2.微观营销环境

(1)企业内部环境　企业是组织生产和经营的经济单位，是一个系统组织。企业市场营销活动的构想与实施是建立在企业内部各部门之间的分工协作基础上的，没有良好的顶层设计和部门间的相互配合与支持是不可能进行的。

企业内部一般设有计划、技术、采购、生产、营销、质检、财务和后勤等部门。销售或营销部门与企业的其他部门之间既存在多方面的默契合作，也存在诸多的沟通、衔接、配合与磨合问题，甚至还存在一定的工作推诿扯皮、利益分配纠纷和人事职务竞争等矛盾与斗争。并且,由于各部门的工作立场与利益取向不同,有些问题矛盾往往难以协调。例如,生产部门关注的是生产定型的产品,他们青睐产品品类少、批量大、规格一致、标准明确和功能稳定等;而市场营销部门关注的则是产品是否能够及时地适应市场变化,满足目标顾客的多元需求,他们更青睐短、平、快、新、奇、特的产品,要求产品品类丰富、规格多元,能够快速地适应顾客的当下与个性需求。因此,企业在开展市场营销活动时要充分考虑企业内部的环境因素,经由顶层设计来统筹、协调和处理好各部门之间的矛盾、利益和关系。

(2)供应商　供应商指向为企业及其竞争对手提供生产特定产品所需的原材料、零配件、生产设备、能源、辅助材料、劳务和资金等资源的单位或个人。这些资源的供应情况直接影响到企业产品的产量、质量以及利润空间,从而影响到企业市场营销活动的开展。

①资源供应的及时性与稳定性。原材料、零配件、生产设备和能源等货源的保障供应,是企业市场营销活动正常开展的前提。例如,棉纺厂不仅需要棉花等原料来进行加工,还需要生产设备与能源作为生产的手段与要素。任何一个供应环节出现问题,都会导致企业的生产活动无法正常开展。因此,企业为了在时间上和连续性上得到货源供应的保证,就必须和供应商保持良好关系,及时了解和掌握其状况信息。

②资源供应的价格变化。原材料、零配件、生产设备和能源等价格的变动会直接影响到企业生产的成本。企业生产成本的上升,必然会影响到企业产品的定价、利润空间与竞争力,进而影响到企业市场营销活动的推行策略与实施效果。为此,企业必须密切关注和分析供应商资源价格的变动趋势,特别是周期性趋势。

③资源供应的质量保证。供应商能否供应质量有保证的生产资料,直接影响到企业产品的质量,进而影响到企业产品的销售量、利润以及企业的信誉。例如,劣质的葡萄原材料难以生产出质优的葡萄酒,劣质的建筑材料难以支撑起安全的建筑物。为此,企业必须了解供应商的产品,关注其产品的质量,从而间接保证自己产品的质量,赢得消费者与市场的信任。

鉴于供应商的重要性,企业在选择供应商和在与其合作的过程中一般要遵循以下原则。一是,树立双赢观念。选择优秀的供应商并建立起长期、稳定的伙伴关系。二是,对供应商进行分类管理。根据供应资源的重要程度、稀缺程度和供应量大小等对供应商进行等级划分,以便协调重点、兼顾一般。三是,加强信息交流与协作沟通。动态掌握供应商的相关信息,将自身的经营状况、产品的调整情况以及对供应原材料等的价格、时限、数量与质量等的需求及时反馈给供应商，以便充分协调双方立场，提升协作水平与质量。四是，从多方获得供应，使企业始终处在有利位置。做到不把“鸡蛋放在一个篮子里”，如果供应商的数量较少，要积极寻找供应商的代替者和备选者或原材料的替代品，以免企业在沟通谈判和讨价还价的过程中陷入被动。

(3)营销中介　营销中介是企业开展市场营销活动不可缺少的环节，指协助企业促销、销售和配销产品给最终购买者的企业或个人，包括中间商(指把产品从生产商流向消费者的中间环节或渠道，主要包括批发商和零售商两大类)、物资分销机构(指帮助企业保管、储存、运输产品的物流机构，包括仓储公司、运输公司等)、营销服务机构(指为企业营销提供专业服务的机构，包括广告公司、广告媒介经营公司、市场调研公司、营销咨询公司、财务公司和会计师事务所等)和金融机构(指为企业营销提供资金融通服务的机构，包括银行、信贷机构、信托公司、保险公司和证券公司等)。

鉴于大多数企业的市场营销活动都必须通过营销中介的协助才能顺利进行，企业必须重视营销中介的影响，并处理好同他们的合作关系。例如，企业生产集中与消费分散，大量生产与资金紧张、货架局限或产品滞销等的矛盾就需要依赖中间商的分销功能来协助解决。尤其是在市场同类产品供大于求，中间商同时与多个生产厂家保持合作的情况下，中间商关系的处理，包括其选择、沟通、激励、监督、调整和评价等就变得愈加重要。

(4)顾客　顾客就是市场，是企业市场营销活动的起点和终点。根据顾客(产品或服务的购买者)及其购买目的的不同，市场营销学家通常将市场划分为消费者市场、生产者市场、中间商市场、政府市场和国际市场五种类型。鉴于每种类型市场的产品需求、市场规模、市场占有率、购买心理、购买习惯以及发展速度等均不尽相同，针对不同类型的市场，企业应采取不同的应对策略。

尽管市场类型多样，但是不同类型的市场之间依然存在一些共性问题值得企业特别留意。一是，为顾客提供优质的产品和服务。顾客买单是为了给自己带来某种满足或享受，这一切首先取决于产品和服务的质量。如果在这一问题上有所闪失，那么企业的形象将毁于一旦。二是，认真听取顾客的意见。我们经常听到这样的一句话：“顾客就是上帝，顾客永远是正确的。”事实上，挑剔、无理取闹的顾客并非罕见，然而市场营销者仍然把这句话当作信条。因为这句话典型地描绘了企业与顾客的关系，说明企业在处理这一关系时要处在主动位置。企业应当充分尊重顾客的态度，了解顾客的需求，听取顾客的意见，哪怕是为了获取到准确的意见而暂时委曲或适当买单。三是，维护顾客的基本权益。维护顾客的基本权益，这本身也是企业信誉与形象工作的重要组成。20世纪60年代初，美国总统肯尼迪在给国会的一份报告中提出了四项有关消费者（顾客）的权利，现在这四项权利已经被世界很多国家所认可，分别为索赔权、知情权、陈述权和选择权。索赔权又称求偿权，其内容是只要产品和服务的提供者在客观上对消费者造成了人身、财产或荣誉上的损害，不管他在主观上是否有过错，受害者都拥有要求赔偿或获得救助的权利。《中华人民共和国消费者权益保护法》规定，消费者的索赔权包括超时服务索赔权、延误使用索赔权、精神损失索赔权、赠品质次索赔权、“三包产品”超期索赔权和产品退货索赔权。知情权指消费者享有知悉其购买、使用的产品或接受的服务的真实情况的权利。《中华人民共和国消费者权益保护法》规定，消费者有权根据产品或服务的不同情况，要求经营者提供产品的价格、产地、生产者、用途、性能、规格、等级、主要成分、生产日期、有效期限、检验合格证明、使用方法说明书和售后服务，或者服务的内容、规格和费用等有关情况。陈述权指消费者有权对产品的质量、款式、性能和价格等提出意见，并有权要求有关方面听取他们的意见。选择权指消费者有权挑选产品的式样和种类，有权不购买不喜欢的产品或服务。四是，引导与培养积极的消费者（顾客）意识。消费者希望与企业建立一种商品交换关系之外的关系。持有现代市场营销学观念的企业认为，现代企业有责任、义务、需要和必要营造一个良好、健康与稳定的消费环境。这一目标的达成，离不开对顾客进行现代消费意识的引导与培养。企业应尝试通过印发指导性手册、举办实物展览会、开展产品使用培训、开放产品陈列室和组建消费者俱乐部与粉丝群等方式来引导与培养一大批理性、健康、具有共赢与维权意识的消费者。

（5）竞争者　竞争者指那些与企业提供的产品或服务相似，并且所服务的目标顾客也相似的其他企业。从顾客消费需求的角度出发，可将企业的竞争者划分为愿望竞争者、一般竞争者、产品形式竞争者和品牌竞争者四种类型。其中，后两种竞争者属于同行业的竞争者。

①愿望竞争者。愿望竞争者指的是提供不同产品或服务以满足顾客不同需求的竞争者。例如，顾客努力工作了一段时间后想要休闲一下，他会问自己“现在我该做什么呢?”于是，运动、看电影、吃东西、旅游和买衣服等他所能想到且需要的消费需求之间便构成了竞争关系，这些产品或服务的提供者便成为对方的愿望竞争者。

②一般竞争者。一般竞争者指的是提供不同的产品或服务以满足顾客同一种需求的竞争者。例如，顾客当下的需求是吃东西，他会问自己“我要吃什么呢?”于是，比萨、糖果、水果和冷饮等他所能想到且能接受的消费需求之间便构成了竞争关系，这些产品或服务的提供者便成为对方的一般竞争者。

③产品形式竞争者。产品形式竞争者也称行业竞争者，指的是提供同类但不同规格、型号或款式的产品或服务的竞争者。例如，顾客当下的需求是吃糖果，他会问自己“我要吃哪种糖果呢?”于是，巧克力、水果糖和奶糖等他所能想到且能接受的不同形式的糖果消费需求之间便构成了竞争关系，这些产品或服务的提供者便成为对方的产品形式竞争者。

④品牌竞争者。品牌竞争者指的是提供同类和同种规格与型号的产品或服务的不同品牌的竞争者。品牌竞争者在产品或服务的质量、特色、服务或外观等方面展开竞争。例如，顾客当下的需求是吃奶糖，他会问自己“我要吃那个品牌的奶糖呢?”于是，大白兔、金丝猴和喔喔、佳佳等他所能想到且能接受的不同品牌的奶糖消费需求之间便构成了竞争关系，这些产品或服务的提供者便成为对方的品牌竞争者。

(6)公众　公众指对企业实现其市场营销目标构成实际或潜在影响的任何团体。现代企业是一个开放的系统，企业的市场营销活动必然与各种各样的社会团体发生千丝万缕的联系。公众对企业的态度既可以帮助企业树立良好的形象，也可能彻底摧毁它。因此，企业必须处理好与主要公众之间的关系，争取他们的支持与偏爱，为自己营造和谐、宽松的市场营销环境。

通常，公众主要包括以下七类。一是金融公众，指影响企业取得资金的任何集团，如银行、投资公司等。二是媒体公众，指报纸、杂志、广播、电视、IT 网络等具有广泛影响的大众媒体。三是政府公众，指影响企业的政府各行政机构及其官员和工作人员。任何企业都必须接受政府的管理和制约，都必须与政府有关部门打交道，如工商、财政、税务、治安、环保、卫检、海关等。四是群众团体，指各种消费者权益保护组织、环境保护组织以及与企业市场营销活动有关的其他群众团体。五是地方公众，指企业所在地附近的居民和社区团体。六是一般公众，泛指一般的社会民众和消费者团体。他们并不购买企业的产品或服务，但其态度深刻地影响着企业的“公众形象”。七是内部公众，指企业内部的管理人员及一般员工。一方面，企业的市场营销活动离不开内部公众的支持；另一方面，内部公众对企业的态度会间接影响到外部公众对企业的看法和态度。

【专题强化】

一、概念题

市场营销环境的概念。

二、判断题

宏观营销环境对企业市场营销活动的影响和制约是直接的。（　　）

三、选择题

市场营销环境的特点包括________等。

A. 客观性和不可控性　　　　B. 多样性和复杂性

C. 动态性和多变性　　　　D. 差异性和相关性

四、简答题

宏观营销环境和微观营销环境的内容区别以及两者之间的联系。

五、拓展题

自行查阅学习营销环境分析的相关方法，并做分享。

专题十二　创业计划与模拟

【专题导入】

▶专题寄语

成功属于梦醒后挥汗如雨的人。

——俗语

▶专题资料

资料一　项目凭借完善的创业计划书和出色的现场答辩折桂大赛

2019 年之前，当选村支书、保护古杨梅林、带领村民开酒厂的杨某虽然创业尚算顺利，但是也苦恼于如何打出自己的古杨梅酒品牌，将产品推广到县域之外。幸运的是，2019年台州市人民政府举办的首届“创赢台州”（乡村振兴）创业大赛为杨某提供了解决难题的平台与宣传产品的机会……

2019年11月12日，“创赢台州”（乡村振兴）创业大赛总决赛如期举行。与往年不同的是，此次大赛以“筑梦乡村，创赢台州”为主题，目的是深入贯彻党的十九大关于实施乡村振兴战略决策部署，有效推动城乡就业创业服务均衡发展，引导更多青年投身乡村创业创新，用乡村梦实现创业梦，助力乡村振兴发展。大赛自6月份启动以来，得到创业者们的积极响应，全市共吸纳了152个项目报名参赛。报名项目中不乏各个行业领域的优秀项目，如“茶产业创新之绿壳红”“上栈头乡村振兴”“智能化农月连栋钢架大棚”“海捕虾海上加工全产业链”“秸秆综合利用”“基于多元化个性需求的生鲜农产品基地直供营销模式”“曦禾生态农场智慧农业＋新零售”“云度乡村服务平台”“GIS智慧农业＆无人机”“高山有机农作物种植技术的研发和示范”“春泽桃源综合体”等。最终，经过三轮的激烈角逐，杨某的“古杨梅树一二三产业融合发展”项目凭借完善的创业计划书和出色的现场答辩折桂大赛。2020年5月，杨某在接受赛事指导老师回访时，对首届赛事的成功举办表示由衷感谢。“大赛对我们当然有帮助！截至这个月（在新冠疫情背景下），我的酒已完成了去年的销量，价格也翻了倍。”杨某讲到。

据悉，初尝创业赛事甜头的杨某，随后又连续参加了省首届退役军人创业创新大赛和第四批全国农村创业创新优秀带头人典型案例评选，并分别荣获二等奖和作为台州唯一人选入选。如今，杨某的古杨梅酒销路渐渐打开，不仅带动了周边杨梅种植大户的积极性，还吸纳了附近村民就业。随着电商的发展，杨某还准备和返乡大学生们一起再创业，扩大杨梅产业链，上线杨梅罐头、杨梅糖等新产品……

资料来源：

①杨春林折桂第四届“创赢台州”（乡村振兴）创业大赛.台州人社，2019年11月13日.

②仙居县全媒体新闻中心.你认识吗？台州唯一，入选全国荣誉榜单.仙居发布，2021年1月21日.

③编者指导实录.

资料二 事先做好规划，明确基地建设的发展目标导向

为做大做强大陈黄鱼产业，打响椒江海洋经济品牌，促进传统渔业转型升级和渔民转产转业，2017 年 11 月，椒江区政府出台《大陈黄鱼养殖基地建设扶持办法》，决定以建设大陈黄鱼养殖基地为平台，进一步加大政策扶持力度，推进大陈黄鱼养殖产业化发展。该办法事先做好规划，明确基地建设的发展目标导向，并同时出台了 12 条办法举措，从引导资金、用海项目、配套用地、产学研合作、扶持重大项目、支持合理融资、提高风险承受能力、鼓励优先聘用海岛居民、支持品牌创建活动、促进行业自律、加强基础设施和环境建设以及明确申请补助原则 12 个方面来保障规划的落地与目标的实现。

办法出台之后，经过 3 年的贯彻落实，文中规划得以有力推进，原定目标——“力争到‘十三五’末，把养殖基地建设成为全国领先、国际知名的大黄鱼生态养殖基地，‘大陈黄鱼’品牌成为国内外知名度极高的海产品品牌并争创‘中国驰名商标’”得以如期实现。2017 年，依托浙江省农博会，椒江举办了大陈黄鱼推介会专题宣传推介大陈黄鱼，椒江获评“中国东海大黄鱼之都”称号。2018 年，大陈黄鱼获评 2018 年浙江省优秀农产品区域公用品牌“最具历史价值十强品牌”，中国渔业协会授予大陈黄鱼“第二届中国国际现代渔业暨渔业科技博览会金奖”，椒江成功举办“中国第三届大黄鱼产业文化节”。2019 年，大陈黄鱼品牌成功收录农业农村部“全国名特优新农产品”名录，“大陈黄鱼”获浙江省农博会优质产品金奖，“大陈黄鱼”已成为台州的金名片。

据悉，截至 2020 年 7 月，椒江当地黄鱼养殖新装备的换代拓展、养殖新技术的推广应用，在全国黄鱼产业中首屈一指。大陈岛海域共有大黄鱼养殖企业 13 家，黄鱼养殖基地 8 处，大型铜围网养殖区 5 处，深水网箱 710 只，有效养殖面积 3 000 亩，最大的单个设施水体达 20 万立方米，总养殖水体超过 150 万立方米，年放养大黄鱼鱼苗 900 多万尾，年产高品质大黄鱼达 6 292 吨，产值超 5 亿元……

资料来源：

①关于印发台州市椒江区大陈黄鱼养殖基地建设扶持办法(试行)的通知(椒政办发〔2017〕205 号). 椒江区人民政府，2017 年 11 月 22 日.

②胡文雄. 大陈：打造省级黄鱼特色强镇. 台州日报，2020 年 7 月 13 日.

③椒江区农业农村和水利局采访实录.

资料三　这本身就是一个蓄谋已久的计划

“心不服啊，为什么辛苦种的橘子卖不出?”他仍记得父亲当时的表情，“像烂掉的橘子”。或许就是从那时开始，他的心里有了打算。按照冯某自己的说法，这本身就是一个蓄谋已久的计划。就算是他在2008年毕业，选择去上市公司工作的决定，也是这计划的一部分。他认为一毕业就回去卖橘子的阻力和风险都会很大。他想在这之前，先学习一家上市公司是如何维护并且推广自己品牌的。事实上，在2008年之前，他已经为自己这个计划埋下了伏笔。大学期间，他主导的课题论文《涌泉蜜橘品牌发展战略初探》，是第一篇系统研究涌泉蜜橘品牌的学术文章。“其实，我在下一盘很大的棋。”回忆以前，他有些得意。而他真正得意的是，“两年时间里，老冯家的橘子是怎么变成‘玉满园’的”……

2013年他被评为临海十大杰出青年提名奖。去领奖时，碰上团市委的人，对方说:“你的‘玉满园’现在成了一匹黑马。”他一笑，不置可否。他的父亲也觉得奇怪，在下了“军令状”的一年时间里，“这孩子还真弄得有点声响。”“你知道，索尼是怎么火起来的吗?”他问。“1964年东京奥运会成就了索尼，1988年汉城奥运会成就了三星。我起步低，是前年的省大运会成就了我。”这是他的得意之作。然而，这里面的过程，并不让他觉得得意。2011年，当他得知省大运会将在台州举办之后，索尼、三星的案例便浮上来——“都是4年一次，这个机会不能错过。”于是，他找到省大运会组委会，表达了意愿:“来参加比赛的所有人，我请大家免费吃橘子。”对方有些犹豫，在省大运会的历史上，似乎从没有过与土特产合作的方式。那天，组委会专门召开了一次会议，讨论这件事。冯某则等在会议室的外面，“对我来说，那天的会开得特别长，等宣判似的。”会后，他并没有得到肯定的答复，只是同意使用土特产合作的方案。组委会认为，“先买来吃了再说。”但最后，他的橘子通过了，甚至组委会同意他无偿使用这一次省大运会的logo作为“玉满园”的标志，他乐坏了。因为这次省大运会在台州举办，主办方特意设计了一个全身橘黄色，脑袋上面还有两片橘叶的橘子吉祥物。“好像给我量身定制似的。”他说，最终，吉祥物奔奔也成为玉满园商标之一。冯某亲自做了“玉满园”巨大的广告牌，打上“省大运会指定专用”，矗立在市体育场和83省道旁边，吸引了人们的眼睛:“那是什么橘子?”此后，随着赛事的进展，“玉满园”为省大运会提供的橘子和冯某一起出现在新闻上。对于这样的操作,也有人认为冯某是钻了空子,但他认为,“这只是营销的创新。”

当然,少花钱,并不意味着少办事。在这之后,冯某如法炮制。2012 年下半年,中国民营经济论坛在台州举行。他听说当天企业界李书福、经济界李克也会到场,便兴奋地提着橘子,又去找主办方。有了上一次积攒下来的人脉关系,这一次的沟通非常顺利。2012 年 10 月,临海举行梦想天下中国创新论坛,亚洲首善陈光标也来到台州。他又把老冯家的橘子摆上了座谈的桌子。甚至在会后,陈光标拿着他的 logo,用台州话帮他做宣传:好吃得曼。这条新闻成为各个网站、论坛疯狂转载的对象。这一系列操作之后,最直接的效果是,北京的一家水果代理商打来电话要求独家代理。

对话——什么样的阶段做什么样的事

记者:“玉满园”的今天,是你的一个高峰吗?

冯:还称不上高峰吧,毕竟也才刚起步。我在做这一系列事情的时候,也没想到会有这样的效果。当时可能更多想的是怎么把橘子品牌卖好。只能说,对于今天的收获,是有期盼的。

记者:有期盼,所以也有压力?

冯:当时的家庭情况,并不足以支撑我做更大的计划,所以我就想着怎么花小钱办大事,压力也主要来自这一块。每天挖空心思,在想办法。所幸的是,抓住了机会。

记者:你会不会觉得这两年的路过于顺利?

冯:我承认这两年,有运气的成分在里面。对于我来说,路还很长,而且运气也不可能一直发生在关键的节点上。所以,重要的还是提升自身素质。但我觉得这跟前期的充分准备也是分不开的。合作社刚成立的时候,自己既没过硬的牌子,又想着怎么才能抓品质。因为要发展社员,所以只能到处求人,一开始还真干不惯这种事,拉不下这个脸。但坚持之后,回过头去看,觉得也没什么,而且这个过程很历练我。现在,很多社员不请自来。另外,我要特别感谢原来的那家公司。如果不是当初在那里的工作经历,也许对一些事情的判断也没有现在这么准。

记者:有想过改变营销的策略吗?

冯:营销策略的实施,有时是要看自己手上有什么样的实力。对于我现在来说，实力还没有大到可以不眨眼地去大把花钱，还是需要勒紧裤腰带，一步一步稳扎稳打。什么样的阶段，做什么样的事，急不来。

记者：虽然“玉满园”现在有了一定的知名度，但大家谈起涌泉蜜橘，更多想到的还是“忘不了”，你会想着追赶吗？

冯：我觉得每个人对成功的概念不一样。“忘不了”很成功，这是人家做了很多年的成就，适合那个时代的路，但未必适合“玉满园”现在的市场环境。我也没有花几年时间超过谁的想法，“玉满园”有自己的路要走。我现在很幸福，很快乐，很充实，照顾小孩，带老婆出去玩。整天想着要超过谁，会过得比较不快乐。

记者：你觉得现在什么对你是最重要的？

冯：每一件事情，每一个人，都重要。如果你觉得，在你的生活，有一件事情对你来说是最重要的，那你肯定会失去很多。我想要的是，珍惜每一件事情，没有一件事情是不重要的，事与事之间，包括人与人之间，都会有关联。

记者：之前媒体报道你，喜欢用“从白领到农民”形容，你喜欢这样的称呼吗？

冯：对我来说，称呼无所谓。一开始选择卖橘子，是因为本身家里就是做这个的。如果我家里卖其他的东西，或许也不能做这个行业。但这两年走下来，我觉得农业创业还是一个能提供舞台的地方。现在的农业，已经不是以前的农业。

采访手记——梦想如同树上的果子

在提到“搞一个大学生农业创业基地”之前，冯其跟我说过“玉满园”的终极目标，“想把涌泉的橘子做成期货”。我听完，非常惊讶：“这玩意儿，搞大了，靠谱吗？”他很认真地看着我说：“真的，没什么不靠谱的。”直到这一次采访，再聊起此事，他说：“第一步的资金就需要 1 000 多万，所以现在要做更多积累的事。”然后是这个“创业基地”的事。他依然很认真地说，资金已经准备好，只是还差一块地，正在找。但我充满质疑：“这个创业基地，能赚钱？没有生意人真正愿意做赔本的买卖。”“我现在的梦想是把创业基地搞好，免费提供给大学毕业生做科研，一起参与一些水果品种的研发。我了解创业的艰难，所以想搭建这样的平台。”很显然，他对单单卖橘子、杨梅并不满足。但我总觉得，这一步迈得有点大。“梦想就如同树上的果子，成熟了，你不摘，它就烂在那里了，已经到了这一步。”他一本正经地说……

资料来源：周伟. 玉满园掌门人冯仁方——我就是个心大的人. 台州日报，2013年6月8日.

▶资料思考

创业计划的重要性；创业计划书的内容构成；创业实践模拟的起点与途径。

▶资料启示

到图书馆查阅相关书籍，找出你所认可的创业计划书模板；回顾创意、创新和创业三者的关系，调研了解国内现有的创意、创新和创业大赛平台。

【专题详述】

一、创业计划

硅谷著名创业家和风险投资家盖伊·卡韦萨基指出：“一旦他们将创业计划写到纸上，那些希望改变世界的天真想法就会变得实在且冲突不断。因此，文件本身的重要性远不如形成这个文件的过程。即使你并不试图去集资，你也应当准备一份创业计划书。”换言之，创业计划是帮助创业者厘清思路、评估创意与规避风险的关键。一份优秀的创业计划书不仅可以帮助创业者达到事半功倍的效果，还可以成为创业者叩响投资者大门的“敲门砖”。

1. 创业计划的作用

创业计划又称“商业计划”。概括起来，创业计划的作用在于以下几个方面：

(1)创业计划可以帮助创业者厘清思路、评估创意与规避风险。从某种意义上来看，创业是一个“不靠谱”的人，带着一群“不靠谱”的人，去做一件“不一定靠谱”，但却有“美好愿景”的事。诸多的“不靠谱”和“不一定靠谱”以及该句话中所提及的“美好愿景”贴切地描绘了社会上真实的创业状况——一方面，企业创业失败比例高居不下，永远没有一定可以成功的创意和百分之百靠得住的队友；另一方面，创业成功人士不仅可以获得丰厚的物质利益回报，还可以收获人们的尊重与赞扬。撰写并论证创业计划是一个有效防止创业者们因错误判断、思路不清或一时冲动而导致创业失败或弯路损失的很好的途径。

(2)创业计划是引领创业的纲领性文件和具体行动指南。一份好的创业计划相当于一个好的开始,也就是创业成功的一半。正如美国俄克拉何马州立大学创业学院院长布鲁斯·R. 巴林杰所讲的那样:“一份好的创业计划书可以节省创业者相当多的时间和金钱,减轻他们在商业概念形成之前,而不是在企业创建之后的心中之痛。”换言之,创业计划的一个重要作用便在于为企业初创者们贡献一份引领创业的纲领性文件和具体行动指南,以帮助他们达到步调一致、事半功倍的效果。

(3)创业计划是促进创业团队内部沟通、团结协作的重要途径。任何优秀团队的组建都需要经历一个磨合的过程,而创业计划的制订与执行过程显然可以促进团队成员的内部沟通与团结协作,进而达到统一目标、熟悉彼此以及明确各自的角色定位与责任分工的目标和效果。

(4)创业计划可以作为推销性文本,为创业者叩响投资者与协作者的大门。有关研究表明,是否拥有创业计划书与新创企业能否获得经济资助之间呈现出正相关关系。作为一种推销性的文本资料,创业计划书的一个重要作用就在于帮助商业孵化或融资机构快速而全面地了解企业,并以之为基础高效地完成对企业创业计划与实施基础的科学评估,进而促进双方合作的顺利达成。

2. 创业计划的制订要点

为使创业计划重点突出、内容清晰,在计划制订之初,创业者们需要对创业计划制订的“四个一”要点有所了解。

(1)一个好的创业名称　创业名称是创业项目所蕴含的所有或核心创意的高度概括,在创业计划书当中起到画龙点睛的作用。创业者一定要花精力为自己的创业项目起一个好的名称。该名称不仅要有丰富的内涵,还要能体现创业的属性和内容,并且要简洁明了、易懂好记、形象直观、引人瞩目。

(2)一项可行性论证　可行既是创业计划的前提假设,也是创业计划的实施目标。创业计划存在的核心要义之一便在于在计划实施之前对项目的可行性进行充分而全面的论证,而不是待项目实施之后追悔莫及。

(3)一份投资回报分析　商业冒险与可观利润是狭义创业的一体两面。投资回报分析,也就是利润的丰厚程度分析,是能否说服创业者和投资人开启冒险的核心关键。

(4)一套运作计划方案　作为引领创业的纲领性文件和具体行动指南,创业计划应该包含一整套具体的运作计划方案，包含具体的目标清单、问题清单、项目清单、经营策略、应对措施、保障机制、路线图、时间表和任务书等。

3. 创业计划的制订原则

为使创业计划能够真正付诸实践，其制订必须符合以下原则：

(1)市场导向　创业机会源于市场需求，创业实践锚定于市场盈利，故创业计划必须坚持市场导向，动态跟踪、紧密对接市场变化。

(2)经济可行　创业计划的经济可行体现在两个方面。一方面，创业计划的制订过程本身要经济可行。换言之，倘若计划制订比计划实施的投入还要高或占比过高，这显然不经济、不可行。另一方面，计划的内容要经济可行，可以付诸实践。

(3)逻辑清晰　初始创业的资源稀缺与高风险现实决定了创业者必须推演逻辑、思路清晰。在创业计划的制订过程当中，创业者必须清晰地了解哪些应该做、哪些不该做、哪些应该优先做等。"创业教育之父"杰弗里・蒂蒙斯对创业计划的制订提出下列建议：让所有管理团队成员参与创业计划准备；分析创业存在的风险以及可行性；分析企业存在的现实问题和潜在问题；从市场需求出发，把顾客放在首位；分析可供选择的融资渠道；分析股权结构和投资者的获益方式；研究目标投资者及其喜好，及如何引起潜在投资者的关注和兴趣；条理清楚、内容完整、简洁明快；尽快行动，将计划付诸实施；团队中不要有神秘人物，如现就职于其他公司、后加入本公司的人；不要讲模棱两可、不能肯定的话语；言语不要过于专业化；不要过分讲究创业计划的包装而忽略其本质内容；遇到现实需求时，不要把时间浪费在撰写计划上；投资未到位之前，不要认为自己已经成功等。

(4)客观明确　创业计划要尽量陈列出佐证信息和数据，信息和数据的来源要客观、真实，调研与加工处理方法要科学、严谨，表述与阐释要准确、到位，且便于理解掌握与实践运用。

(5)新颖独创　创业计划的构想要新颖且富有创意，商业模式与经营理念要创新独到，要争取以独创性、新颖性和前瞻性来打动投资人，增强团队成员的信心。尤其是在商业模式方面，创业计划一定要交代清楚企业的商业逻辑，即企业是如何通过产品或服务为顾客创造价值的，以什么样的方式来盈利的。

(6)完整一致　既然计划要用来引领创业和指挥行动，那么它就一定要完整、系统、易懂、可行，特别是要注意文本内容的前后一致、首尾呼应与逻辑演进，切不可出现自相矛盾的情况，导致事倍功半的后果。

4. 创业计划书的撰写目的

创业计划书既是企业创业的纲领性文件和具体行动指南，又是企业筹措创业资金的重要依据。总体上来看，创业计划书撰写的基本目的在于：

（1）研判商机　分析市场需求与风险，厘清企业创业的基本思路和预期目标分别是什么。

（2）确立战略　明确创业者为企业制定的战略目标、内容与实践路径。

（3）剖析关键　全面分析影响企业创业成败的关键因素。

（4）谋划资金　分析并确定创业资金的投入额度、预期回报、潜在风险以及筹措与退出的办法和途径等。

5. 创业计划书的基本内容

创业计划书是由创业者撰写的、包含企业创办所有内外部要素条件的书面材料。虽然各种来源的参考资料上的创业计划书的内容不尽一致，但它们基本都会涉及以下几个方面的内容：

（1）我们能为顾客提供什么，我们的新产品或服务是什么（从产业、产品和市场三个角度来分析），新产品或服务的竞争地位、核心价值是什么，即为什么这是一个有价值的创业机会。

（2）新产品或服务要卖给谁，顾客在哪里，顾客的需求痛点与特征喜好，顾客的采购决策单元，细分市场及其规模的大小，获取付费顾客的流程，顾客获取的成本，前十位顾客从哪里来等。

（3）如何设计、开发、生产和销售新产品或服务，新产品或服务使用的周期是怎样的，新产品或服务的定价策略，新产品或服务的销售流程，我们的研发、生产经营与营销计划。

（4）我们是谁，我们的核心优势或资源，我们的财务状况，我们团队的成员组成、分工与股权分配情况；作为创业者的我们，是否拥有开发创意、经营新企业所需的知识、经验和技能。

（5）我们需要哪些资源，如果需要筹资，那么我们要筹集多少资金，采用何种融资方式，资金如何使用，投资回报预期如何，创业者和投资者如何分配股权收益、如何成功退出。

（6）怎样赚钱，如何实现收益；我们的商业模式、市场机会切入的时间与空间，现在和未来面临的竞争与风险，以及应对竞争与风险的总体计划是什么。

6. 创业计划书的基本结构

一般而言，创业计划书由封面(标题页)、保密要求、目录、摘要(执行概要)、正文和附录几个部分组成。

(1)封面(标题页)　封面应明确创业项目的名称，体现企业的经营范围，包括创业项目的名称、企业的名称、徽标、地址、电话、邮件、网址和联系人以及计划书完成的日期等。封面的设计要有美感和艺术性，突出创业项目的标题文字，给阅读者一个良好的第一印象。

(2)保密要求　保密要求可放在封面，也可放在次页，主要要求审阅方、阅读方或投资方妥善保管，不得向第三方公开创业计划书。

(3)目录　目录是正文的索引，需要按照章节顺序逐一排列每章大标题、每节小标题以及对应的页码。目录可以采用文档编辑软件自动生成，一般保留至二级或三级小标题为宜。目录示例见表 12-1、表 12-2(两表均省略页码)。

表 12-1　××科技股份有限公司创业计划书(目录)

1. 执行概要	4.2　总体战略	8.2　利润表
1.1　公司	4.3　发展战略	8.3　现金流量表
1.2　市场	4.4　国际市场总体战略	8.4　资产负债表
1.3　生产与营销	5. 市场营销	9. 管理体系
1.4　投资与财务	5.1　销售策略与目标	9.1　公司性质
1.5　组织与人力资源	5.2　价格策略	9.2　组织形式
2. 项目背景	5.3　分销策略	9.3　部门职责
2.1　产业背景	5.4　促销策略	9.4　公司管理
2.2　产品概述	6. 生产管理	10. 机遇与风险
2.3　研究与开发	6.1　厂址选择与布局	10.1　机遇
2.4　未来产品与服务规划	6.2　生产工艺流程	10.2　外部风险
3. 市场机会	6.3　产品包装与储运	10.3　内部风险
3.1　目标市场	7. 投资分析	10.4　解决方案
3.2　顾客购买准则	7.1　股本结构与规模	11. 风险资本的退出
3.3　销售策略	7.2　资金来源与运用	附录
3.4　市场渗透与销售量	7.3　未来五年费用列支预算	1.“闪电贴”前期调研报告
3.5　竞争分析	7.4　投资收益与风险分析	2. 超薄打印电池核心技术
4. 公司战略	8. 财务分析	
4.1　公司概述	8.1　主要财务假设	

表 12-2　××创业计划书(目录)

1.执行摘要	5.市场计划	其他股东,权利及限制
对产品或服务的概念与商业机会和战略的描述	整体营销策略	专业支持,顾问及服务
目标市场和预测	定价	9.可持续性及其影响
竞争优势	销售策略	企业可持续问题
团队	售后服务保修政策	对环境的影响
投资建议	广告及促销活动	对社区及国家的影响
2.行业、公司及其产品或服务	配送	10.整体进度
行业	6.设计和开发计划	11.关键的风险、问题及假设
公司及有关概念	发展现状及任务	12.财务计划
产品或服务	风险和困难	实际损益表
进入和发展战略	产品改进及新产品研发	实际资产负债表
3.市场研究和分析	成本	预测损益表
顾客	专有技术的保护	预测资产负债表
市场规模及发展趋势	7.生产及运营计划	预测现金流分析
竞争及竞争优势	生产周期	盈亏平衡表及计算
市场份额及销售预测	地理位置	成本控制
市场发展评估	设施改进	亮点
4.企业经济效益	战略和计划	13.投资建议
毛利率和营运利润率	法规和法律问题	资金需求
盈利的潜力及持久性	8.管理团队	建议
固定、变动、半变动成本	组织	股价
达到盈亏平衡所需时间	核心管理人员	资金使用
实现正现金流所需时间	管理者报酬及股权	投资者的回报率
	其他投资者	14.附录
	聘用协议、股票期权及奖励计划	
	董事会	

(4)摘要(执行概要)　摘要是对整个创业计划书的高度概括,目的在于用最简练的语言将计划书的核心、要点、亮点与特色展现出来,吸引阅读者仔细读完全部文本。

(5)正文　正文是创业计划书的主体部分,包括主体和结论两大部分,用于介绍企业的基本情况、经营管理团队、产品或服务、技术研究与开发、行业与市场预测、营销策略、产品制造、经营管理、融资计划、财务预测以及风险控制等投资者所关心的问题。正文部分要求数据资料丰富、令人信服,内容重点突出、实事求是。

此外，正文的结论部分是对整个创业计划书内容的总结式概括，要和前面摘要部分首尾呼应，体现文本的逻辑性与完整性。

(6)附录　附录是对主体部分的补充。受篇幅限制，不宜在主体部分过多描述的，或不能在一个层面详细展示的，或者需要提供参考资料或数据的内容，一般放在附录部分，以供参考。例如，专利或专利授权证书、荣誉证书、营业执照和调查问卷等。

7.创业计划的展示技巧

精心准备和反复演练是创业计划展示的基础。巧妙构思的PPT，可以使展示获得满意的效果。

(1)展示准备　展示准备包括展示前的准备和展示过程中的准备两个方面。

在展示自己的创业计划之前，创业者首先需要搜集听众的相关信息，以便和听众建立各种联系。例如，通过搜索风险投资网站，可以了解参加展示的风险投资家或者天使投资者的信息，分析自己的创业计划和这些听众之间是否存在某种联系，或者展示者本人与这些听众之间是否有个人联系。如果创业计划能够和听众的某些计划或活动联系起来，或者展示者能够和听众建立起兴趣爱好或朋友关系，那么展示工作就会达到事半功倍的效果。此外，提前决定由谁来负责展示、实地考察与熟悉展示场地、准备与展示内容和场合相符的服装以及反复演练展示内容都是准备阶段应该做的工作。

展示过程的核心关键在于展示的人，而不是展示的幻灯片，因此幻灯片可以做得简明扼要，只提供展示的总体框架以及强调发言内容的重点。而展示人要将听众的注意力吸引到自己身上，要想方设法使展示过程生动有趣、充满激情。麻省理工学院的一项权威调查表明，沟通涉及三个层面：视觉(身体语言)占55%，声音(语音语调)占35%，口头表达(用语用词)占7%。故在展示过程当中，展示者需要适时而巧妙地向观众提问，或有意停顿，或改变语调，或运用自己的动作与表情来吸引和鼓舞观众，以提升与观众互动沟通的效果。

(2)展示内容　总体上来看，展示内容的重点一定要放在观众而不是演讲者感兴趣的地方。另外，展示PPT应尽可能地简单，“6-6-6”是一个值得借鉴的思路，即每行不超过6个词语，每张不超过6行，连续6张纯文字的PPT之后需要一个视觉停顿(可采用带有图表的PPT进行停顿)。此外，一场20分钟左右的演讲以13张PPT(包括标题页在内)为宜。13张PPT的内容建议如下：

第一张:标题。包括项目的标题、企业的名称/标志、创始人的姓名和联系方式等。

第二张:概述。对企业的产品或服务进行简要介绍,对演讲要点做一简介,对该项商业活动带来的潜在效益,包括经济和社会效益等进行简单说明。

第三张:问题。说明亟待解决的问题(问题在哪儿,为什么会出现问题,如何解决问题),特别是通过调查证实的问题(潜在顾客的需求是什么,专家有哪些建议)以及问题的严重性如何。

第四张:解决办法。说明企业的解决方案与其他解决方案相比的独到之处,并展示企业的解决方案可以在多大程度上改变顾客的工作与生活,以及说明企业的解决方案有什么进入壁垒。

第五张:机会和目标市场。要清楚定位企业具体的目标市场,并对目标市场的广阔前景进行展望。通过图表的方式对目标市场的规模、企业的预期销售额和市场份额等信息进行展示,并说明拟采取什么方法来实现销售计划。

第六张:技术。展示企业产品或服务的图片或样品,并进行相关描述。尽可能通俗易懂地介绍企业的技术或者产品或服务的独特之处,说明可能涉及的知识产权问题以及企业目前采取或拟采取的保护措施。

第七张:竞争。详细阐述直接、间接和未来的竞争者,展示创业计划书中的竞争者方格,说明企业和竞争对手相比的竞争优势。

第八张:市场和销售。描述总体的市场计划、定价策略、销售过程以及销售渠道。说明消费者的购买动机、企业激起消费者欲望的方法以及企业的产品或服务是如何到达最终消费者手中的。

第九张:管理团队。介绍现有管理团队(团队成员的背景和专长以及在企业中将要发挥的作用,如何进行团队合作等),说明管理团队存在的缺陷或不足,如果有顾问委员会,最好予以介绍。

第十张:财务规划。介绍未来3～5年企业总体的盈利状况、财务状况以及现金流状况,尽量将规划的内容展示在一张PPT上,而且只显示总体数据,同时做好回答和数据相关问题的准备。

第十一张:现状。介绍企业采用的法律形式及其原因,企业现有的所有权情况或股权结构。用数据突出已经取得的重大进展,介绍启动资金的来源、构成和使用情况。

第十二张:财务要求。如果企业有融资计划,则介绍企业预期的融资金额、渠道以及资金筹集后的使用方式与预期成效或重大进展。

第十三张：总结。总结企业或团队的最大优势，同时介绍企业的退出策略并征求听众的反馈意见。

二、创业模拟

创业教育是注重实践和大学生能力养成的领域。鉴于隐性知识范畴的内容是创业能力的主要成分，常见的以显性知识传播为主的教育方式难以产生优良的育人效果。因此，探索并运用隐性知识生成和转移的相关规律来指导大学生的创业学习活动，建立以实践为导向、能力为标志、参与为方式与目的的大学创业教育体系成为提高创业教育效果的必然途径。

隐性知识的学习与掌握离不开实践活动的参与，而传统的高校课堂难以为众多的创业学习者提供足够的载体项目。为此，开放的创新创业计划和创意大赛成为重要选择。编者为创业教育及学习者推荐大学生乡村振兴创意大赛和“互联网＋”大学生创新创业大赛平台，供大家参考使用。

1. 大学生乡村振兴创意大赛

大学生乡村振兴创意大赛起源于浙江省，目前已推广到全国范围。

（1）大赛主题　创意，让乡村更美好！

（2）参赛对象　普通高校本专科学生（毕业5年以内），以组队形式参与，每队学生人数限3～7人，指导教师限1～3人。

（3）赛制与内容　大赛分主体赛和专项赛。

主体赛赛题从招标村和自选村中选择，分为乡村产业创意、乡村规划设计和乡村人文公益三个类别。招标村赛题发布在《“裕农通杯”第四届浙江省大学生乡村振兴创意大赛竞赛指南》，自选村赛题由团队自行拟定。

专项赛分文化赋能空间赛、文创设计赛、未来乡村和数字乡村赛、研学旅行赛四个类别。其中，文化赋能空间赛的参赛内容主要为乡村室内外空间创意设计和落地，助推当地美丽庭院建设及产业培育；文创设计赛的参赛内容主要为品牌策划、视觉传达、农文旅产业提升，搭建文化创意与产业需求之间的沟通桥梁；未来乡村和数字乡村赛的参赛内容主要为未来乡村和数字乡村的创意设计，运用未来和数字思维与技术推动未来乡村与数字化建设；研学旅行赛的参赛内容主要为研学课程、研学线路和研学空间的设计，优化乡村文化旅游资源。

(4)赛程安排(主体赛)　大赛采用校级初赛、省级复赛、省级决赛三级赛制。

第一阶段,竞赛启动(5月至6月)

举办大赛启动仪式,发布竞赛指南。

第二阶段,校级初赛(6月至9月中旬)

校级初赛由各高校负责组织。主体赛参赛团队于6月初登录报名平台填报团队的基础信息及竞赛选题信息等,并于9月初上传参赛作品。各高校经校级初赛进行选拔,确定推荐入围省级复赛的项目。

第三阶段,省级复赛及决赛(9月下旬至10月中下旬)

9月下旬,大赛举办方邀请专家进行材料评审,遴选参加省级决赛团队。

9月下旬至10月中下旬,采用现场或远程答辩形式决出主体赛奖项。

(5)作品要求(主体赛)

乡村产业创意类:本类选题从促进乡村特色农业、乡村文化产业、乡村旅游产业、乡村社会服务产业蓬勃发展的角度开展创意设计。作品为创意策划书或商业计划书,如有产品样本一并报送。

乡村规划设计类:本类选题针对乡村生态环境和人居环境中的突出问题,以建设美丽乡村、打造生态宜居家园为目标,从建筑、人居、环境、生态等方面提出规划设计创意。作品为规划设计方案,包括效果图、平面图、设计说明以及其他辅助性设计图纸。作品可以采用A4文本(也可采用其他的特殊文本形式)、PPT、动画视频的形式,决赛时可增加展板、实物模型等。

乡村人文公益类:本类选题以提升乡村精神文明面貌和文化内涵为目标,以非直接盈利为导向。治理和公益方面的设计,提交案例分析调研报告或决策咨询报告;文创方面的设计,提交活动创意策划书及执行方案、文学作品、影视剧本、短视频、微电影、歌曲作品等(艺术作品需附作品创意阐述)。

(6)评审标准(编者整理总结,供参考)　参赛作品要具备创新性、完整性、可行性和专业性。递交作品材料要选题表述清晰、调研基础扎实、设计视角新颖、内容创意创新和方案切实可行。

创新性:基于思维展示,策划逻辑清晰;突出原始创意,立题新颖独特,方案体现特色;展现出解决问题的新方法、新技术、新材料或新思路。

完整性:基于文本展示,调研扎实充分,资料来源有据,周边定位了解;陈述内容夯实,结构逻辑合理,符合大赛要求,重点亮点突出,做到图文并茂。

可行性:源自实际需求,符合当地情况,可操作、可落地、可复制、可推广。

专业性：内容标准规范，体现专业理论、知识与技术技能的运用，团队结构合理，角色分工明确，问题诊断与解决方法科学合理。

（7）选题举例（招标村举例）

竞赛合作基地——临海市尤溪镇

（一）乡镇概况

尤溪镇位于临海市西南部，为临海市、黄岩区、仙居县交界区，镇区距临海市区 14 公里，现下辖 39 个行政村（2018 年 8 月合并成 18 个），人口 2.6 万人，区域总面积 135 平方公里。尤溪镇是典型的江南山区小镇，地形“九山半水半分田”，境内山川秀美，先后荣获全国环境优美镇、省旅游强镇、省文明镇、省森林城镇、省农家乐特色镇和省东海文化明珠镇等荣誉称号。

尤溪镇旅游资源丰富，特别是江南大峡谷景区广为人知。其核心区拥有 2 处国家 3A 级景区，包括风光秀丽的指岩景区、美丽幽静的情人谷、惟妙惟肖的鲫鱼岛、深邃险峻的漏斗峡、深不可测的七折潭和峭壁如削的天门岭等 42 个旅游资源单体。近年来，尤溪镇先后引进了“浙东第一漂”之称的峡谷军事探险漂流、浙江最大的滑草场，以及峡谷穿越、户外拓展和 CS 基地等 10 多项运动休闲项目，每年吸引游客上百万人次。2018 年，尤溪镇全力打造“一核三线”全域旅游新局面。

尤溪镇历史悠久，人文荟萃。建成于北宋和后周时期的千年禅寺法海寺和昌国寺，传唱着宗教历史的传奇；指岩周氏崇礼遵学，元代出了一门三进士，传为台州府佳话；形成于明朝末年的坪坑、灰坑等省级传统古村落，折射出悠远历史的独特魅力；清朝古桥黄岗桥，诉说着尤溪人民的勤劳智慧；建于晚清民国的尤溪老街，仍然在彰显着悠悠岁月。更有七折潭祷雨祈福，在北宋被两位皇帝赐封，全国独有，尤显珍贵；发源于此地的老爷寿日，传承了珍贵的非物质文化遗产，已成浙东沿海一个重要节日。

尤溪镇人民纯朴勤劳、自强不息。古法技艺竹纸造纸，历史传承上百年，已成非物质文化遗产瑰宝；忆上山下乡岁月，开山做梯田，沙衣辽村集体曾得到周恩来总理亲自题名嘉奖；改革开放初期，敢闯敢为，伟星企业把一颗纽扣做成了拥有两家上市公司的伟星集团。在如今创新创业大潮中，尤溪人又发挥聪明才智，龙岭化工独家生产的防腐涂料成为国之重器航母专用。勤劳的尤溪人民更是孕育出了茶叶、柑橘、提子、竹笋、铁皮石斛、火龙果等多种地方特色农产品，建有江南玉提、铁皮石斛、樟基竹笋、高山茶叶等近10家特色农产品基地。传统地方小吃"八大碗""九大碗""十二碗"，还有特色糕点灰青糕和番薯庆糕久负盛名，吸引了八方游客。

（二）招标村一：沙衣辽村

1. 村概况

沙衣辽村地处国家3A级旅游景区江南大峡谷中段，区域面积约5.3平方公里。沙衣辽村距临海古城高速入口约15公里，距临海火车站25公里，距台州火车站36公里。从镇区前往村里约6公里，交通十分便利。江南大峡谷通景公路下双线公路穿村而过，每半小时有一班公交车。当前村内共有茶园1 000多亩，盛产绿茶"蟠毫"，曾获国家金奖。村内还有做竹纸、采山药等传统手艺，建有小水电站2个。1953年，村集体曾获得周恩来总理亲自题写的先进集体奖状。

沙衣辽村旅游资源丰富，周边有国家3A级旅游景区两个，还有浙东峡谷第一漂流江南大峡谷漂流、浙江最大的滑草项目哈哈滑草、峡谷穿越、老龙头拓展、攀岩、CS等一批旅游项目，另有兼具自然风光和历史人文的七折潭、梯田茶园融合山上老屋的枫树园自然村和独具江南峡谷风光的临溪建筑等。

沙衣辽村历史底蕴深厚，尤以村内七折潭（古称赤频潭）为胜。赤频潭祷雨历史久远，北宋初年，因台州府连续两年祷雨灵验闻名于世。1087年被哲宗皇帝赵煦赐封"丰泽灵护显应侯"，赐灵溥建庙，1132年又被赐封"护泽侯"。灵溥庙（后改为龙王庙），供奉龙王石刻像，相传每逢神诞日，当地主政官员及四乡百姓集聚庙内插烛燃香祈福。现存元统三年（1335年）的《重建灵溥庙记》碑和嘉庆十二年（1807年）《赤频潭庙记》碑，详细记载了各时期当地主政官员的祷雨事迹和灵溥庙的兴衰历史。

沙衣辽村，作为2019年江南大峡谷创建旅游风情小镇的重要区块，已实施的项目有美丽公路一期工程，今年还计划实施美丽公路二期节点美化、美丽乡村精品路线节点美化和美丽庭院，明年争取台州和临海两级美丽乡村建设项目。

2. 发展思路

一是，依托周边现有成熟景区，开发本村重点旅游区块，形成联动发展。

依托周边较为成熟的旅游景区和旅游项目，立足本村旅游文化资源，加快景区打造，重点打造三叉溪—七折潭—灵溥庙—枫树园—驿站区块，恢复古时祭潭祷雨祈福非物质文化仪式，力争和周边景区连片形成区块旅游集群。

二是，依托村内旅游景点开发，打造民宿特色村，延伸村旅游产业链条。依托山水、文化旅游资源，抓住各项补助政策，发挥村集体和村民积极性，创办农家乐特色村，并以此为平台，延伸农副产品销售平台，拓展产业链，增加村集体经济和村民收益。

三是，依托美丽乡村建设，提升基础设施水平，为村旅游提供硬件保障。通过美丽公路节点设计、美丽乡村精品路线节点设计、美丽庭院设计以及明年将要实施的美丽乡村提升工程，引进文创团队，建设非遗文化展示馆，精心设计庭院，全面美化村庄。

四是，优化旅游景点管理体制，创新管理模式，为村旅游提供软件支撑。在旅游景点的管理上，要设立镇、村两级合股，共同管理模式；在民宿特色村上，要建立村集体统一管理模式，成立民宿管理公司。

3. 拟解决问题及竞赛选题

本村根据实际需求提供以下选题，各参赛团队可以选择其中一个题目，也可以根据项目需要对题目进行细化或组合，亦可以在下列选题之外从乡村产业创意、乡村规划设计和乡村公益创意三个方面进行自主选题。

(1)沙衣辽村禅茶文化与“潘毫”茶产品融合品牌营销策划

沙衣辽村盛产的茶叶绿色生态、品质较高，其中“潘毫”品牌茶叶获得过国家金奖。根据沙衣辽村禅茶文化特色，对“潘毫”品牌内涵加以丰富，进一步对品牌营销整体内容进行策划。

(2)沙衣辽村特色旅游文化产品创意策划

沙衣辽村有独特的自然和人文历史旅游资源，如七折潭祷雨祈福文化、神龙降雨文化、老爷寿日文化、茶文化、山药文化和毛竹造纸传统技艺等，需要创意团队帮助设计具有沙衣辽村特色的旅游产品，可以是多个相关文化旅游产品的综合设计与策划，也可以是单个旅游文化产品的设计与策划。

(3)沙衣辽村民宿开发与经营管理优化

沙衣辽村计划全面开发旅游和经营民宿。拟解决的问题是，村集体与引进的社会资本及村民之间如何找到三方利益协调最佳的经营模式和管理模式。创意团队可从三方最佳合作经营模式的设计以及利益分配视角着手进行创意策划。

(4)沙衣辽村三叉溪区块旅游整体规划设计

沙衣辽村旅游区块包含三叉溪、七折潭、灵涛庙、枫树园、旅游驿站和一些老房子。需要解决的问题是,这些散乱的风光景点如何串联打造和整体开发。创意团队需在寻找或建构区块旅游主题,并对整个旅游区块进行整体、协调开发与规划设计方面进行创意策划。

(5)沙衣辽村旅游景区公共服务设施规划设计

沙衣辽村三叉溪区块准备打造成旅游景区,需要建设旅游接待中心、游客停车场和公共厕所等公共服务设施。其中,旅游公厕要符合3A级旅游景区要求(政府财政补助30万)。创意团队需根据景区整体布局,对旅游接待中心、游客停车场和公共厕所等项目的选址、建筑风格和内部设施等进行统筹规划与具体设计。

(6)沙衣辽村民居改造与庭院美化设计

目前,村里有很多老房子,特别是沿路有几幢5～8间体量的20世纪70年代风格的建筑,需要统一改造。项目需要创意团队结合当地特色对村子进行旧房改造和美丽乡村庭院美化设计,将村子打造成公路沿线风情带。

(7)沙衣辽村青年创业基地文创项目创意策划

乡村发展、乡村振兴离不开高端文化产业及创意性人才。如何扎实、稳定地引进文创团队和创业青年落户村里,成为本方案要着重解决的问题。请结合沙衣辽村资源优势,对青年创业基地可孵化的文创项目进行创意与策划,并对创意项目的商业转化提出切实可行的方案。

(三)招标村二:竹加山村

1. 村概况

竹加山村,地处国家3A级旅游景区江南大峡谷中段,是典型的山上狭长盆谷村。全村共有水田60余亩,旱地30余亩,竹林850余亩,阔叶林3 500余亩。村民目前大多在外务工,村内常住人口不多,均为老年人。竹加山村交通便利,距临海古城高速入口约15公里,距临海火车站20公里、台州火车站30公里。从镇区前往村里约5公里,江南大峡谷通景公路下双线公路经过村边,每半小时有一班公交车,水泥马路通至村内,但公交车无直达村内,距离约

1 公里。

竹加山村周边旅游资源丰富，有国家3A级旅游景区两个，还有浙东峡谷第一漂流江南大峡谷漂流、浙江最大的滑草项目哈哈滑草、峡谷穿越、老龙头拓展、攀岩、CS等一批旅游项目。村内旅游资源也十分丰富，村口就是柴坦水库和情人岛，溪水常年碧清。一条3公里多长的山溪穿村而过，常年溪流不断，成潭成瀑布。村内有4座各具特色的四合院和一定量错落有致的老房子，古村落风貌保护较完整。村落四面环山，有国家珍稀树种南方红豆杉，五百多年树龄的古枫树，还有几里外能闻到花香的古木栖树。四面山上的竹林、阔叶林常年郁郁葱葱，是一个天然的大氧吧。

竹加山村一直以来受可耕作农田块小且分散等自然条件和传统种养殖技术的局限，村民以外出务工为主，土地抛荒现象较严重，村集体无经营性收入，发展乏力。吉利集团积极响应国家开展"千企帮千村、脱贫奔小康"精准扶贫、精准脱贫行动的号召，积极帮助竹加山村寻找发展的突破口，计划整合村内土地等自然资源，大力发展有机农业，增加农民收入，壮大村级集体经济。

2. 拟解决问题及竞赛选题

本村根据实际需求提供以下选题，各参赛团队可以选择其中一个题目，也可以根据项目需要对题目进行细化或组合，亦可以在下列选题之外从乡村产业创意、乡村规划设计和乡村公益创意三个方面进行自主选题。

(1) 竹加山村有机果蔬基地体验式旅游营销策划

目前竹加山村基本处于待开发状态，适于生产有机蔬菜。希望将即将建立的有机果蔬露天和大棚种植基地对接开发设计乡村休闲旅游，运用体验营销方式与手段，对有机果蔬基地体验式活动进行创意策划，给出完整的方案。

(2) 竹加山村乡村旅游统一产品设计与市场推广商业策划

竹加山村具有很好旅游资源，但目前没有形成统一的旅游产品及市场推广方案。如何引进精品民宿和高效益农业产业，并对旅游产品统一开发设计与推广，需要一个综合性的策划方案。

(3) 竹加山村创业基地"筑巢引凤"创意策划

乡村振兴与乡村发展需要传统产业升级与高端产业人才引进。竹加山村拟引进文创团队和吸引创业青年落户村里。本题要求从创业基地建设以及吸引创业团队和青年落户进行创意策划，形成具体的实施方案。

(4)竹加山村村民回村创业致富金点子策划

村民收入的提高是一个村庄发展的重要标志。目前，竹加山村民大多外出打工或做小生意，村里基本空心化，只有些许老人留守。如何吸引村民回流创业、给出创业致富的金点子成为本选题的创意核心。

(5)竹家山村休闲农业旅游景区整体规划设计

竹加山村休闲农业旅游区块定位为发展田园采摘与观光业务，整个区块共分为竹加山村、柴坦水库和情人谷三个分区块。村子的初步设想是通过新建柴坦水库临水游步道连接起进竹加山的石阶步道和情人谷。选题希望创意团队帮助提供村子休闲农业旅游景区的整体规划设计方案，包括文案、平面图和效果图。

(6)竹加山村峡谷山林特色民宿群创意设计

竹加山村要在江南大峡谷景区中发展休闲农业特色旅游，建设具有峡谷山林特色的民宿群业态。本选题要求创意团队对如何引进社会资本、村级资源如何参与、如何设计特色民宿村以及村集体如何更新传统管理模式等方面进行创意策划。

(7)竹加山村传统四合院改造提升设计

竹加山村村民民居沿溪而筑，有较多保存比较完整的传统四合院。如何通过美丽乡村规划和美丽庭院设计与改造，将村子打造成为区域最美山村，是竹加山村急需解决的问题。本选题要求创意团队就此进行创意设计。

(8)竹加山村乡村旅游公共设施规划与设计

旅游是竹加山村未来的发展方向。为有效承载、服务游客，竹加山村需要建设旅游接待中心及配套解说系统，含公共停车场、达标旅游厕所等配套设施。本选题要求创意团队对村庄的老房子及周边进行改造，将其打造成为便利且富有地方特色的游客接待中心。

2.中国“互联网+”大学生创新创业大赛

2015年6月，首届中国“互联网+”大学生创新创业大赛启动，现赛事全称为中国国际“互联网+”大学生创新创业大赛，2021年已举办至第七届。

(1)大赛通知(概要)

①大赛主题。我敢闯，我会创。

②总体目标。更中国、更国际、更教育、更全面、更创新，传承跨越时空的伟大的井冈山精神，聚焦“五育”并举的创新创业教育实践，推进赛事组织线上线下相融合，打造共建共享、融通中外的创新创业盛会。

——更中国。在更深层次、更广范围体现红色基因传承，为全球创新创业教育提供中国经验、中国模式，提升高等教育感召力。

——更国际。汇聚全球知名高校、企业和创客，融入经济双循环创新浪潮，搭建全球性创新创业竞赛平台，提升高等教育影响力。

——更教育。建设德智体美劳“五育并举”实践平台，提升青年学生的爱国情怀、社会责任感和创新创造精神，展现高等教育塑造力。

——更全面。形成创新创业教育在高等教育、留学生教育、职业教育、基础教育各学段的全覆盖，打通创新创业人才培养各环节，提升高等教育引领力。

——更创新。优化竞赛形式与内容，激发全社会创新创业创造动能，助推科技创新成果转化应用，服务国家创新发展，提升高等教育创造力。

③主要任务。以赛促教，探索人才培养新途径。全面推进高校课程思政建设，深化创新创业教育改革，引领各类学校人才培养范式深刻变革，建构素质教育发展新格局，形成新的人才培养质量观和质量标准，切实提高学生的创新精神、创业意识和创新创业能力。

以赛促学，培养创新创业生力军。服务构建新发展格局和高水平自立自强，激发学生的创造力，激励广大青年扎根中国大地了解国情民情，在创新创业中增长智慧才干，坚定执着追理想，实事求是闯新路，把激昂的青春梦融入伟大的中国梦，努力成长为德才兼备的有为人才。

以赛促创，搭建产教融合新平台。把教育融入经济社会产业发展，推动互联网、大数据、人工智能等领域成果转化和产学研用融合，促进教育链、人才链与产业链、创新链有机衔接，以创新引领创业、以创业带动就业，努力形成高校毕业生更高质量创业就业的新局面。

④大赛内容。

——主体赛事。包括高教主赛道、“青年红色筑梦之旅”赛道、职教赛道和萌芽赛道，增设产业命题赛道。

——青年红色筑梦之旅活动。

——同期活动。即“慧秀中外”国际大学生创新创业成果展、“慧智创业”中国民族品牌主理人面对面、“慧展华彩”历届大赛优秀项目对接巡展、“慧治创新”全球乡村振兴智慧化高端论坛、“慧云闪耀”全球数字化教育云上峰会、“慧聚未来”国际青年学者前沿思辨会。

⑤组织机构。第七届大赛由教育部、中央统战部、中央网络安全和信息化委员会办公室、国家发展改革委、工业和信息化部、人力资源社会保障部、农业农村部、中国科学院、中国工程院、国家知识产权局、国家乡村振兴局、共青团中央和江西省人民政府共同主办，由南昌大学、南昌市人民政府和井冈山市人民政府承办。

⑥参赛要求。参赛项目能够将移动互联网、云计算、大数据、人工智能、物联网、下一代通信技术、区块链等新一代信息技术与经济社会各领域紧密结合，服务新型基础设施建设，培育新产品、新服务、新业态、新模式；发挥互联网在促进产业升级以及信息化和工业化深度融合中的作用，促进制造业、农业、能源、环保等产业转型升级；发挥互联网在社会服务中的作用，创新网络化服务模式，促进互联网与教育、医疗、交通、金融、消费生活等深度融合。

参赛项目须真实、健康、合法，无任何不良信息，项目立意应弘扬正能量，践行社会主义核心价值观。参赛项目不得侵犯他人知识产权；所涉及的发明创造、专利技术、资源等必须拥有清晰合法的知识产权或物权；抄袭盗用他人成果、提供虚假材料等违反相关法律法规的行为，一经发现，相关人员即刻丧失参赛相关权利并自负一切法律责任。

参赛项目涉及他人知识产权的，报名时须提交完整的具有法律效力的所有人书面授权的许可书等；已在主管部门完成登记注册的创业项目，报名时须提交营业执照、登记证书、组织机构代码证等相关证件的扫描件，以及单位概况、法定代表人情况、股权结构等。参赛项目可提供当前真实财务数据、已获投资情况、带动就业情况等相关证明材料。在大赛通知发布前，已获投资 1 000 万元及以上或在 2020 年及之前任意一个年度的收入达到 1 000 万元及以上的参赛项目，请在总决赛时提供投资协议、投资款证明等佐证材料。

参赛项目不得含有任何违反《中华人民共和国宪法》及其他法律、法规的内容，须尊重中国文化，符合公序良俗。

参赛项目根据各赛道相应的要求，只能选择一个符合要求的赛道报名参赛。已获本大赛往届总决赛各赛道金奖和银奖的项目，不可报名参加本届大赛。

参赛人员（不含师生共创参赛项目成员中的教师）年龄不超过 35 岁（1986 年 3 月 1 日之后出生）。

⑦比赛赛制。大赛主要采用校级初赛、省级复赛、总决赛三级赛制（不含萌芽

赛道以及国际参赛项目)。校级初赛由各院校负责组织,省级复赛由各地负责组织,总决赛由各地按照大赛组委会确定的配额择优遴选推荐项目。大赛组委会将综合考虑各地报名团队数(含邀请国际参赛项目数)、参赛院校数和创新创业教育工作情况等因素分配总决赛名额。

大赛共产生 3 200 个项目入围总决赛(港澳台地区参赛名额单列),其中高教主赛道 2 000 个(国内项目 1 500 个、国际项目 500 个)、“青年红色筑梦之旅”赛道 500 个、职教赛道 500 个、萌芽赛道 200 个。

高教主赛道每所高校入选总决赛项目总数不超过 5 个,“青年红色筑梦之旅”赛道、职教赛道、萌芽赛道每所院校入选总决赛项目各不超过 3 个。

⑧赛程安排。参赛报名(2021 年 4 月)。各省级教育行政部门及各有关学校负责审核参赛对象资格。参赛团队通过登录“全国大学生创业服务网”(网址:cy. ncss. cn)或微信公众号(名称为“全国大学生创业服务网”或“中国互联网+大学生创新创业大赛”)任一方式进行报名。通过服务网的资料下载板块可下载学生操作手册指导报名参赛,通过微信公众号可进行赛事咨询。

报名系统开放时间为 2021 年 4 月 15 日,报名截止时间由各地根据复赛安排自行决定,但不得晚于 8 月 15 日。国际参赛项目通过全球青年创新领袖共同体促进会官网进行报名(网址:www. pilcchina. org),具体安排另行通知。

初赛、复赛(2021 年 6—8 月)。各地各学校登录 cy. ncss. cn/gl/login 进行大赛管理和信息查看。省级管理用户使用大赛组委会统一分配的账号进行登录,校级账号由各省级管理用户进行管理。初赛、复赛的比赛环节、评审方式等由各校、各地自行决定,赛事组织须符合本地常态化疫情防控要求并制定应急预案。各地应在 8 月 31 日前完成省级复赛,并完成入围总决赛的项目遴选工作(推荐项目应有名次排序,供总决赛参考)。国际参赛项目的遴选推荐工作另行安排。

总决赛(2021 年 10 月下旬)。大赛设金奖、银奖、铜奖和各类单项奖,另设高校集体奖、省市组织奖和优秀导师奖等。评审规则将于近期公布,请登录“全国大学生创业服务网”查看具体内容。大赛专家委员会对入围总决赛项目进行网上评审,择优选拔项目进行总决赛现场比赛,决出各类奖项。

大赛组委会通过全国大学生创业服务网、教育部大学生就业服务网(新职业网)为参赛团队提供项目展示、创业指导、投资对接、人才招聘等服务,各项目团队可登录上述网站查看相关信息,各地可利用网站提供的资源,为参赛团队做好服务。华为技术有限公司将为参赛团队提供多种资源支持。

(2)高教主赛道方案(概要)

①参赛项目类型。“互联网+”现代农业,包括农林牧渔等;“互联网+”制造业,包括先进制造、智能硬件、工业自动化、生物医药、节能环保、新材料、军工等;“互联网+”信息技术服务,包括人工智能技术、物联网技术、网络空间安全技术、大数据、云计算、工具软件、社交网络、媒体门户、企业服务、下一代通信技术、区块链等;“互联网+”文化创意服务,包括广播影视、设计服务、文化艺术、旅游休闲、艺术品交易、广告会展、动漫娱乐、体育竞技等;“互联网+”社会服务,包括电子商务、消费生活、金融、财经法务、房产家居、高效物流、教育培训、医疗健康、交通、人力资源服务等。参赛项目应结合以上分类及自身项目实际,合理选择项目类型。参赛项目不限于“互联网+”项目,鼓励各类创新创业项目参赛,根据行业背景选择相应类型。

②参赛方式和要求。本赛道以团队为单位报名参赛。允许跨校组建参赛团队,每个团队的成员不少于 3 人,原则上不多于 15 人(含团队负责人),须为项目的实际核心成员。参赛团队所报参赛创业项目,须为本团队策划或经营的项目,不得借用他人项目参赛等。

③参赛组别和对象。根据参赛项目所处的创业阶段、已获投资情况和项目特点等,分为本科生创意组、研究生创意组、初创组、成长组、师生共创组,具体参赛条件如下。

a. 本科生创意组。参赛项目具有较好的创意和较为成型的产品原型或服务模式,在大赛通知下发之日前尚未完成工商等各类登记注册,并符合以下条件:参赛申报人须为团队负责人,团队负责人及成员须均为普通高等学校全日制在校本科生或专科生;学校科技成果转化项目不能参加本组比赛(科技成果的完成人、所有人中参赛申报人排名第一的除外)。

b. 研究生创意组。参赛项目具有较好的创意和较为成型的产品原型或服务模式,在大赛通知下发之日前尚未完成工商等各类登记注册,并符合以下条件:参赛申报人须为团队负责人,团队负责人和团队成员须为普通高等学校全日制在校研究生或本专科生;学校科技成果转化项目不能参加本组比赛(科技成果的完成人、所有人中参赛申报人排名第一的除外)。

c. 初创组。参赛项目完成工商等各类登记注册未满 3 年(2018 年 3 月 1 日后注册),且获机构或个人股权投资不超过 1 轮次,并符合以下条件:参赛申报人须为初创企业法定代表人,须为普通高等学校全日制在校生(包括本专科生、研究生，不含在职教育），或毕业 5 年以内的学生（即 2016 年之后的毕业生，不含在职教育），企业法定代表人在大赛通知发布之日后进行变更的不予认可；初创组项目的股权结构中，参赛企业法定代表人的股权不得少于 10％，参赛成员股权合计不得少于 1/3；学校科技成果转化项目（不含基于国家级重大、重点科研项目的科研成果转化项目）可以参加初创组，允许将拥有科研成果的教师的股权与学生所持股权合并计算，合并计算的股权不得少于 51％（学生团队所持股权比例不得低于 26％）。

d. 成长组。参赛项目完成工商等各类登记注册 3 年以上（2018 年 3 月 1 日前注册），或完成工商等各类登记注册未满 3 年（2018 年 3 月 1 日后注册），且获机构或个人股权投资 2 轮次以上（含 2 轮次），并符合以下条件：参赛申报人须为企业法定代表人，须为普通高等学校全日制在校生（包括本专科生、研究生，不含在职教育），或毕业 5 年以内的学生（即 2016 年之后的毕业生，不含在职教育），企业法定代表人在大赛通知发布之日后进行变更的不予认可；成长组项目的股权结构中，参赛企业法定代表人的股权不得少于 10％，参赛成员股权合计不得少于 1/3；学校科技成果转化项目（不含基于国家级重大、重点科研项目的科研成果转化项目）可以参加成长组，允许将拥有科研成果的教师的股权与学生所持股权合并计算，合并计算的股权不得少于 51％（学生团队所持股权比例不得低于 26％）。

e. 师生共创组。基于国家级重大、重点科研项目的科研成果转化项目，或者教师与学生共同参与创业且教师所占权重比例大于学生（如已注册成立公司，教师持股比例大于学生）的项目，并符合以下条件：参赛项目如已注册成立公司，公司注册年限不得超过 5 年（2016 年 3 月 1 日后注册），师生均可为公司法定代表人。企业法定代表人在大赛通知发布之日后进行变更的不予认可。股权结构中，师生股权合并计算不低于 51％，且学生参赛成员合计股份不低于 10％；参赛申报人须为普通高等学校全日制在校生（包括本专科生、研究生，不含在职教育），或毕业 5 年以内的学生（即 2016 年之后的毕业生，不含在职教育）；参赛项目中的教师须为高校在编教师（2021 年 6 月 1 日前正式入职）。

④项目评审要点。高教主赛道各组的评审要点见表 12-3～表 12-5。

表 12-3　高教主赛道本科生创意组、研究生创意组评审要点

评审维度	评审内容	分值
创新维度	1. 具有原始创新或技术突破，取得一定数量和质量的创新成果（专利、创新奖励、行业认可等）； 2. 在商业模式、产品服务、管理运营、市场营销、工艺流程、应用场景等方面取得突破和创新	30
团队维度	1. 团队成员的教育、实践、工作背景、创新能力、价值观念等情况； 2. 团队的组织构架、分工协作、能力互补、人员配置、股权结构以及激励制度合理性情况； 3. 团队与项目关系的真实性、紧密性，团队对项目的各类投入情况，团队未来投身创新创业的可能性情况； 4. 支撑项目发展的合作伙伴等外部资源的使用以及与项目关系的情况	25
商业维度	1. 商业模式设计完整、可行，项目已具备盈利能力或具有较好的盈利潜力； 2. 项目目标市场容量及市场前景，项目与市场需求匹配情况，项目的市场、资本、社会价值情况，项目落地执行情况； 3. 对行业、市场、技术等方面有翔实调研，并形成可靠的一手材料，强调实地调查和实践检验； 4. 项目对相关产业升级或颠覆的情况，项目与区域经济发展、产业转型升级相结合情况	20
就业维度	1. 项目直接提供就业岗位的数量和质量； 2. 项目间接带动就业的能力和规模	10
引领教育	1. 项目的产生与执行充分展现团队的创新意识、思维和能力，体现团队成员解决复杂问题的综合能力和高级思维； 2. 突出大赛的育人本质，充分体现项目成长对团队成员创新创业精神、意识、能力的锻炼和提升作用； 3. 项目充分体现多学科交叉、专创融合、产学研协同创新等发展模式； 4. 项目所在院校在项目的培育、孵化等方面的支持情况； 5. 团队创新创业精神与实践的正向带动和示范作用	15

表 12-4　高教主赛道初创组、成长组评审要点

评审维度	评审内容	分值
商业维度	1. 商业模式设计完整、可行，产品或服务成熟度及市场认可度； 2. 经营绩效方面，重点考察项目存续时间、营业收入（合同订单）现状、企业利润、持续盈利能力、市场份额、客户（用户）情况、税收上缴、投入与产出比等情况； 3. 成长性方面，重点考察项目目标市场容量大小及可扩展性，是否有合适的计划和可靠资源（人力资源、资金、技术等方面）支持其未来持续快速成长； 4. 经营管理方面，是否有科学、完备的研发、销售、运营、管理、人力等制度和体系支撑项目发展；	30

续表12-4

评审维度	评审内容	分值
商业维度	5.现金流及融资方面，关注项目已获外部投资情况、维持企业正常经营的现金流情况、企业融资需求及资金使用规划是否合理； 6.项目对相关产业升级或颠覆的情况，项目与区域经济发展、产业转型升级相结合情况	
团队维度	1.团队成员的教育和工作背景、创新能力、价值观念、分工协作和能力互补情况，重点考察成员的投入程度及团队成员的稳定性； 2.团队的组织构架、股权结构、人员配置以及激励制度合理性情况； 3.支撑项目发展的合作伙伴等外部资源的使用以及与项目关系的情况	25
创新维度	1.具有原始创新或技术突破，取得一定数量和质量的创新成果(专利、创新奖励、行业认可等)； 2.在商业模式、产品服务、管理运营、市场营销、工艺流程、应用场景等方面取得突破和创新	20
就业维度	1.项目直接提供就业岗位的数量和质量； 2.项目间接带动就业的能力和规模	10
引领教育	1.项目充分体现多学科交叉、专创融合、产学研协同创新等发展模式； 2.突出大赛的育人本质，充分体现项目成长对团队成员创新创业精神、意识、能力的锻炼和提升作用； 3.项目所在院校对项目发展的支持情况或项目与所在院校的互动、合作情况； 4.团队创新创业精神与实践的正向带动和示范作用	15

表 12-5　高教主赛道师生共创组评审要点

评审维度	评审内容	分值
商业维度(未注册公司)	1.商业模式设计完整、可行，项目已具备盈利能力或具有较好的盈利潜力； 2.项目目标市场容量及市场前景，项目与市场需求匹配情况，项目的市场、资本、社会价值情况，项目落地执行情况； 3.对行业、市场、技术等方面有翔实调研，并形成可靠的一手材料，强调实地调查和实践检验； 4.项目对相关产业升级或颠覆的情况，项目与区域经济发展、产业转型升级相结合情况	30
商业维度(已注册公司)	1.商业模式设计完整、可行，产品或服务成熟度及市场认可度； 2.经营绩效方面，重点考察项目存续时间、营业收入(合同订单)现状、企业利润、持续盈利能力、市场份额、客户(用户)情况、税收上缴、投入与产出比等情况； 3.成长性方面，重点考察项目目标市场容量大小及可扩展性，是否有合适的计划和可靠资源(人力资源、资金、技术等方面)支持其未来持续快速成长； 4.经营管理方面，是否有科学、完备的研发、销售、运营、管理、人力等制度和体系支撑项目发展；	

续表 12-5

评审维度	评审内容	分值
商业维度（已注册公司）	5. 现金流及融资方面，关注项目已获外部投资情况、维持企业正常经营的现金流情况、企业融资需求及资金使用规划是否合理； 6. 项目对相关产业升级或颠覆的情况，项目与区域经济发展、产业转型升级相结合情况	
团队维度	1. 团队成员的教育和工作背景、创新能力、价值观念、分工协作和能力互补情况，重点考察师生分工协作、利益分配情况及合作关系稳定程度； 2. 项目的组织构架、股权结构、人员配置以及激励制度合理性情况； 3. 支撑项目发展的合作伙伴等外部资源的使用以及与项目关系的情况	25
创新维度	1. 具有原始创新或技术突破，取得一定数量和质量的创新成果（专利、创新奖励、行业认可等）； 2. 在商业模式、产品服务、管理运营、市场营销、工艺流程、应用场景等方面取得突破和创新	20
就业维度	1. 项目直接提供就业岗位的数量和质量； 2. 项目间接带动就业的能力和规模	10
引领教育	1. 项目展现了师生共创对团队成员特别是学生的创新创业能力的提升； 2. 项目充分体现多学科交叉、专创融合、产学研协同创新等发展模式； 3. 突出大赛的育人本质，充分体现项目成长对团队成员创新创业精神、意识、能力的锻炼和提升作用； 4. 项目所在院校对项目发展的支持情况或项目与所在院校的互动、合作情况； 5. 团队创新创业精神与实践的正向带动和示范作用	15

（3）“青年红色筑梦之旅”赛道方案（概要）

①活动主题：青春领航乡村振兴　红色筑梦创业人生。

②主要目标：深入贯彻落实习近平总书记给第三届中国“互联网＋”大学生创新创业大赛“青年红色筑梦之旅”大学生回信重要精神，紧扣“建党百年”主题，大力弘扬跨越时空的伟大的井冈山精神，将红色教育、专业教育与创新创业教育相结合，贯穿“四史”教育，全面推进课程思政，厚植学生“爱党爱国”情怀；聚焦革命老区，开展公益创业，引导师生服务乡村振兴，在全国范围内打造一堂主题鲜明的思政大课、实践大课。

③主要活动与时间安排：

a. 制订方案（2021 年 4 月）：各省级教育行政部门要聚焦乡村振兴，围绕“产业兴旺、生态宜居、乡风文明、治理有效、生活富裕”要求，结合革命老区等地方实际需求，制订本地 2021 年“青年红色筑梦之旅”活动方案，要明确活动时间、地点、规模、形式、支持条件等内容，并于 4 月 30 日前报送至大赛组委会。

b.活动报名(2021年4月):各省级教育行政部门要积极挖掘本地优质创新创业项目参与活动,组织团队登录“全国大学生创业服务网”(网址:cy.ncss.cn)或微信公众号(名称为“全国大学生创业服务网”或“中国互联网+大学生创新创业大赛”)进行报名,报名系统开放时间为4月15日至8月15日。

c.启动仪式(2021年5月):大赛组委会将于5月中下旬在江西省井冈山市举行2021年“青年红色筑梦之旅”活动全国启动仪式,举办多项同期活动,具体安排另行通知。

d.组织实施(2021年6月):各省级教育行政部门在跟踪调研往届“青年红色筑梦之旅”活动项目进展的基础上,负责组织本次“青年红色筑梦之旅”活动,做好需求对接、培训宣传及创造项目落地环境等工作。重点围绕科技、农业、环保等方面需求,结合高校大学生项目团队的优势,助力乡村振兴,支持大学生开展创业就业。高校通过大学生创新创业训练计划项目、创新创业专项经费、师生共创、校地协同等多种形式,努力实现项目长期对接,推出一批帮扶品牌项目和帮扶示范区,发挥辐射带动作用,助力农业农村现代化建设。

e.总结表彰(2021年9月):各地各高校要及时做好本次活动的经验总结和成果宣传。大赛组委会将遴选优秀案例,在总决赛期间举办“青年红色筑梦之旅”优秀成果展。

④赛道安排。参加“青年红色筑梦之旅”活动的项目,符合大赛参赛要求的,可自主选择参加“青年红色筑梦之旅”赛道或其他赛道比赛(只能选择参加一个赛道)。本赛道单列奖项、单独设置评审指标。

a.项目要求:参加“青年红色筑梦之旅”赛道的项目应符合大赛参赛项目要求,同时在推进革命老区、贫困地区、城乡社区经济社会发展等方面有创新性、实效性和可持续性。

以团队为单位报名参赛。允许跨校组建团队,每个团队的参赛成员不少于3人,原则上不多于15人(含团队负责人),须为项目的实际核心成员。参赛团队所报参赛创业项目,须为本团队策划或经营的项目,不得借用他人项目参赛。

参赛申报人须为项目实际负责人,须为普通高等学校全日制在校生(包括本专科生、研究生,不含在职教育),或毕业5年以内的学生(即2016年之后的毕业生,不含在职教育)。企业法定代表人在大赛通知发布之日后进行变更的不予认可。

b.参赛组别和对象:参加“青年红色筑梦之旅”赛道的项目,须为参加“青年红色筑梦之旅”活动的项目，否则一经发现，立即取消参赛资格。项目根据性质和特点，分为公益组、创意组、创业组。

——公益组。参赛项目是以社会价值为导向，在公益服务领域具有较好的创意、产品或服务模式的创业计划和实践；参赛申报主体为独立的公益项目或社会组织，注册或未注册成立公益机构（或社会组织）的项目均可参赛；师生共创的公益项目，若符合“青年红色筑梦之旅”赛道要求，可以参加本组比赛。

——创意组。参赛项目以商业手段解决农业农村和城乡社区发展的痛点问题、巩固脱贫攻坚成果，助力乡村振兴，实现经济价值和社会价值的融合；参赛项目在大赛通知下发之日前尚未完成工商等各类登记注册；师生共创的商业项目不允许参加“青年红色筑梦之旅”赛道，可参加高教主赛道。

——创业组。参赛项目以商业手段解决农业农村和城乡社区发展的痛点问题、巩固脱贫攻坚成果，助力乡村振兴，实现经济价值和社会价值的融合；参赛项目在大赛通知下发之日前已完成工商等各类登记注册。项目的股权结构中，企业法定代表人的股权不得少于10%，参赛成员股权合计不得少于1/3。如已注册成立机构或公司，学生须为法定代表人；师生共创的商业项目不允许参加“青年红色筑梦之旅”赛道，可参加高教主赛道等。

⑤评审要点。“青年红色筑梦之旅”赛道各组的评审要点见表12-6～表12-8。

表 12-6　“青年红色筑梦之旅”赛道公益组评审要点

评审维度	评审内容	分值
项目团队	1.团队成员的基本素质、业务能力、奉献意愿和价值观与项目需求相匹配； 2.团队的组织架构与分工协作合理； 3.团队权益结构或公司股权结构合理； 4.团队的延续性或接替性	20
公益性	1.项目以社会价值为导向，以解决社会问题为使命，不以营利为目的，有可预见的公益成果，公益受众的覆盖面广； 2.在公益服务领域有良好的产品或服务模式	15
实效性	1.项目对巩固脱贫攻坚成果、乡村振兴和社区治理等社会问题的贡献度； 2.在引入社会资源方面对农村组织和农民增收、地方产业结构优化等的效果； 3.项目对促进就业、教育、医疗、养老、环境保护与生态建设等方面的效果	20
创新性	1.鼓励技术或服务创新、引入或运用新技术，鼓励高校科研成果转化； 2.鼓励组织模式创新或进行资源整合	20

续表12-6

评审维度	评审内容	分值
可持续性	1.项目的持续生存能力； 2.创新研发、生产销售、资源整合等持续运营能力； 3.项目模式可复制、可推广、具有示范效应等	10
引领教育	1.项目充分展示了创业团队扎根中国大地了解国情民情，运用创新思维和创业能力服务社会； 2.项目充分体现专业教育与创新创业教育的有机融合，充分体现思政教育与创新创业教育的有机融合； 3.突出大赛的育人本质，充分体现项目成长对团队成员的社会责任感、创新精神、实践能力的锻炼和提升作用； 4.项目所在院校对项目发展的支持情况或项目与所在院校的互动、合作情况； 5.团队创新创业、社会服务精神的正向带动和示范作用	15
必要条件	参加由学校、省市或全国组织的“青年红色筑梦之旅”活动，符合公益性要求	

表 12-7 “青年红色筑梦之旅”赛道创意组评审要点

评审维度	评审内容	分值
项目团队	1.团队成员的基本素质、业务能力、奉献意愿和价值观与项目需求相匹配； 2.团队的组织架构、股权结构、人员结构与分工协作合理； 3.团队外部资源引用及与项目关系结构清晰，逻辑合理	20
创新性	1.鼓励高校科研成果和文创成果在乡村或社区进行产业转化落地与实践应用； 2.鼓励技术或服务创新、引入或运用新技术在乡村和社区生产生活中的实践应用； 3.鼓励组织和协作模式的创新或进行资源有效性优化和整合	20
实效性	1.项目商业模式设计完整、可行，产品或服务对巩固脱贫攻坚成果、乡村振兴和社区治理等社会问题的贡献度； 2.项目对农民增收、农村组织、社区服务和地方产业结构优化的效果； 3.项目对促进文化、教育、医疗、养老、环境保护与生态建设等方面的效果	20
可持续性	1.项目的持续生存能力，在创新研发、生产销售、资源整合等方面具备良性成长能力； 2.项目具备模式可复制性、产业可推广性、成果可示范性等； 3.项目的成长与区域经济发展、地方产业升级高度融合，经济价值和社会价值适度融合	15
带动就业	1.项目直接提供就业岗位的数量和质量； 2.项目间接带动就业的能力和规模	10

续表12-7

评审维度	评审内容	分值
引领教育	1.项目充分展示了创业团队扎根中国大地了解国情民情，运用创新思维和创业能力服务社会； 2.项目充分体现专业教育与创新创业教育的有机融合，充分体现思政教育与创新创业教育的有机融合； 3.突出大赛的育人本质，充分体现项目成长对团队成员的社会责任感、创新精神、实践能力的锻炼和提升作用； 4.项目所在院校对项目发展的支持情况或项目与所在院校的互动、合作情况； 5.团队创新创业、社会服务精神的正向带动和示范作用	15
必要条件	参加由学校、省市或全国组织的“青年红色筑梦之旅”活动	

表 12-8　“青年红色筑梦之旅”赛道创业组评审要点

评审维度	评审内容	分值
项目团队	1.团队成员的基本素质、业务能力、奉献意愿和价值观与项目需求相匹配； 2.团队的组织架构与分工协作合理； 3.团队权益结构或公司股权结构合理	20
实效性	1.项目商业模式设计完整、可行，产品或服务对巩固脱贫攻坚效果、乡村振兴和社区治理等社会问题的贡献度； 2.在引入社会资源方面对农村组织和农民增收、地方产业结构优化的效果； 3.项目对促进文化、教育、医疗、养老、环境保护与生态建设等方面的效果； 4.项目的成长性与区域经济发展、产业转型升级相结合	20
创新性	1.鼓励技术或服务创新、引入或运用新技术，鼓励高校科研成果转化； 2.鼓励在生产、服务、营销等方面创新； 3.鼓励组织模式创新或进行资源整合	20
可持续性	1.项目的持续生存能力； 2.经济价值和社会价值适度融合； 3.创新研发、生产销售、资源整合等持续运营能力； 4.项目模式可复制、可推广，具有示范效应	15
带动就业	1.项目直接提供就业岗位的数量和质量； 2.项目间接带动就业的能力和规模	10

续表12-8

评审维度	评审内容	分值
引领教育	1.项目充分展示了创业团队扎根中国大地了解国情民情，运用创新思维和创业能力服务社会； 2.项目充分体现专业教育与创新创业教育的有机融合，充分体现思政教育与创新创业教育的有机融合； 3.突出大赛的育人本质，充分体现项目成长对团队成员的社会责任感、创新精神、实践能力的锻炼和提升作用； 4.项目所在院校对项目发展的支持情况或项目与所在院校的互动、合作情况； 5.团队创新创业、社会服务精神的正向带动和示范作用	15
必要条件	参加由学校、省市或全国组织的“青年红色筑梦之旅”活动	

（4）职教赛道方案（概要）

①项目类型：分为创新类、商业类和工匠类。

创新类：以技术、工艺或商业模式创新为核心优势；

商业类：以商业运营潜力或实效为核心优势；

工匠类：以体现敬业、精益、专注、创新为内涵的工匠精神为核心优势。

②参赛方式和要求：职业院校（包括职业教育各层次学历教育，不含在职教育）、国家开放大学学生（仅限学历教育）可以报名参赛。

大赛以团队为单位报名参赛。允许跨校组建团队，每个团队的参赛成员不少于3人，原则上不多于15人（含团队负责人），须为项目的实际核心成员。参赛团队所报参赛创业项目，须为本团队策划或经营的项目，不得借用他人项目参赛。

③参赛组别和对象：本赛道分为创意组与创业组。

a.创意组。参赛项目具有较好的创意和较为成型的产品原型、服务模式或针对生产加工工艺进行创新的改良技术，在大赛通知下发之日前尚未完成工商等各类登记注册。参赛申报人须为团队负责人，须为职业院校的全日制在校学生或国家开放大学学历教育在读学生。

b.创业组。参赛项目在大赛通知下发之日前已完成工商等各类登记注册，且公司注册年限不超过5年（2016年3月1日后注册）。参赛申报人须为企业法定代表人，须为职业院校全日制在校学生或毕业5年内的学生（即2016年之后的毕业生）、国家开放大学学历教育在读学生或毕业5年内的学生（即2016年6月之后的毕业生）。企业法人在大赛通知发布之日后进行变更的不予认可。已完成工商等各类登记注册的参赛项目的股权结构中，企业法定代表人的股权不得少于10%，参赛成员合计不得少于1/3。

学校科技成果转化的项目只能参加创业组(科技成果的完成人、所有人中参赛申报人排名第一的除外)，允许将拥有科技成果的教师的股权与学生所持股权合并计算，且股权不得少于51%(学生团队所持股权比例不得低于26%)。教师持股比例大于学生团队持股比例的项目，不能报名参加职教赛道，可参加高教主赛道师生共创组等。

④评审要点。职教赛道各组评审要点见表12-9、表12-10。

表12-9　职教赛道创意组评审要点

评审维度	评审内容	分值
创新维度	1.具有原始创意、创造； 2.具有面向培养"大国工匠"与能工巧匠的创意与创新； 3.项目体现产教融合模式创新、校企合作模式创新、工学一体模式创新； 4.鼓励面向职业和岗位的创意及创新，侧重于加工工艺创新、实用技术创新、产品(技术)改良、应用性优化、民生类创意等	30
团队维度	1.团队成员的教育、实践、工作背景、创新能力、价值观念等情况； 2.团队的组织构架、分工协作、能力互补、人员配置、股权结构以及激励制度合理性情况； 3.团队与项目关系的真实性、紧密性，团队对项目的各类投入情况，团队未来投身创新创业的可能性情况； 4.支撑项目发展的合作伙伴等外部资源的使用以及与项目关系的情况	25
商业维度	1.商业模式设计完整、可行，项目已具备盈利能力或具有较好的盈利潜力； 2.项目目标市场容量及市场前景，项目与市场需求匹配情况，项目的市场、资本、社会价值情况，项目落地执行情况； 3.对行业、市场、技术等方面有翔实调研，并形成可靠的一手材料，强调实地调查和实践检验； 4.项目对相关产业升级或颠覆的情况，项目与区域经济发展、产业转型升级相结合情况	20
就业维度	1.项目直接提供就业岗位的数量和质量； 2.项目间接带动就业的能力和规模	10

续表12-9

评审维度	评审内容	分值
引领教育	1.项目的产生与执行充分展现团队的创新意识、思维和能力，体现团队成员解决复杂问题的综合能力和高级思维； 2.突出大赛的育人本质，充分体现项目成长对团队成员创新创业精神、意识、能力的锻炼和提升作用； 3.项目充分体现多学科交叉、专创融合、产学研协同创新等发展模式； 4.项目所在院校在项目的培育、孵化等方面的支持情况； 5.团队创新创业精神与实践的正向带动和示范作用	15

表 12-10　职教赛道创业组评审要点

评审维度	评审内容	分值
商业维度	1.商业模式设计完整、可行，产品或服务成熟度及市场认可度； 2.经营绩效方面，重点考察项目存续时间、营业收入（合同订单）现状、企业利润、持续盈利能力、市场份额、客户（用户）情况、税收上缴、投入与产出比等情况； 3.成长性方面，重点考察项目目标市场容量大小及可扩展性，是否有合适的计划和可靠资源（人力资源、资金、技术等方面）支持其未来持续快速成长； 4.经营管理方面，是否有合理、完备的研发、销售、运营、管理、人力等制度和体系支撑项目发展； 5.现金流及融资方面，关注项目已获外部投资情况、维持企业正常经营的现金流情况、企业融资需求及资金使用规划是否合理； 6.项目对相关产业升级或颠覆的情况，项目与区域经济发展、产业转型升级相结合情况	30
团队维度	1.团队成员的教育和工作背景、创新能力、价值观念、分工协作和能力互补情况，重点考察成员的投入程度及团队成员的稳定性； 2.团队的组织构架、股权结构、人员配置以及激励制度合理性情况； 3.支撑项目发展的合作伙伴等外部资源的使用以及与项目关系的情况	25
创新维度	1.具有原始创意、创造； 2.具有面向培养“大国工匠”与能工巧匠的创意与创新； 3.项目体现产教融合模式创新、校企合作模式创新、工学一体模式创新； 4.鼓励面向职业和岗位的创意及创新，侧重于加工工艺创新、实用技术创新、产品（技术）改良、应用性优化、民生类创意等	20

续表12-10

评审维度	评审内容	分值
就业维度	1.项目直接提供就业岗位的数量和质量； 2.项目间接带动就业的能力和规模； 3.项目创造新就业形态的现实性与可能性情况	10
引领教育	1.项目充分体现多学科交叉、专创融合、产学研协同创新等发展模式； 2.突出大赛的育人本质，充分体现项目成长对团队成员创新创业精神、意识、能力的锻炼和提升作用； 3.项目所在院校对项目发展的支持情况或项目与所在院校的互动、合作情况； 4.团队创新创业精神与实践的正向带动和示范作用	15

(5)萌芽赛道方案(概要)

①目标任务：推动创新创业素质教育，探索基础教育阶段创新创业教育的新模式，引导中学生开展科技创新、发明创造、社会实践等创新性实践活动，培养创新精神、激发创新思维、享受创造乐趣、提升创新能力。

②参赛对象：普通高级中学在校学生。参赛学生须为项目的实际成员，鼓励学生以团队为单位参加(团队成员原则上不超过15人)，允许跨校组建团队。

③参赛项目要求：项目应紧密融合学习、生活、社会实践，能创造性地解决问题或提供解决思路，具有可预见的应用性与成长性，可以是教育部公布的面向中小学生的全国性竞赛活动名单中的学生赛事获奖项目或作品。项目不限于“互联网＋”项目，鼓励各类创新创业项目参赛等。

④评审要点。萌芽赛道评审要点见表12-11。

表12-11　萌芽赛道评审要点

评审维度	评审内容	分值
创新性	1.项目的想象力和创造力，就发现的问题和解决途径进行创意设计，创意设计过程符合客观规律； 2.科技创意证据充分，有足够的科学研究参与度(调查、实验、制作、验证等)； 3.文化创意逻辑清晰、完整，调研和分析数据充分	40
实践性	1.项目的可行性、应用性和完整性； 2.项目具备可执行的计划或实践方案； 3.项目具有可预见价值，能够让未来的生活更美好	20

续表12-11

评审维度	评审内容	分值
自主性	1.项目符合团队成员年龄段的知识结构和实施项目能力； 2.项目选题、创意模式构建主要由学生提出和完成； 3.团队成员能够准确表述项目内容及原理，真实可信； 4.涉及科技成果和专利发明的，需提供证明材料或授权证明材料	20
团队情况	1.团队成员的创新精神和创新意识与能力； 2.项目团队成员的教育背景、基本素质、价值观念、知识结构、擅长领域； 3.团队构成和分工协作合理	20

(6)产业命题赛道方案(概要)

①目标任务:适应行业企业创新发展需求，引导高校把创新创业教育与发展科技第一生产力、培养人才第一资源、增强创新第一动力更好结合起来，加强产学研深度融合，促进教育链、人才链与产业链、创新链有机衔接，培养创新创业人才，推动高校毕业生更高质量创业就业。

②参赛要求:本赛道针对企业行业技术与管理创新需求，面向产业代表性企业、行业龙头企业以及入选国家“大众创业万众创新示范基地”的大型企业征集命题。聚焦国家“十四五”规划战略新兴产业方向，倡导新技术、新产品、新业态、新模式。

本赛道以团队为单位报名参赛，每支参赛团队只能选择一题参加比赛，允许跨校组建参赛团队，每个团队的成员不少于 3 人，原则上不多于 15 人(含团队负责人)，须为揭榜答题的实际核心成员。参赛申报人须为团队负责人，根据参赛申报人的学籍或学历确定其所代表的参赛学校，且代表的参赛学校具有唯一性。

参赛团队成员须为普通高等学校全日制在校研究生或本专科生，或毕业 5 年以内的学生(即 2016 年之后的毕业生，不含在职教育)，且年龄均须为 35 周岁以下(1986 年 3 月 1 日以后出生)等。

③评审要点。产业命题赛道项目评审要点见表 12-12。

表 12-12 产业命题赛道项目评审要点

评审维度	评审内容	分值
创新维度	1. 具有原始创新或技术突破,取得一定数量和质量的创新成果(专利、创新奖励、行业认可等); 2. 在商业模式、产品服务、管理运营、市场营销、工艺流程、应用场景等方面取得突破和创新	20
团队维度	1. 团队成员的教育、实践、工作背景、创新能力、价值观念等情况; 2. 团队结构、分工协作、能力互补、人员配置以及激励制度合理性情况; 3. 团队与项目关系的真实性、紧密性,团队对项目的各类投入情况,团队未来投身创新创业的可能性情况; 4. 支撑项目发展的各类顾问、合作伙伴等外部资源的使用以及与项目关系的情况	20
实现维度	1. 解决方案需求分析合理,对技术(创意)前景判断合理、准确; 2. 整体目标规划和工作进度安排合理,在各阶段工作目标清晰,难点明确,重点突出,解决方案合理并能兼顾目标与资源配置; 3. 项目技术方案可行性高,技术路线清晰明确、技术工具成熟可靠,项目完成度好; 4. 技术资源及经济成本控制合理,与项目需求匹配恰当	20
商业维度	1. 商业模式设计完整、可行,项目已具备盈利能力或具有较好的盈利潜力; 2. 项目目标市场容量及市场前景,项目与市场需求匹配情况,项目的市场、资本、社会价值情况,项目落地执行情况; 3. 对行业、市场、技术等方面有翔实调研,并形成可靠的一手材料,强调实地调查和实践检验; 4. 项目对相关产业升级或颠覆的情况;项目与区域经济发展、产业转型升级相结合情况	15
就业维度	1. 项目直接提供就业岗位的数量和质量; 2. 项目间接带动就业的能力和规模	10
引领教育	1. 项目充分体现专业教育与创新创业教育的结合,体现团队成员所学专业知识和技能在项目和相关创新创业活动中的转化与应用; 2. 突出大赛的育人本质,充分体现项目成长对团队成员创新精神、创业意识和创新创业能力的锻炼和提升作用	15

【专题强化】

一、简答题

1. 创业计划的作用。

2. 创业计划书的撰写目的。

3. 创业计划书的基本结构。

二、思考题

阅读以下材料，结合思考“大学生创业项目如何才能有吸引力？”并做分享。

材料一　大学生项目如何才能有吸引力

投资人为什么参加这个大赛？第一，在评选的过程中能够看到很多项目，大赛相当于一个潜在的项目来源；第二，在看项目的过程中能够接触到许多年轻的创业者，能够了解一些“95后”年轻人的需求，这个可能是平时投资人比较少遇到的；第三，借助大赛的平台，更多的投资人可以聚在一起进行更多的交流。

作为投资人，关注的重点包含三方面。第一，项目本身是不是够大。这里我们希望的大，是指它是在一些大的行业里面。比如说衣食住行，娱乐教育，每个行业都是上万亿的市场。而很多校园创业项目会存在选择的切入点过窄的问题。比如说，有个项目的定位就是某某大学校园“跑腿”服务，这样他就把自己限定在一个很小的空间里，以后很难再往上突破。还有就是，围绕一个特定的小范围进行研究的课题性质的项目。投资人比较关注的就是一个项目能够带来多高的回报，或者说一个项目本身是否能够做大，这是一个重要前提。第二，项目的创新性。在很多大市场里面都有一些巨头存在，那新进入者就需要做出一些突破，一定要用一种新的方式来切入。其实，现在在很多领域都要另辟蹊径。比如说社交，国内有微信，国外有facebook。但是，这些相对来说是比较传统的形式。基于人工智能的社交，还有基于短视频的社交，这些新的方式还是有很多机会的。所以，不管做什么样的方向，创新都是非常重要的。再比如服装的订制，传统的订制都需要量体师上门测量尺寸，这样的话效率非常低且成本非常高。此外，每个量体师的手法不一样，测量的尺寸也不一定精准。有的项目就从人体数据出发，只需要客户报出自己的身高、体重以及一些外围特征，根据这些就可以帮客户订制一件尺寸比较精准的服装。这种方式对于效率有很大的提高，从而使订制成为一个能够规模化的业务。第三，需求本身的问题。创业是不是能够解决一个痛点或者强需求。对大学生创业来说，如果不能在短时间内取得一些成绩，对团队就是一个很大的考验，团队很可能会解散。因此，创业要抓住需求的核心问题。比如对于餐饮，口味就是一个核心问题。另外，需求的频次也是考量的重要因素，从投资人的角度来看，一些频次特别低的项目就不太具有吸引力。

对大学生创业项目来说，要拿到投资，有几个方面需要注意。第一，坚定的创业决心。学生是否能够做到全职去创业，往往是投资人决定是否要投资的一个重要关注点。大部分学生项目是学生出于对创业的一种好奇，作为兴趣来尝试。一旦遇到问题，他们可能就无法坚持下去，因此，学生真正做到全职投入创业的项目比例非常低。投资人特别希望能找到一个坚定的创业者，而不是抱着试试看的态度去做，等有了成绩再去休学创业的创业者。第二，大学生要做自己非常擅长的事情。对于一些特别熟悉的场景，大学生有他自己的优势，他才可以切入。目前，我们看到的很多成功项目基本都是起源于校园又能走出校园的业务，比如饿了么等，这类项目往往是大学生创业的强项。

材料二　投资者投什么，大学生得什么

随着国家对大学生创新创业的支持和鼓励，大学生创新创业从幕后走到了前台。从以往的经历来看，大学生在各种大赛路演平台上"指点江山、激扬文字"，似乎已经做好了人生目标的最终设定。作为一个投资人，我还是不禁要问，在大赛上我们究竟投资什么？更重要的是，大学生应该获得些什么？对于前者，多数是考虑独特的创意与技术、完备的商业模式、商业与市场逻辑合理，最终回答"究竟能不能赚钱"；而对于后者，恐怕考虑的是获得关注度、奖项、融资、流量、历练，最终回答"我是否成功"。

但是，我们面对的是一个非常特殊的群体——大学生，他们是国家未来的接班人，是实现中国梦的筑梦者。抛开商业逻辑，面对这一群人的时候，我更看重的是他们是否具备了企业家精神，大学生从大赛中最应该获得的也是企业家精神。

那么，什么是企业家精神呢？企业家精神是企业家特殊技能（包括精神和技巧）的集合，凝聚了冒险精神、创新精神、责任担当、韧性等精神与素质。企业家精神是一种冒险精神，当机会来临时，一定不要拖延，要立即行动。企业家精神是一种创新精神，敢为人先、勇破旧规、不断创造，在产品、管理、技术等方面实现新突破，开拓新市场、实现新价值。企业家精神是一种责任担当，要有坚定的创业信念，即便失败也有所得；要有促进企业发展，为社会做出贡献的责任信念。企业家精神还是一种韧性，具有屡败屡战的可贵品质。

参加大赛，我更愿意投资那些具备企业家精神的大学生创业者和团队。投资最重要的是做好减法，将关注点聚焦到最核心的事情上，而企业家精神就是核心的要素。某大学的"8 天在线"项目在大学生创业大赛中得到了众多位投资者的点赞。某位投资者后来说："他们这个团队很有创新精神，更重要的是有着很多大学生所没有的责任意识，正是这些素质和精神打动了我们。"还有一个专注于为青

年草根创业者提供全方位服务的项目，目前已经累计帮助过近 2 000 位创业者，帮助 500 多位创业者获得了融资。这两个团队在创业过程中把创新精神、冒险精神、责任担当和韧性发挥到了极致。

参与大赛，我的初心不是来获取投资机会，期待未来获得巨大收益，而是希望能够给大学生带来些什么，更关注的是他们能够得到什么。企业家精神是大学生创业成功最宝贵的资源，即便是未来不创业了，这种精神对于个人职业生涯的成长与发展也是至关重要的。管理学大师彼得·德鲁克认为，企业家精神既不是天生禀赋，也不是灵感或灵光乍现，它必须通过训练并有意识地加以培养，而大学生创业大赛正是提供了这样的机会和平台。这里集聚了大量的投资大咖、经验丰富的创业导师、实战经验丰富的企业家，他们能够为大学生提供切实可行的指导、提供学习借鉴的榜样、积累创新创业经验、培养创新创业思维，更重要的是告诉他们如何成为一名优秀的企业家。

企业家精神作为思想积淀和文化升华，是一种冒险精神、创新精神，也是一种责任担当、韧性，我们希望有志于创业的大学生通过大赛真正理解、学习并践行企业家精神，寻找人生的意义。

材料三　对投资项目的筛选与判断要点

本孵化公司对投资项目的筛选与判断，重点会从市场概况、商业模式、创始人、创业团队和项目（公司）治理五个方面着手。最终，将各方面加权后综合判断投资可行性。

（1）市场概况　考察项目所处行业的市场空间、市场定位、市场竞争、竞争优势。

市场空间：本细分领域市场空间及天花板高度，不低于 100 亿的市场空间。

市场定位：细分领域产业链地位，项目处于关键环节还是辅助环节，定位要清晰。

市场竞争：公司的竞争对手，实地评估竞争对手的情况，公司的市场差异体现在哪里，以及这种市场差异是否足以使公司比竞争对手能更快获得用户。

竞争优势：产品、服务、模式准备如何在市场竞争中超越竞争对手且可行性较大。

（2）商业模式　考察盈利能力、盈利特点、产品特点、目标客户及营销策略、上下游议价能力、项目可复制性、技术壁垒。

盈利能力:消费频率、客单价、主营业务毛利率高于行业均值,如有复合增长率更佳。

盈利特点:与同行业区别(软硬件、服务、平台、用户消费模式差异及优势)。

产品特点:痛点、刚需与伪需求(产品或服务是否切实解决了成本、流通、使用优化等中的某一问题)。

目标客户:定位、画像、获取难易程度(集中程度越大越理想)。

营销策略:完善的销售计划和推广方案,公司在销售和推广方面是否有相应的人脉,创始人中是否有专人负责,公司是否已经选择了初期最合适切入的市场。

上下游议价能力:上下游产业链是否存在硬性掣肘,采购分销依赖程度(分散集中程度)。

项目可复制性:产品、销售或渠道模式复制周期为多长。

技术壁垒:非硬科技类技术实现难度、技术成本、技术更新及领先程度。

(3)创始人　考察诚信度、家庭背景、简历与能力。

诚信度:是否存在挪用公司资金情况及其他损害公司、股东的情况。

家庭背景:项目运作背景与家庭资源关联,项目认知与家庭背景、生活环境匹配度如何。

简历与能力:教育对应学习能力与认知能力,从业对应运营管理能力,创业对应企图心。进行事业企图心、专注程度(精力集中)、沟通能力与其日常沟通(理性或渲染)、执行能力、计划及实施能力等方面的评估。

本项是投资判断难点,只有在与项目的日常沟通及服务过程当中才能收获创始人更多的信息资讯,从而助力投资判断。第(4)项同理。

(4)创业团队　考察家庭背景、简历与能力、完整程度、互补性、创新、续航。

家庭背景、简历与能力同上文。

完整程度:领队、技术、市场运营"铁三角"。

互补性:是否有互补的经验或技术,是否认识到其在管理上的不足,是否正在为此寻找新成员加入。

创新:原有学习及工作经历对现在项目的认知、经验、管理、运营增分,固化思维及方式减分。

续航:团队黏合度及信任度(关系链及是否有信任背书)、决策方式(一言堂还是群策)、价值观是否一致(含最终目标、阶段目标)。

(5)项目(公司)治理　考察股权结构、基础财务、运营制度、相关法务。

股权结构：股权非常态（特殊占比或股东偏多）原因及对项目（公司）运营利弊分析是否合理，期权及干股情况是否符合预期。

基础财务：是否有现金流，核心成本、基础财务数据与同行业对比是否存在优势（营收增长率、定价、收入来源多样性、成本），3～5年财务预测及依据是否合理。

运营制度：业务管理制度、业务流程、产品销售制度（报价）、行政制度、财务制度完善程度。

相关法务：已成立公司的，提供相关工商底档，项目参照相关行业，行政、条文、政策是否合法合规。

材料四　首届台州市农创客创业大赛参赛报名表

首届台州市农创客创业大赛参赛报名表见表12-13。

表12-13　首届台州市农创客创业大赛参赛报名表

<table>
<tr><td colspan="6">选手情况</td></tr>
<tr><td>姓　　名</td><td></td><td>性　　别</td><td colspan="2"></td><td rowspan="4">免冠近照</td></tr>
<tr><td>出生年月</td><td></td><td>最高学历</td><td colspan="2"></td></tr>
<tr><td>手　　机</td><td></td><td>电子邮箱</td><td colspan="2"></td></tr>
<tr><td>身份证号码</td><td colspan="4"></td></tr>
<tr><td>通信地址</td><td colspan="5"></td></tr>
<tr><td>创办法人
单位名称</td><td colspan="2"></td><td>职务</td><td colspan="2"></td></tr>
<tr><td>法人单位
主营业务</td><td colspan="5"></td></tr>
<tr><td>注册地址</td><td colspan="5"></td></tr>
<tr><td>个人荣誉</td><td colspan="5"></td></tr>
<tr><td colspan="6">项目情况</td></tr>
<tr><td>项目名称</td><td colspan="5"></td></tr>
<tr><td>经营领域</td><td colspan="5"></td></tr>
<tr><td>起始时间</td><td colspan="5"></td></tr>
</table>

续表 12-13

项目情况						
所处阶段	□ 开发阶段 □ 孵化阶段 □ 中试阶段 □ 产业化阶段					
融资需求	融资需求：□是　□否 项目预期总投入(万元)： 已融资(万元)：　　欲融资(万元)：					
团队核心成员	姓名	职务	出生年月	最高学历	专业特长	手机号码
团队荣誉						
项目简述	(简述项目的主要产品、技术与服务，商业模式，营销策略，竞争优势，财务与融资情况，社会效益，未来设想与前景分析等，应体现出项目的创新性、引领性、示范性与可持续性)					

我承诺，该申请表中提供的信息准确可信，项目所涉技术知识产权明晰，因信息不实或因知识产权纠纷所造成的后果，本人承担一切法律责任。为了配合项目评审，大赛主办机构可就提交的材料向我提出佐证要求。

参赛选手签名：

年　　月　　日

材料五　首届台州市农创客创业大赛项目计划书参考模板

首届台州市农创客创业大赛项目计划书参考模板见表 12-14，封面信息略。

表 12-14　首届台州市农创客创业大赛项目计划书参考模板

项目名称	
主要产品、技术与服务	(主要产品、技术与服务，产品与服务研发概要，生产策略，主要的技术指标和关键技术说明，产品、技术与服务的背景和目前所处发展阶段，与同行业其他公司同类产品、技术与服务的比较，本公司产品、技术与服务的新颖性、先进性和独特性体现，如拥有的专利技术、版权、配方、品牌、销售网络、许可证、专营权、特许经营权等)
市场分析	(市场定位及需求分析，行业历史与前景分析与预测，产品市场概况，市场需求程度，规模及增长趋势，市场定位的合理性，未来市场销售预测，哪些行业的变化对产品利润、利润率影响较大，进入该行业的技术壁垒、政策限制等)

续表 12-14

竞争分析	(行业特点与竞争焦点,主要竞争对手、竞争对手分析,如果产品已经在市场上形成了竞争优势,请说明与哪些因素有关。如成本相同但销售价格低、成本低形成销售价格优势,以及产品性能、品牌、销售渠道优于竞争对手产品等,描述所属行业及市场地位,团队的核心资源优势)
商业模式	(产品的市场营销策略,产品的获利模式等)
拓展计划	(在建立销售网络、销售渠道,设立代理商、分销商方面的策略;在广告促销方面的策略;在产品销售价格方面的策略;在建立良好销售队伍方面的策略;如何保证销售策略具体实施的有效性;对销售队伍采取什么样的激励机制)
风险与对策	(包括政策风险、技术开发风险、经营管理风险、市场开拓风险、生产风险、财务风险、汇率风险、对公司关键人员依赖的风险等,提出风险控制和防范手段计划)
管理模式	对管理层及关键人员是否将采取股权激励机制?(□是/□否)
	是否考虑员工持股问题?(□是/□否)
	(机构设置,员工持股,劳动合同,知识产权管理情况等)
项目估值	(对创业项目或者企业进行估值,并对投资人出资额及占股比例等做出说明)

注意:以下财务数据是创业项目的整体财务数据,金额单位为万元(人民币),金额和百分比均四舍五入取整数

近三年财务数据		2019 年	2020 年	2021 年
	主营业务收入			
	主营业务成本			
	主营业务税金			
	主营业务利润			
	利润率			
	净利润			
未来三年财务预测		2022 年	2023 年	2024 年
	主营业务收入			
	主营业务成本			
	主营业务税金			
	主营业务利润			
	利润率			
	净利润			

三、拓展题

1. 调研了解新办企业的法律形式选择、注册流程与注意事项，并做分享。

2. 动态调研、了解中国国际“互联网＋”大学生创新创业大赛、“创青春”全国大学生创业大赛以及中国创新创业大赛等创新创业赛事平台，并做分享。

3. 自行查阅学习创业融资的资金测算、获取渠道以及方式策略，并做分享。

4. 调研了解本地或家乡的创新创业优惠政策，并做分享。

参考文献

[1] 赵金华，孙迎光. 中国高校创业教育 20 年回顾评析[J]. 高校教育管理，2012，6(06)：98-104.

[2] 施永川. 我国高校创业教育十年发展历程研究[J]. 中国高教研究，2013(04)：69-73.

[3] 钱强. 当前高校创业教育的问题与对策探究[J]. 中国高教研究，2005(08)：92-93.

[4] 张德江. 对创业教育的认识与实践[J]. 中国高教研究，2006(05)：10-11，14.

[5] 王占仁，常飒飒. 国际创业教育研究中的核心概念辨析：以“Enterprise”与“Entrepreneurship”语义、语用分析为中心[J]. 外国教育研究，2015，42(06)：78-88.

[6] 李德平. 大学生创业教育理念与实践研究[M]. 北京：人民出版社，2013：117-118，123-127.

[7] 林正范. 大学心理学[M]. 杭州：浙江大学出版社，2010：80-81.

[8] 顾建民. 高等教育学[M]. 杭州：浙江大学出版社，2008：65-67，109-110.

[9] 曾燕波. 后金融危机时代的青年就业问题及政策建议[J]. 青少年研究(山东省团校学报)，2011(01)：1-5.

[10] 姜照辉. 金融危机后的青年失业问题与就业政策分析：对 2008 年以后西方国家的考察与启示[J]. 重庆工商大学学报(社会科学版)，2012，29(02)：54-61.

[11] 黄梅. 奥苏贝尔的有意义接受学习理论在中学数学教学中的应用研究[D]. 昆明：云南师范大学，2006：66.

[12] 彭文晓. 教育智慧论[J]. 学术论坛，2007(03)：195-198.

[13]《马克思主义哲学》编写组. 马克思主义哲学[M]. 北京：高等教育出版社，2015：62-68.

[14]《马克思主义基本原理概论》编写组. 马克思主义基本原理概论(2018 年版)[M]. 北京：高等教育出版社，2018：25-28，56-74，106-116.

[15] 陈定学. 精神的革命[M]. 郑州:郑州大学出版社,2015:64-75.

[16] 物质变精神,精神变物质(之一)到(之六)[N]. 中国社会科学报,2016-03-11,03-14,03-16,03-18,03-21,03-23.

[17] 康晓玲. 创新思维与创新方法[M]. 北京:电子工业出版社,2015:1-8.

[18] 陈劲,郑刚. 创新管理:赢得持续竞争优势[M]. 3 版. 北京:北京大学出版社,2016:21-33.

[19] 李伟,王雪,范思振,等. 创新创业教程[M]. 2 版. 北京:清华大学出版社,2019:5-8.

[20] 包满株. 园林植物育种学[M]. 北京:中国农业出版社,2004:11-29.

[21] 万融. 商品学概论[M]. 5 版. 北京:中国人民大学出版社,2013:1-10.

[22] 卫兴华,顾学荣. 马克思主义政治经济学原理[M]. 北京:中共中央党校出版社,2010:20-63.

[23] 李德臣,苏树厚,纪惠楼. 马克思主义政治经济学原理[M]. 济南:山东大学出版社,1999:29-58.

[24] 马克思,恩格斯. 马克思恩格斯全集(第二十三卷)[M]. 北京:人民出版社,1972:49-60.

[25] 卢万强,刘永礼. 食品营销学[M]. 2 版. 北京:化学工业出版社,2012:1-12,32-52,113-141.

[26] 崔坤. 园艺产品营销[M]. 北京:中国农业出版社,2006:19-22.

[27] 张香兰,程培岩,史成安,等. 大学生创新创业基础[M]. 北京:清华大学出版社,2018:9-11,71-92,138-178.

[28] 王朝云. 创业机会的内涵和外延辨析[J]. 外国经济与管理,2010,32(06):23-30.

[29] 李家华,张玉利,雷家骕. 创业基础[M]. 2 版. 北京:清华大学出版社,2015:60-212.

[30] 由建勋. 创新创业实务[M]. 北京:高等教育出版社,2016:63-112.

[31] 刘畅. 创业基础[M]. 北京:化学工业出版社,2018:75-119,148-189.

[32] 滕飞,冉春秋. 创新创业管理[M]. 北京:首都经济贸易大学出版社,2018:75-92.

[33] 许湘岳,徐金寿. 团队合作教程[M]. 北京:人民出版社,2011:5-37.

[34] 刘永芳. 管理心理学[M]. 北京:清华大学出版社,2008:280-338.

[35] 约翰·C·马克斯韦尔. 领导力 21 法则[M]. 萧欣忠,林静仪,译. 北京:新华

出版社,2003:1-11.

[36] 蔡根女. 农业企业经营管理学[M]. 3 版. 北京:高等教育出版社,2014:71-88.

[37] 鲁朝辉. 园林企业管理[M]. 北京:中国农业出版社,2006:68-88.

[38] 胡大立,陈明. 战略管理[M]. 2 版. 上海:上海财经大学出版社,2013:112-183.

[39] 小斯蒂芬·斯皮内利,小罗伯特·亚当斯. 创业第一课[M]. 浦汉淞,译. 北京:中国人民大学出版社,2017:181.

[40] 柴旭东. 隐性知识视野下的大学创业教育[J]. 高等工程教育研究,2010(01):75-80.

[41] 浙江省大学生科技竞赛委员会. 关于举办"裕农通杯"第四届浙江省大学生乡村振兴创意大赛的通知,2021.

[42] 浙江省大学生乡村振兴创意大赛秘书处."农信杯"首届浙江省大学生乡村振兴创意大赛竞赛指南,2018.

[43] 教育部. 教育部关于举办第七届中国国际"互联网+"大学生创新创业大赛的通知,2021.

[44] 本书编写组. 中国"互联网+"大学生创新创业大赛指南(2019)[M]. 北京:高等教育出版社,2019:147-148,153-156.

[45] 台州市农业农村局办公室. 台州市农业农村局办公室关于举办首届台州市农创客创业大赛的通知,2021.

附录　创新创业科普问卷

问卷1(单选题部分)

题目	强烈反对	反对	不确定	同意	完全同意
1.毕业后我要创业，而不是争取找到一份长远、稳定的工作。	❑	❑	❑	❑	❑
2.如果我想创办自己的企业，我首先应该对创业和企业有所了解。	❑	❑	❑	❑	❑
3.一个成功的小企业更多是靠努力与计划而不是运气。	❑	❑	❑	❑	❑
4.就工作的辛苦程度而言，大部分小企业主的付出低于所得。	❑	❑	❑	❑	❑
5.社会崇拜创业成功的人。	❑	❑	❑	❑	❑
6.那些自己拥有并经营小企业的人在社会中发挥着很重要的作用。	❑	❑	❑	❑	❑
7.我自信能为创业投入必需的努力。	❑	❑	❑	❑	❑
8.我具备创业所需的所有知识与技能。	❑	❑	❑	❑	❑
9.我乐于创业。	❑	❑	❑	❑	❑
10.对创业而言，最必需的是好的想法和一些资金。	❑	❑	❑	❑	❑
11.“自我雇用”不是不能找到工作，而是更好的职业选择。	❑	❑	❑	❑	❑
12.好的创意是创业成功的前提关键。	❑	❑	❑	❑	❑
13.以往的经验对我的创业有帮助。	❑	❑	❑	❑	❑
14.我对企业和创业的了解还不充分。	❑	❑	❑	❑	❑
15.如果知道成功的可能性很高，我就会创业。	❑	❑	❑	❑	❑
16.我需要在老师的指导下开展创业。	❑	❑	❑	❑	❑
17.创办企业是件很复杂的事，你不得不考虑很多的问题。	❑	❑	❑	❑	❑

续表

题目	强烈反对	反对	不确定	同意	完全同意
18. 为了成为一名企业所有者和经营者，你必须比其他人更努力地工作。	❑	❑	❑	❑	❑
19. 学校响应国家号召，推行双创教育，鼓励并帮扶学生开展创业实践，以实践锻炼提升学生的创业、就业能力。你认同该做法吗？	❑	❑	❑	❑	❑
20. 李克强总理说：创业创新者是今天这个时代的英雄。你是否愿意响应总理号召，在条件具备时，成为一名创新创业者？	❑	❑	❑	❑	❑
21. 专家指出，实施扩大就业的发展战略，以创业带动就业是缓解青年就业压力的有效途径。你认同该观点或做法吗？	❑	❑	❑	❑	❑
22. 无论是在发达国家还是在发展中国家，青年都是最具创业活力和创业潜力的群体。	❑	❑	❑	❑	❑
23. 青年人的就业问题值得关注。	❑	❑	❑	❑	❑
24. 创业者应当具备创造力和好奇心，成功典型的激励，承担风险的意愿，合作能力，善于发现机会和理性应对不确定性等素质。	❑	❑	❑	❑	❑
25. 生活中，无论在什么时候、做什么事情，或处理什么问题，如果你都系统地遵循了“想法→计划→执行→活动→回报”的五个步骤，那你就是一个具有企业家精神的人。	❑	❑	❑	❑	❑

问卷2(多选题部分)

<table>
<tr><th>问题</th><th colspan="2">选项</th></tr>
<tr><td>1. 创新是以新思维、新发明和新描述为特征的一种概念化过程。就创业而言，创新应包括哪些内容？</td><td colspan="2">原理技术创新 ❑ 商业模式创新 ❑
制度组织创新 ❑ 市场营销创新 ❑
新市场的开拓 ❑ 新产品的引入 ❑</td></tr>
<tr><td>2. 你身边是否有人拥有自己的企业？</td><td>是 ❑
否 ❑</td><td>如果有，他们是：
家人 ❑ 亲戚 ❑
朋友 ❑ 其他 ❑</td></tr>
</table>

续表

问题	选项	
3．课余时间，你是否在参与一些企业的活动？	是 ❑ 否 ❑	如果有，他们是： 家庭企业 ❑　亲戚企业 ❑ 朋友企业 ❑　其他企业 ❑
4．你是否考虑现在开始参与创业实践？	是 ❑ 否 ❑	原因是？我已具备或缺乏的条件是：
5．如果你想于在校期间开展创业实践，结合当前的实际情况，你最需要学校帮助的是？	创新创业理论教育 ❑　产品生产基地 ❑ 营销渠道或者平台 ❑　少量种子基金 ❑ 产品研发场地设备 ❑　创业交流平台 ❑	

问卷3（问答题部分）

问题	回答
1．你认为自主创业与工薪就业的利弊在于？	
2．你将来创业的理由是？	
3．你认为创业需要哪些资源？	
4．如果你有创业的想法，请回答右侧问题	生产或服务什么？ 为谁生产或服务？ 为什么选择该项生产或服务？ 怎样生产或服务？
5．2006年5月，中国科协副主席邓楠说：由于没有核心技术，国内企业不得不将每部国产手机售价的20%、计算机售价的30%、数控机床售价的20%～40%支付给国外专利持有者。这反映出什么问题？	